氢经济：基础、技术和经济

[澳]邓肯·赛顿(Duncan Seddon)　编著
侯栓弟　张　英　译

中国石化出版社
·北京·

著作权合同登记图字：01-2022-6907

图书在版编目(CIP)数据

氢经济：基础、技术和经济／(澳)邓肯·赛顿编著；侯栓弟，张英译. — 北京：中国石化出版社，2024. 9. — ISBN 978-7-5114-7494-0

Ⅰ. F407. 2

中国国家版本馆 CIP 数据核字第 2024NN3835 号

中国石化出版社出版发行
地址：北京市东城区安定门外大街 58 号
邮编：100011　电话：(010)57512500
发行部电话：(010)57512575
http://www.sinopec-press.com
E-mail：press@sinopec.com
天津嘉恒印务有限公司印刷
全国各地新华书店经销
*
710 毫米×1000 毫米 16 开本 13.5 印张 211 千字
2024 年 9 月第 1 版　2024 年 9 月第 1 次印刷
定价：88.00 元

前　言

在化工过程领域工作了40多年的我，在一位同事的推动下，举办了一期关于“氢经济”的专家研讨会。本书是此次研讨会的成果。

“氢经济”的主题非常广泛，包括从氢的家庭潜在用途到替代液化天然气(LNG)及传统运输燃料这部分氢的大规模生产。然而，关于“氢经济”必要性的讨论可能缺乏方法学上的合理论证，特别是在其实施成本和效益，以及氢作为燃料替代化石燃料在碳排放上的最终成本等方面。这类题材变化非常快，且范围不断扩大，难以给予一个全面的观点，今天看似正确的观点到明天可能就不被认可了。正如我们能在计算机上模拟永动机并不意味着我们能制造永动机一样，“氢经济”的某些方面也始终受到限制，特别是在热力学第二定律范围内，这一点常常不被其推动者所认可。

本书集中于讨论与当今社会息息相关的基础技术和过程经济学，并尝试去评估生产过程中的潜在成本，以确定需要改进的关键问题，从而帮助“氢经济”进行商业化实践。需要重点关注的是，这项工作并非为了传递一份商业化的“路线图”，而是为了提出当前方法存在的问题，并提醒那些与“氢经济”的实施密切相关的人：该工作的出发点是为了确定实施“氢经济”所存在的障碍，这些障碍对于初入该领域的人来说可能不易理解。

实现“氢经济”的基础是我们需要氢。地球上，氢的两个主要来源是水和碳氢化合物；其在大气中的浓度可以忽略不计，并且在天然气中较为稀少。水是其最常见的来源，因为水覆盖了地球表面的70%，并通过雨水以相对纯净的形式降落到地球上。水中含氢量为11.1%(质)，从中提取氢是目前存在的难题。水中氢—氧键具有高达484kJ/mol的键能，而通过电解，或通过与碳氢化合物如甲烷反应而断键可以实现氢与氧的释放。

甲烷自身可作为一种氢源，其中单个碳原子与四个 438kJ/mol 的强碳—氢键结合形成甲烷。然而，与需要几千度的等离子体温度才能分解得到氢元素的水不同，甲烷可以在更低的温度(1000K)下分解成碳和氢。此外，一种更好的商业化方法是通过将甲烷与水在称为蒸汽甲烷重整(SMR)的工艺中反应，该工艺能够生成氢气和碳氧化合物。在该过程中，如果碳氧化合物被捕集并储存，则所得的氢通常被称为蓝氢，而如果氢是使用可再生能源产生的电通过电解产生的，则所得的氢被称为绿氢。

本书讨论了上述两种氢源的制氢成本，并尝试说明其基础技术及潜在的过程经济学。

感谢 Judith 在编辑手稿时提供的帮助，感谢 Michael Clarke 博士提供的丰富论述和有益建议。

摘要评述

（1）产品

1）蓝氢

① 避免向大气排放碳的最低成本的制氢方法是生产蓝氢。

② 技术选择可用来优化碳捕集与封存，这一点在使用二氧化碳提高原油采收率中得到了商业验证。其中存在的主要问题是成本较高。此外，从烟气中捕集二氧化碳的成本仍然是一个关键因素。

③ 为取得最佳经济效益，生产设施应设在低成本天然气源附近，枯竭的气田和盐碱含水层也可用于碳处理。

2）绿氢

① 电解法虽然简单，但效率不高。在提高基础效率方面，尤其在电池内氧如何释放的基础化学方面，仍存在着重大科学问题和技术挑战。

② 以现有技术，要制得具有竞争力的绿氢需要极低的电力价格，其中典型代表是由大规模水力发电提供的20美元/(MW·h)的电价。

③ 水电解效率如果能够提高，对应的经济性将得到显著改善。这将降低资本及运营成本并提高用水效率。

3）储存和运输

① 成本最低的氢储存选择是将其存于盐穴中。盐穴在油气区很常见，因此可以用于开发蓝氢储存项目。

② 液态氢的生产成本很高。

③ 目前尚不清楚LNG(液化天然气)技术和运输物流是否能适应液态氢。

④ 理论上，通过船舶大量运输液态氢是一种低成本的运输方式，主要问题是液化成本高。

⑤ 氢作为中间体(例如环烷烃或氨)的运输是可行的，并且已经得到证明。

⑥ 使用中间体的主要成本在于氢气再生时中间体的损失，由此需要补充昂贵的化学组分(环烷烃)以及由于不利加热条件而损失的原料(氨)。

⑦ 大量使用氨作为运输介质可能会带来普遍的安全问题。

⑧ 长距离专用氢气管道已在商业上得到验证。在可行的情况下，管道输送

为长距离运输氢气在成本方面提供了一种具有竞争力的手段。

⑨ 人们对使用天然气管道运输氢气表现出很大的兴趣，这或将成为特殊情况下的一种选择。该方案比专用氢气管道便宜，但可能会导致更高的损失，如果氢气在传输前不被除去，将会对下游使用天然气的用户产生不利影响。

⑩ 压缩氢气的存储和运输仅适用于小范围操作或短距离运输。

（2）竞争地位

1）特定应用场景

① 当前能源市场结构下，除特殊情况，氢气与目前用于大型固定发电的燃料相比缺乏竞争力。

② 如果没有高碳税，即超过 100 美元/tCO_2 的碳排放费，或政府指令，或两者兼顾，氢仍将没有竞争力。这将对从化石燃料过渡到消费者的电力价格产生极为不利的影响。

③ 将氢在常规内燃机中直接替代利用也将遭遇上述相同的情况。

2）机动车

① “氢经济”研讨会建议使用氢燃料电池取代内燃机。燃料电池比内燃机的效率更高。这一优势使其成为以低成本为预期的最佳蓝氢输送方案。

② 由于体积能量密度是一个关键因素，以体积为基础的氢燃料无法比拟目前汽油或柴油发动机所提供的最佳里程。然而，氢气将比目前的电池技术提供更好的续航里程。

③ 对于车用燃料，最好的车载储氢方式是压缩气体储氢，最低为 35MPa，最好是达到 70MPa（700bar）。然而，将氢气压缩到上述水平价格不菲且能量密度高，并将需要大量电力。

④ 此外，尽管气体压缩工艺早已得到广泛应用，但这种高氢压工程需要对相关设备安装和服务的工程师及技术人员进行高水平安全培训。

Duncan Seddon 博士，FRACI，CChem.

2021 年 7 月

位于美国新墨西哥州比乌拉的达科他煤气化公司，其下属大平原合成燃料工厂以褐煤为原料生产约1.5亿ft^3(标准)/a甲烷，相当于4.5亿ft^3(标准)/a氢气。产生的二氧化碳(2.3~3Mt/a)通过205mile(1mile=1609.344m)长的管道输送到加拿大的碳捕集和储存设施。照片由达科他煤气化公司提供。

位于埃及达米埃塔的米斯尔石油加工公司具有生产氨1200t/d的全球规模化氨设施。图为大型甲烷蒸汽重整反应器，图的前侧为二段转化炉和变换器。感谢蒂森克虏伯提供的照片。

位于比利时泰森德洛的大型膜电解槽正在运行中。该装置具有生产 30.6 万 t/a 氢氧化钠和 27.2 万 t/a 氯气的能力。全球电解水用于氢经济的规模比这要大得多。感谢蒂森克虏伯提供的照片。

位于西班牙普埃尔托利亚诺的全球规模化煤气化厂。该装置用于 IGCC(整体煤气化联合循环发电系统)发电，并使用流化床气化炉(Prenflo)，能够产生 157000m^3/h 的 CO 和 H_2。感谢蒂森克虏伯提供的照片。

位于俄罗斯别尔哥罗德州古布金的大型天然气直接还原铁设施。在图的前侧是一个 Midrex LGOK HBI-3 装置，清晰地展示了高大的竖直还原炉。后侧和右侧是 HBI-2 装置和 HBI-1 装置。造粒/选矿厂在更为靠右的地点。矿石矿位于图的左边。Midrex 公司声称，这些装置通过进行改造可以使用氢气作为还原气体。感谢 Midrex 公司提供的照片。

目　录

第1章 氢市场

1.1 氢在过程工业中的应用

氢在过程工业中的应用分布在炼油、石化、化工和冶金等行业。其主要针对特定工艺，且其纯度符合工艺要求。通常，氢气与一氧化碳混合，被称为合成气。在某些情况下，一个地域(如美国海湾地区)的需氢量很大，氢气则由第三方(商业燃气公司)通过管道将产品输送给多个用户。对于氢需求量小的用户，这些公司(商业燃气公司)通过卡车运输的压缩罐提供氢气。在本章中，我们主要关注氢在过程工业中的大规模生产和使用，不讨论许多较少的用于特定用途的氢。

1.2 安全性

烃加工行业和化工行业属于高危行业，该行业的工作人员和操作人员接受了高水平的能力和安全意识培训，尤其是在高压下生产和使用氢的必要培训。

氢和其他可能在氢经济中发挥作用的化学品，如氨，是高度危险的化学品，从事此方面工作的人员需要经过专门的培训。在过程工业中，有许多因使用这些化学品而造成火灾、爆炸和死亡等事故的案例[1]。全面的安全意识和培训应遍及氢经济的各个方面。

1.3 炼油厂

原油炼油厂的目的是将原油转化为运输燃料，特别是汽油、航空煤油和车用柴油。政府通常会出台法规对这些燃料的质量进行具体要求。炼油厂可以控制原油和主要产品的氢碳摩尔比(H/C)，如图1.1所示。

原油典型的氢碳摩尔比在1.4~1.6。重质原油和合成油(来自沥青的油)的H/C可能低于这个范围。在极端情况下，煤的H/C约为1，过去煤曾被用于生产运输燃料，但这与本讨论无关(例如，通过费-托工艺，使煤被转化为合成气，然后转化为燃料)。

按照当前规范生产的运输燃料柴油(和航空煤油)，其H/C接近2，汽油的

H/C 范围在 1.7～1.8。多年来，H/C 的变化趋势一直是氢含量在增加。大多数地区出于对环境保护的考虑，要求使用氢含量较高的燃料，例如通过降低最终成品油中的硫含量和芳香族分子的数量。

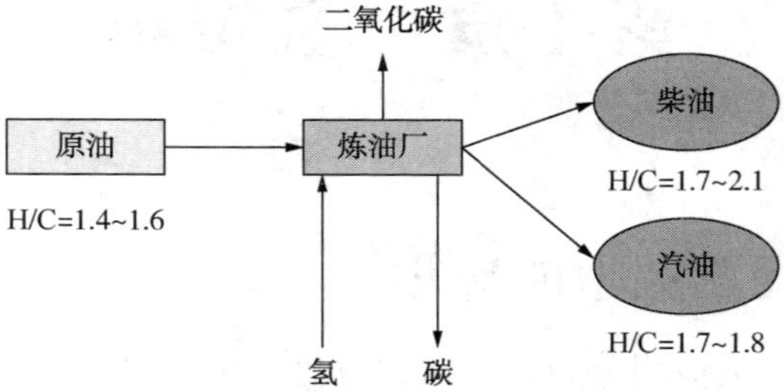

图 1.1　原油、柴油与汽油的氢碳摩尔比

沿着上述路线，对燃料的要求可能会继续收紧，因此需要使用更多的氢气（如果不使用氢气，只能减少含碳燃料的使用）。此外，大部分剩余的原油储量属于原油中的较重部分，需要更多的氢气来处理。

在将 H/C 为 1.6 或更低的原料转化为 H/C 接近 2 的燃料时，炼油厂可以加氢、消除碳本身或将碳转化为二氧化碳。选择的路线取决于当地条件，许多大型炼油厂这三种路线均采用。所有的炼油厂都是不同的，使用不同的单元过程组合，这取决于炼油厂位置、当地燃料市场和原油市场。典型的现代炼油厂的需氢工艺流程如图 1.2 所示[2]。

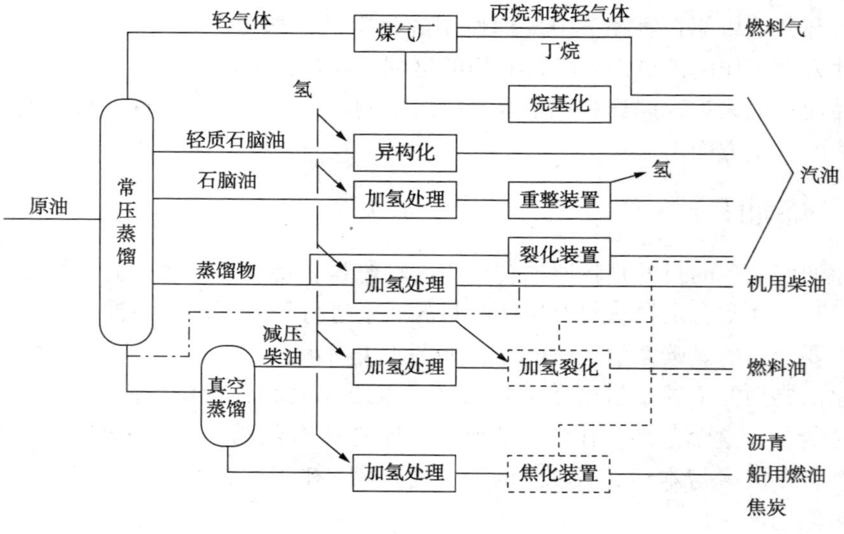

图 1.2　炼油厂的需氢工艺

原油进入炼油厂，经过一些初步处理，如除水和除盐(图 1.2 中未显示)，被加热并送到蒸馏塔。蒸馏过程在近大气压下进行，原油被分离成不同沸点的馏分。轻的气态馏分被输送到分离丙烷和丁烷的天然气厂(燃气和液化石油气)，其中一些被用于生产烷基化合物(汽油混合成分)。丁烷用于汽油生产的最后阶段，以满足蒸汽压力的要求。

液体馏分大致分为四组：

① 沸点范围为 30~196℃，用于混合汽油，一般称为石脑油；

② 沸点范围为 196~235℃，用于混合煤油或航空煤油(图 1.2 中未显示)；

③ 沸点范围为 235~360℃，用于混合发动机柴油；

④ 沸点>360℃，用于燃料油或深加工[2]。

燃料油馏分通常被输送到真空精馏塔。该精馏塔可分离沸点约 550℃的馏分(减压瓦斯油)。

所有这些初级馏分都需要加氢处理以提高下游工艺的效率，并通过去除硫和其他元素使其适用于混合燃料。这种对氢的需求用图 1.2 中向下的箭头表示。下面将讨论更为重要的单元操作。

1.3.1　石脑油异构化

典型的工艺流程如图 1.3 所示。

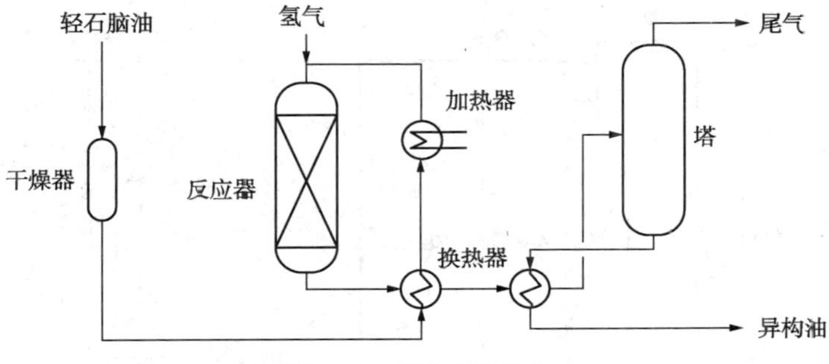

图 1.3　石脑油异构化

石脑油异构化装置的作用是提高来自常压蒸馏塔的轻石脑油馏分的辛烷值。干燥后，将石脑油加热(通常为 200℃)并通过反应器(通常带有铂/氧化铝催化剂)，以此实现碳氢化合物的异构化，即将直链烷烃(低辛烷值)转化为带支链的异构体(高辛烷值)。为提高催化剂的稳定性并延长其使用寿命，一般会向系统中通入氢，因为催化剂在氢气氛围下的催化性能最佳。蒸馏后，较高辛烷值的异构体被分离出来，尾气中的氢气可以被分离和回收。

上述工艺中，氢气消耗量低，通常需 $40ft^3$(标准)/bbl 的新鲜进料。

1.3.2 石脑油和馏分油加氢处理

加氢处理也称为加氢脱硫(HDS)，即在作为混合原料使用之前从炼油馏分中加氢同时去除杂质元素(如硫)。该工序可以改善下游工艺的运行效果。在过去的十年中，加氢处理技术的应用市场急剧扩大，以满足汽油和柴油更严格的燃料规格(硫含量低于 10μg/g)。加氢处理还有其他益处：

① 从燃料中去除其他元素——氮和氧。

② 去除不饱和分子(烯烃和二烯烃)——从而提高燃料稳定性(防止胶质形成)和抗氧化能力。这对于石化原料尤其重要。

③ 减少或去除芳烃，以满足更严格的对苯或多核芳烃(PNAs)的规格要求，并提高柴油的十六烷值。

加氢处理还具有降低燃料密度的优点，即可增加单位质量的燃料体积，因为炼油厂产品的销售普遍是以体积为单位进行的，而不是以质量为单位。

典型的加氢处理系统设计如图 1.4 所示，它说明了瓦斯油馏分工艺(沸点为 235~360℃)。一些过程，如热裂解和焦化过程，产生的二烯烃馏分，需要在单独的加氢反应器中进行处理。将瓦斯油馏分加热到约 320~400℃，并在压力为 2~6MPa 时通入氢气。主反应器充有钴/钼/氧化铝催化剂($Co/Mo/Al_2O_3$，有许多变体)。在该过程中产生的硫化氢在蒸馏前的分离阶段被洗掉。

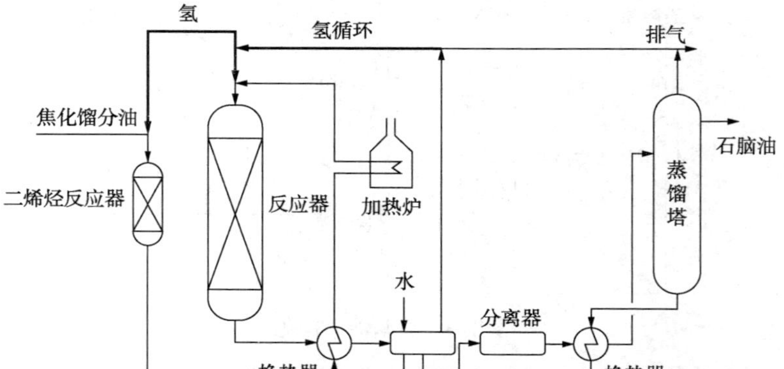

图 1.4 瓦斯油加氢处理

加氢处理有许多变化，从石脑油加氢处理制备重石脑油馏分(沸点为 100~196℃)到用于柴油调和的重瓦斯油加氢处理。

一些加氢处理工艺也可以减少芳烃含量，但通常需要更高的操作压力(至 10MPa)。

氢气消耗量因原料和负荷而异。表 1.1 列出了典型值。

表 1.1 加氢处理的典型氢需求量

进料	重馏分油	轻馏分油	石脑油
氢气(标准)/(ft^3/bbl)	400~800	150~400	100~150

1.3.3 加氢裂化

加氢裂化装置的作用是将来自常压蒸馏塔或真空蒸馏塔的重(高沸点)瓦斯油和燃料转化为较轻馏分，以便进行燃料混合。

典型的系统工艺如图 1.5 所示，它显示了重瓦斯油的加氢裂化过程。该过程分两个阶段进行。第一阶段与上面讨论的加氢处理非常相似，包括对任何焦化馏分或类似的含有二烯烃馏分的预处理。第一阶段使用 $Co/Mo/Al_2O_3$ 催化剂，去除硫和其他物质，使第二阶段可高效运行。第二阶段使用典型的酸性沸石负载铂催化剂，它在石脑油和柴油沸腾范围内，将汽油中的大分子裂解为小分子；特别强调的是柴油馏分的生产。

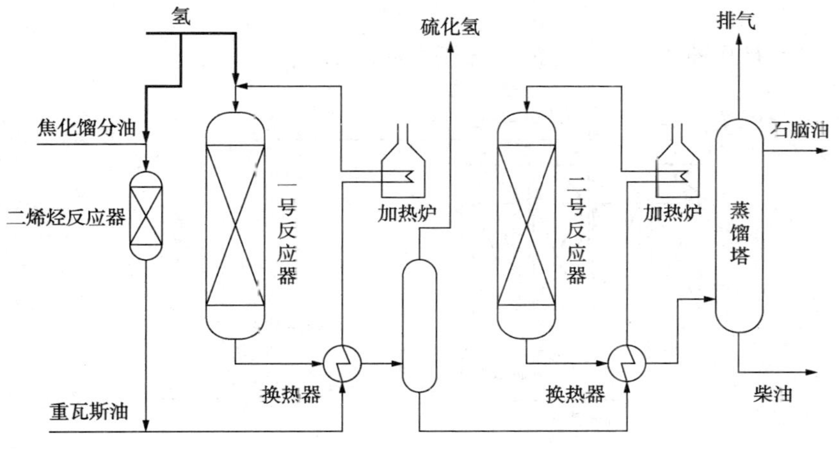

图 1.5 二阶段加氢裂化

对于加氢裂化，其操作温度略高于加氢处理温度(400~500℃)，且对于大多数原料，压力要高得多(20MPa)。合理地选择原料可将所需的操作压力降低到 10MPa 左右。

根据炼油厂的要求，加氢裂化装置可以在不同的强度等级下运行。典型的氢气消耗量是 1000~3000ft^3(标准)/bbl。

1.3.4 石脑油重整

石脑油重整的作用是将低辛烷值重石脑油转化为高辛烷值重整油。在这个过程中，脂肪族分子(石蜡)和脂环分子(环烷)转化为芳香族化合物——苯、甲苯和二甲苯。与此同时，反应释放氢，该反应副产氢是炼油厂内耗氢装置的主要氢气来源，如图 1.2 中向上的箭头所示。

正庚烷转化为甲苯的化学过程如下所示(图中使用了有机分子的标准棒状符号。只显示了碳—碳键和异原子，其他价键都是碳—氢键)，正庚烷的研究法辛烷值(*RON*)为 0。该重整过程使正庚烷转化为环烷(*RON* 86)，再逐步转化为甲苯(*RON* 124)。

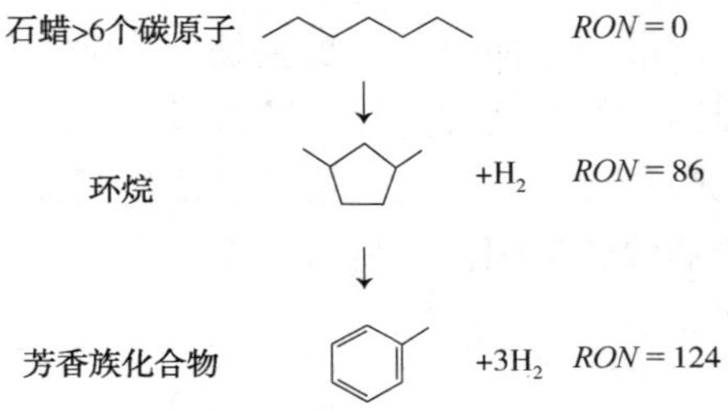

该技术有几种变体，常见的工艺流程如图 1.6 所示。

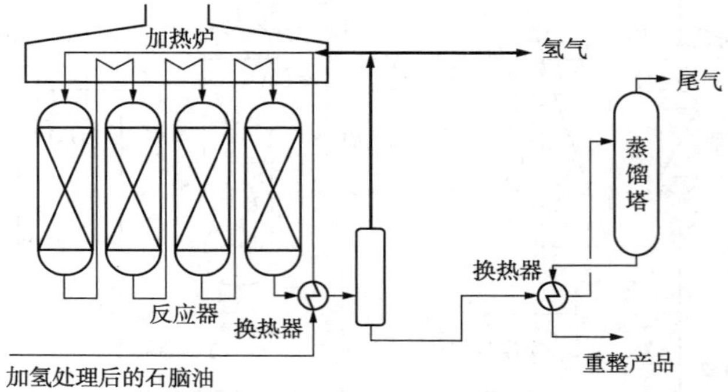

图 1.6　石脑油重整(半再生式技术)

首先，石脑油经过加氢处理以去除硫和其他会使催化剂中毒或抑制敏感催化剂的杂质。通常使用铂/氧化铝催化剂，或在铂中加入铼以提高催化性能。处理后的石脑油与氢气混合，在炉中加热至约 500℃，然后送入反应器中。该反应为高吸热反应，冷却的液体馏分须再加热至反应温度。这一过程在几个反应器中重复进行。在经过最终反应器之后，流体被冷却，多余的氢被分离，然后将该过程产生的轻烃气体与重整物分离。

随着反应过程的进行，催化剂失活，反应器或催化剂离线进行再生。该过程有几种专有的替代方案。

氢产量是生产强度的函数——由重整产物的辛烷值来衡量反应过程中产生的芳烃量。对于 *RON* 为 100 的重整产品来说，其典型的氢产量范围约为 500～1300ft³(标准)/bbl，甚至超过 1300ft³(标准)/bbl。

重整过程可以促进氢在跨洋运输方面发挥有益作用，该过程的其他方面将在后面的章节中进行讨论。

1.3.5 炼油厂氢市场

《石油与天然气杂志》汇编了一份世界炼油厂业务清单。包括单位业务及其能力；该清单每年发布一次。表 1.2 对 2008 年和 2020 年的数据进行了分析。

表 1.2 根据单位容量数据估算炼油厂的氢使用量

炼油厂工艺	氢气消耗量/(MMscfd/bbl)		2008 年加工量	2008 年氢使用量估算值	2020 年加工量	2020 年氢使用量估算值
	一般	平均值	MMbbl/d	MMscf/dH$_2$ [a]	MMbbl/d	MMscf/dH$_2$
石脑油异构化	40	40	1.756	70	1.841	74
石脑油加氢处理	100～150	125	n. a. [b]	n. a. [b]	18.471	2309
轻馏分加氢处理	150～400	275	44.011	12103	18.116	4982
重馏分加氢处理	400～800	600	n. a. [b]	n. a. [b]	11.914	7148
加氢裂化	1000～3000	2000	4.956	9912	7.508	15016
总计			50.723	22085	57.85	29529
重整产氢量	500～1300	900	11.431	10288	11.761	10585
氢气短缺量				11797		18944
氢气厂实际产氢量				13460		16411
原油加工能力/(bbl/d)			85308			91714

[a]：1MMscf/d = 28261m³/d；[b]：表示不可用。

表 1.2 列出了需要氢气的工艺、需求范围和典型值。表格中的后一个值与引用的平均产率一起，用以估算 2008 年和 2020 年的氢气需求量，分别为 22085MMscf/d(624Mm³/d)和 29529MMscf/d(834Mm³/d)(注意，2020 年的数据比 2008 年的数据更详细)。大多数氢由石脑油重整提供，同时也提供了这一产量的预估值。氢气短缺的差额由内部氢工厂和/或进口来补足。实际炼油厂内氢气产量的估值见表 1.2 中倒数第二行，这接近于差额(注意，由于奥地利和意大利的数据存在异常，报告的 2020 年氢气厂产能数据出现错误。这些国家的数值已

被删除，使得 2020 年的数字较低）。

29529MMscf/d 氢气约为 23.6Mt/a。按 3000 美元/t 的价值计算，炼油厂作业中的氢气价值约为 690 亿美元。

1.4 石油化学产品

石化设施[3]通常与炼油厂并立或毗邻，并且通常是完全一体化的作业。石化业务依靠上游石油和天然气业务以及炼油厂提供的原料。主要的石化原料为乙烷、液化石油气（LPG，主要是丙烷和正丁烷）、石脑油、减压瓦斯油和常压残渣燃料油（也称为常压渣油），如图 1.7 所示。

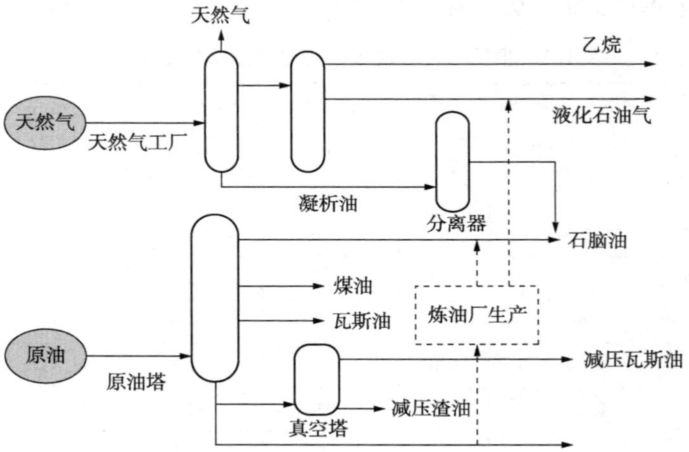

图 1.7　石油化工生产的主要原料

乙烷和液化石油气几乎完全来自天然气。其主要用于生产乙烯，然后转化为聚烯烃（合成树脂——高密度聚乙烯 HDPE、低密度聚乙烯 LDPE、线型低密度聚乙烯 LLDPE）。进料和产品的 H/C 都略高于 2，因此，除了通过减少树脂中多余的烯烃来最终稳定产品性能外，几乎不需要氢气。

石脑油是主要的原料之一，通常分成轻馏分和重馏分。石脑油可以从天然气凝析油以及炼油厂常压原油塔的馏分中获得。石脑油通过蒸汽裂解可生产烯烃和芳烃，也可通过重整生产芳烃。用于石化工业的石脑油通常是根据特定的性质，例如 UOP-K 因子（Watson-K 因子）或存在的环烷烃与芳烃的数量来选择的。直链烷烃含量高的轻石脑油是蒸汽裂解生产轻质烯烃的优质原料，尤其是乙烯和丙烯。环烷烃和芳烃含量高的重石脑油被用于生产芳香族化合物。蒸汽裂解重石脑油可生产一系列烯烃产品（乙烯、丙烯、丁烯和丁二烯），也可生产作为裂解汽油的混合芳烃产品。

减压瓦斯油(VGO)和越来越多的常压渣油(特别是从含蜡质、石蜡基原油中提取)被用作蒸汽裂解生产烯烃和芳烃的原料。

芳烃的 H/C 很低，为 1∶1.1，只能通过氢碳比较高的石脑油(图 1.7)等原料脱氢生产。该过程可在上述讨论的石脑油重整工艺中发生，也可在产生大量副产氢的蒸汽裂解过程中发生。这些工艺通常可生产足够的氢气以满足石化工业的需求，无须额外的大型制氢工厂。

1.4.1 石脑油加氢处理

如上所述，在重整生产芳烃之前，必须对石脑油进行加氢处理。蒸汽裂解前对石脑油的加氢处理变得越来越普遍。这提高了裂解炉的运行时间。有时天然气凝析油也是蒸汽裂解的原料。通常经过加氢处理，最终蒸馏去除较重的组分，否则会出现裂化炉易结焦问题。

1.4.2 氢在下游作业中的应用

氢被用于从轻烯烃中生产聚合物(大分子)。它被添加到聚合体系中，作为链转移剂，通过终止聚合过程并开始一个新链的生长来降低最终分子的相对分子质量。它还可以去除分子链末端的烯烃基团。这提高了最终聚合物的氧化稳定性。然而，氢在这一用途上的使用量很小。

1.4.3 石脑油重整生产芳烃

如上文精炼部分所述，将脂肪族分子转化为芳烃的石脑油重整过程会产生大量的氢。在石油化工领域中，石脑油重整的作用是生产苯、甲苯和二甲苯(BTX)。该过程需高强度重整以最大限度地提高 BTX 产量，这会不可避免地增加氢产量。重整物经芳烃萃取装置分离出 BTX，再将 BTX 进一步分离成苯、甲苯和混合二甲苯。

(1) 苯

苯是一种主要的石油化工中间体。它用于生产苯乙烯，而苯乙烯则用于生产聚苯乙烯和苯乙烯共聚物，如 ABS(丙烯腈-丁二烯-苯乙烯)。它也被用于生产环己烷。

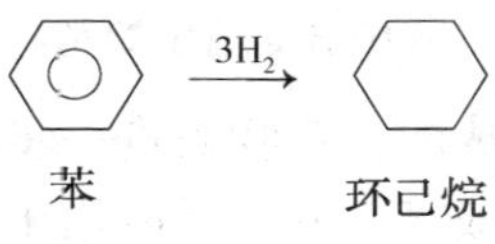

这个过程可以在氢的运输中发挥作用，这将在后面的章节中讨论。环己烷是

生产尼龙-6 和尼龙-6,6 的关键中间体。

(2) 甲苯

甲苯在石化工业中用途很少。主要用于通过甲基化或歧化生产二甲苯，以及通过加氢去甲基化生产苯和甲烷。

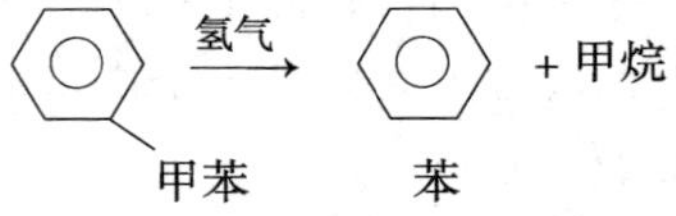

(3) 二甲苯

二甲苯一词涵盖了 C_8 芳烃、三种二甲苯异构体(间二甲苯、邻二甲苯、对二甲苯)和乙苯。该混合物通常被称为原始二甲苯，其形成与其热力学稳定性成比例。在二甲苯异构体中，间二甲苯约占混合物的 50%，邻二甲苯和对二甲苯各约占 25%。间二甲苯在石油化工中用途很少，大量的工厂对二甲苯进行异构化，并分离出更有用的邻二甲苯和对二甲苯。特别是对二甲苯，因其可用于生产聚对苯二甲酸乙二醇酯(PET)，进而生产瓶子和纤维，故对对二甲苯的需求量很大。

乙苯可用于制造苯乙烯，该反应产生一个氢分子。

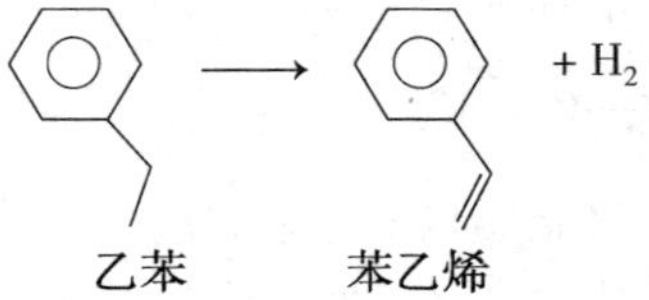

(4) 羰基醇

氢在石油化学工业中还有其他几种用途：其中之一是通过羰基合成法生产醇类。该过程中，α-烯烃与一氧化碳和氢气反应生成醛，然后用氢气还原生成醇：

$$R—CH═CH_2+CO \xrightarrow{H_2/CO} R—CH_2—CH_2—CHO$$
$$R—CH_2—CH_2—CHO \xrightarrow{H_2} R—CH_2—CH_2—CH_2—OH$$

(式中 R 是直链烷基)

对于碳数超过 8 的羰基合成醇，产物被进一步加工以生产洗涤剂。一氧化碳和氢气的混合物通常被称为合成气，并广泛应用于化学工业中，这将在下一节中讨论。

1.5 氢在化学工业中的应用

氢被广泛用于重型(大规模)化工行业中，作为生产甲醇和氨及其衍生物的原料[4]。在这种情况下，氢主要与一氧化碳结合，两者混合物通常被称为合成气。

合成气由氢气和一氧化碳组成，有时还包括二氧化碳。氢与一氧化碳的摩尔比称为合成气的化学计量比(SR)。

1.5.1 甲醇(CH_3OH)

世界甲醇产量约为6000万t/a，其被广泛用于生产甲醛(脲醛树脂)、乙酸、一系列溶剂和燃料添加剂[甲醇本身或合成为MTBE(甲基叔丁基醚)]。合成甲醇的工艺反应如下：

$$CO+2H_2 = CH_3OH$$

生产甲醇的各种专有技术都是相似的。该工艺的流程图如图1.8所示。

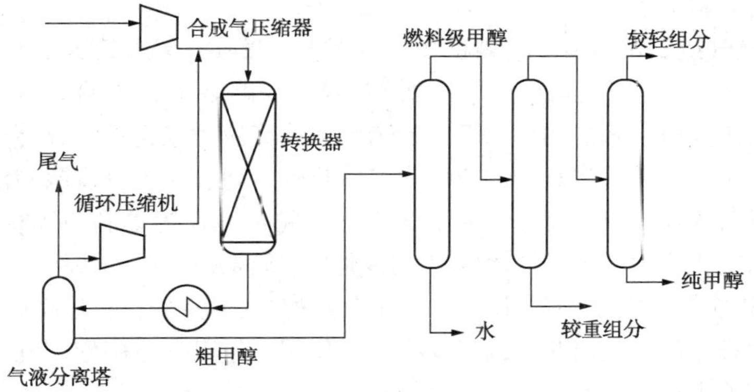

图1.8 甲醇工艺流程图

在一个典型的甲醇工艺中，合成气被压缩至约10MPa(100bar)，与循环气混合，并被加热(图中未显示，通常为250℃)，然后通过装有催化剂($Cu/ZnO/Al_2O_3$是最常见的一种)的转换器，将合成气转化为甲醇。

该反应是剧烈放热的，因此人们对转换器进行了多种多样的设计来处理多余的热量，用于产生蒸汽。转换率约为15%，因此有相当大的循环流。冷却后，粗甲醇液被分离，并进入初馏塔生产燃料级甲醇。纯甲醇是通过进一步蒸馏生成的，去除了更重和更轻的杂质。

许多老厂使用天然气的蒸汽重整来生产合成气。这比合成所需要的SR更高，额外的氢在循环回路中积累，并从系统尾气中清除。这种氢气废气通常用作蒸汽重整炉的燃料。因此，较老的工厂可能也是氢的来源之一。过量的氢气增加了循环压缩机的负荷。为了降低运营成本，更现代化的工厂使用更兼容的甲醇用来合成（$SR=2$），这减少了清除多余氢的必要性。

甲醇可作为燃料电池或火箭燃料的纯氢来源。主要工艺路线是甲醇蒸汽重整。该过程会生成氢气和二氧化碳。氢气通过变压吸附（PSA）、氢渗透膜或钯合金进行分离[5]。

$$CH_3OH+H_2O \equiv CO_2+3H_2$$

甲醇水溶液的电解可用于制氢，同时生成副产品二氧化碳。这种方法消耗的功率约为典型水电解系统的一半[6]。这项技术将在后面的章节中进一步讨论。

1.5.2 氨

世界氨产量超过 1.5 亿 t/a，主要用于肥料生产。对世界上许多国家来说，氨的生产被视为一种战略性化学品，其生产和销售受到严格控制，因此只有约 20%的世界产量用于“自由贸易”。

氨作为肥料的主要应用：

① 如氨气或氨水溶液。它被植物的根部直接吸收，促进其迅速生长。

② 如尿素，为固体，易于袋装或散装通过公路罐车或船舶运输。由于其运输便利，尿素是散装氨的主要来源。作为固体或溶液，尿素相对容易应用。在生产过程中，土壤细菌将尿素分解成氨和二氧化碳。随着人类对控制和消除二氧化碳排放的日益关注，可能意味着在未来几年，将尿素作为氮肥使用将大大减少。为了保持农业生产力，则需要增加氨或其他非碳质氨衍生物的使用。

③ 如硝酸铵，极易溶于水。由于存在硝酸根，它的作用发挥得非常迅速，可立即被生长中的植物吸收。为了获得即时作用，尿素常与硝酸铵混合。硝酸铵也被广泛用作爆破炸药（一种含柴油的浆料），因此，其生产和分销在许多地区受到高度管制或禁止。

④ 作为含有硫（硫酸铵、硫酸钾）、钾（硫酸钾）和磷（磷酸二铵）的复合肥料。

氮肥——氨、尿素、硝酸铵，特别针对牧草和谷类作物——牧草、小麦、玉米、水稻和蔗糖。复合肥料通常用于种植大棚蔬菜和水果作物。在制造炸药时，氨被氧化产生硝酸。这可以用来生产硝酸铵或军用炸药，如 TNT 或 RDX。

（1）合成氨

氨[7]通过 Bosch-Haber 工艺生产得到，该工艺在第一次世界大战期间首次商业化。自此之后，该工艺得到较大改进，但总体上保持不变。在这一过程中，氨合成气（3 份氢气和 1 份氮气的化学计量混合物）被压缩（约 20MPa）并加热至约 400℃，然后送入转化炉，利用铁催化剂进行合成，如图 1.9 所示：

$$3H_2+N_2 = 2NH_3$$

氨冷却后，随后被冷凝，液体被分离出来，未转化的合成气循环使用。通过吹扫，将在循环过程中分离器累积的无用惰性物质(如甲烷和氩气)排出。氨合成的转化率通常为12%，因此再循环流很大。

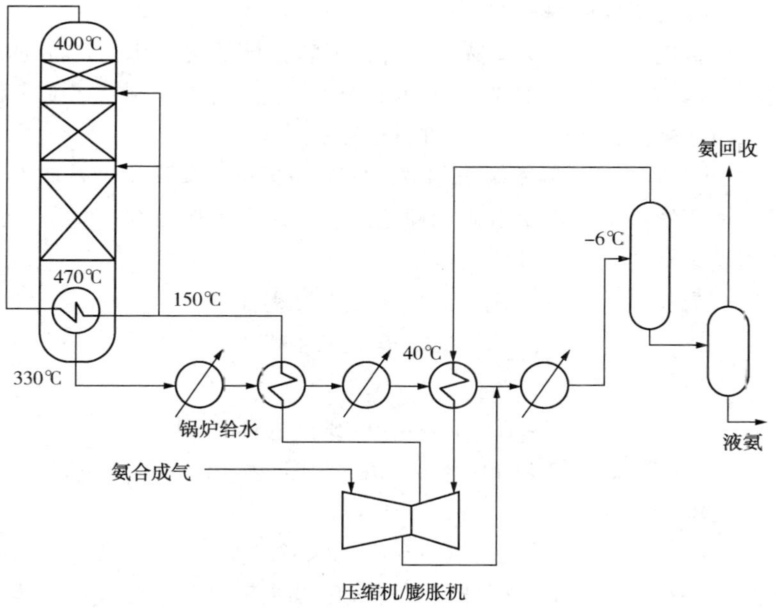

图1.9　合成氨

(2) 氨在氢经济中的重要性

按质量计算，氨中含有17.6%的氢，由于氨是一种易于运输的液体，因此，氨作为氢载体正在被广泛推广。这将避免如液化等其他氢运输系统的高成本问题。这种工艺方法已经被研究多年，并将在后面的章节中进行更全面的讨论。

如果氨工业要摆脱化石燃料给料，则对于1.5亿t/a的氨生产量，大约有2700万t/a的氢来自可再生能源。

1.6　氢在钢铁冶金中的应用

氢通常以合成气的形式将金属矿石(氧化物)还原成金属。最重要的用途是还原赤铁矿(Fe_2O_3)或磁铁矿(Fe_3O_4)以制造钢。涉及的主要工艺设备是高炉，它通过煤制焦来还原矿石。

然而，世界上大约20%的钢铁是通过直接还原炼铁的方法生产的。该方法使用煤或天然气，将其转化为富含氢的合成气。该基本工艺源于19世纪，最初是为还原煤而设计的，当天然气变得更普遍可用时，则在该工艺中引入天然气作为还原剂使用。与高炉法相比，直接还原炼铁法的规模要小得多(通常为 100~1000kt/a)。高炉法适合钢铁产量超过 2Mt/a 的国家，而直接还原炼铁法通常适合钢铁需求不大的国家。多年来，该工艺出现了许多变化，其中许多改进是为了适应当地铁矿石的特性而研发的。

当生产的直接还原铁(DRI)易自燃时，为防止该情况发生，产品通常被立即送往压块厂，以消除自燃铁细粉，便于将 DRI 作为一个压块产品[通常称为热压块铁(HBI)]通过公路、铁路或船舶进行运输。

大多数 DRI 工艺需要将铁矿石制成块状或通过造粒操作生产铁矿石球团。鉴于直接还原铁厂的需求，铁矿石块和球团的售价高于铁矿石粉。目前，已经开发了几种使用铁矿粉的工艺，其比块铁铁矿石便宜。

以赤铁矿为铁矿源，直接还原的主要化学过程如下：

$$Fe_2O_3+3H_2 = 2Fe+3H_2O$$

和

$$Fe_2O_3+3CO = 2Fe+3CO_2$$

钢是一种含碳量高达 2%的铁合金。在使用天然气的 DRI 工艺中，碳由 Boudouard 反应提供：

$$2CO = CO_2+C$$

以上反应都是可逆反应，因此其反应程度取决于温度、反应物和生成物的分压(浓度)。高含氢合成气(通常称为还原气)有利于 DRI 的形成。大多数工艺会去除产生的水，部分工艺还会从循环气中去除二氧化碳。

(1) 竖炉还原工艺

竖炉还原工艺包括 Midrex™竖炉还原工艺[8]，该工艺专门为天然气还原而开发，其基本装置布局如图 1.10 所示。

在此过程中，还原气体是通过蒸汽重整产生的天然气制得的(蒸汽重整器的操作将在下一章中进行更详细的讨论)。加热后的还原气被输送到竖炉底部，通过反应器自下而上以还原矿石(块状或球团)，这些矿石首先会被预热并一直添加到炉的顶部。反应后，从炉顶排出的废气被冷却，产出的水被冷凝。余下的气体被循环利用或净化成燃料气体，用于点燃重整炉。生产出的 DRI 被送到压块厂。

(2) 铁矿粉还原工艺

FINMET™工艺是专为还原铁矿粉而设计的工艺实例[9]。该工艺在早期 FIOR 工艺的基础上发展而来。由埃克森公司在 20 世纪 70 年代开发，并首次在委内瑞拉实现商业化。90 年代，BHP 集团在澳大利亚西北部的黑德兰港建造了一个大型工厂，将每年 200 万 t 铁矿石粉加工成 HBI。由于存在一些操作上的问题，该工厂已于 2007 年关闭。

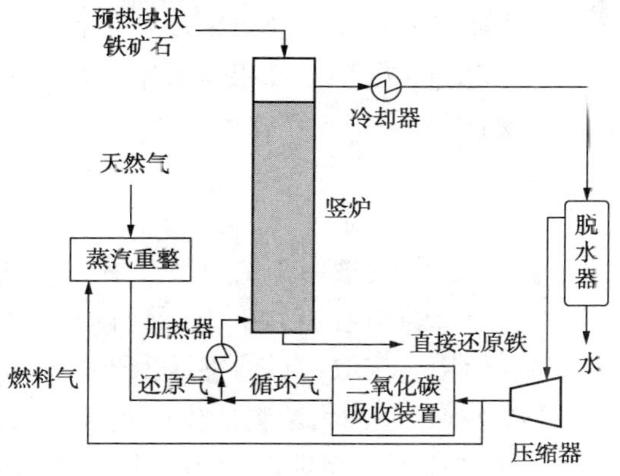

图 1.10　竖炉还原工艺

在该工艺中，铁矿石细粉在流化床干燥器中干燥，并被输送到流化床反应器组的第一个反应器中，如图 1.11 所示。矿石逐渐向下通过反应器的管线，在反应器中矿石逐步被还原。天然气被输送到蒸汽重整器产生还原性气体，随后被输送到二氧化碳去除装置，同时去除多余的水。气体随后被加热并传递到最后一个反应器的底部，在那里气体逆着下降的铁粉上升。最后，产品被送到压块厂。

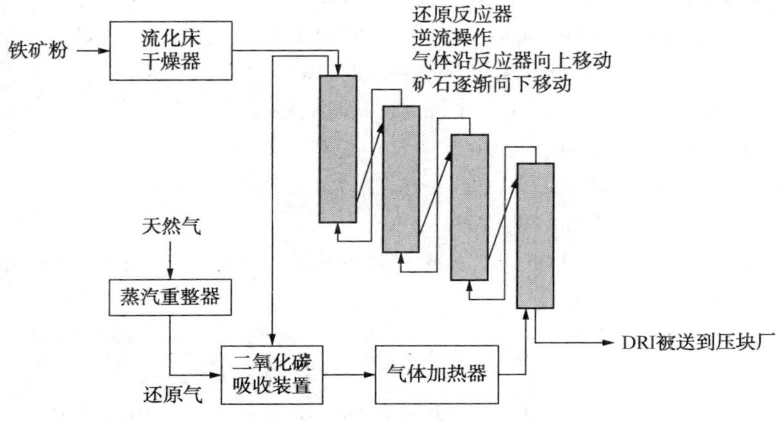

图 1.11　FINMET™工艺生产 DRI

(3) DRI 在氢经济中的作用

在炼钢过程中使用氢作为唯一的还原剂越来越引起人们的关注。显然，基于天然气的 DRI 工艺将成为从化石燃料还原剂转化为可再生氢或零碳排放源的候选工艺。若配备了二氧化碳去除装置则使用现有 DRI 技术可进行碳捕集与封存。值得注意的是，不同于化石燃料的空气燃烧，DRI 设施排放的二氧化碳易于去除，并产生相对纯净的二氧化碳气流，可以压缩和地质封存。部分公司正在采取的另一种方法是用可再生氢代替部分天然气，以期在未来完全取代天然气[10]。

2017 年，世界钢铁产量超过 17 亿 t。如果所有钢铁均由可再生氢生产，那么氢的需求量将超过 1.8 亿 t/a。

1.7 展望

大量基于化石燃料为原料的氢气被用于工业生产中。当前，许多国家和地区已经制定了到 2050 年实现净零碳排放的目标。目前石油和化学工业每年对氢气的需求远远超过 5000 万 t。而用氢气取代目前钢铁生产技术中的还原剂将需要超过 1.8 亿 t/a 的氢气。如果替换以原油为原料的生产链条(每天 9000 万 bbl，约等于 186EJ/a)，这将需要从零碳或可再生能源中生产超过 15 亿 t/a 的氢气。这是很大规模的氢需求。

参 考 文 献

[1] Kletz TA. (1988) What Went Wrong-Case Histories of Process Plant Disasters, 2nd ed. Gulf Publishing, Houston.

[2] There are several handbooks that describe in some detail refineries, refinery unit operation, and refinery economics. I have used data provided in Gary JH, Handwerk GE. (2001) Petroleum Refining-Technology and Economics, 4th ed. Marcel Dekker Inc., New York and Maples RE. (1993) Petroleum Refinery Process Economics. PennWell, Tulsa, OK.

[3] Seddon D. Petrochemical Economics-Technology Selection in a Carbon Constrained World, Imperial College Press, London, (2010).

[4] Seddon D. (2006) Gas Usage and Value-The Technology and Economics of Natural Gas Use in the Process Industries. PennWell, Tulsa, OK.

[5] Olah GA. (2005) Beyond oil and gas: The methanol economy. Angew Chem Int Ed, 11 (18): 2636.

[6] Narayanan S, Chun W, Jefferies-Nakamura B, Valdez TI. (June 2002) NASA Tech Briefs NPO-19948.

[7] Jennings JR, Ward SA. (1989) Ammonia synthesis. In: Twigg MV (ed), Catalyst Handbook, 2nd ed. Wolfe Publishing Ltd, London.

[8] Midrex Corporation: www. midrex. com.

[9] Hasssan A. Whipp R. The Finmet process-an operational and technical update, Stahl und Eisen, 124(4): 53 (2004).

[10] See "MidrexH2" at www. midrex. com.

第 2 章　制氢方法

第 1 章阐述了当前背景下氢气的巨大需求，并且伴随着氢经济的发展这种需求也将随之增长。目前，地球上的氢有两种来源：一是来自碳质材料；二是来自水。然而，当前工业制氢过程仍以化石燃料(包括煤、石油和天然气)为主要原料。因此，大力发展碳捕集与封存技术是实现碳约束世界的必要条件。此外，要消除化石燃料的使用，水将成为氢的主要来源。本章讨论了从碳基来源和水中制取氢的方法。

2.1　煤制氢

在干燥且无灰的基础上测量时，煤中的主要元素为碳，占煤质量含量的 60%~80%。煤中氢含量通常很低，按质量计通常约 5%。煤制氢通过气化技术将煤炭转化为合成气，再经水煤气变换分离处理以提取高纯度的氢气。气化反应是一种适用于碳质固体燃烧的部分氧化过程。它最初源于煤的开发过程，但经过调整后适用于任一含碳固体，包括生物质燃料和城市废物(MWs)。

2.1.1　气化

气化过程中，固体原料与氧气(某些情况下是空气)和水蒸气混合燃烧。该过程在气化炉中进行，对应的气化炉存在多种类型。燃烧的化学过程较为复杂，主要包含以下几个过程。

(1) 气固相反应

燃烧反应：该反应高度放热，可为反应过程提供热量。

$$C+O_2 = CO_2$$

蒸气-碳反应：该反应将水(蒸气)转化为氢。

$$C-H_2O = CO+H_2$$

加氢气化反应：该反应消耗氢气并形成甲烷。

$$C+2H_2 = CH_4$$

Boudouard 反应：将二氧化碳转化为一氧化碳的过程。该反应可逆，并可使碳沉积在远离气化炉的工艺装置中。

$$C+CO_2 = 2CO$$

（2）气相反应

水煤气变换（WGS）反应：从固体中制取氢的关键反应。可将一氧化碳和蒸汽转化为二氧化碳和氢。该反应过程可逆。

$$CO+H_2O = CO_2+H_2$$

甲烷化反应：过程消耗氢气并产生甲烷。该反应过程可逆，逆过程为蒸汽甲烷重整，该过程将在后续内容中加以讨论。

$$CO+3H_2 = CH_4+H_2O$$

（3）流程优化

对于任意给定的原料、氧化剂（氧气或空气）和输入蒸汽，上述过程的反应程度均取决于气化炉对应操作温度和压力下的热力学。而通过求解相应的热力学方程，可估算出合成气的组成，即氢气、一氧化碳、二氧化碳、水和甲烷的相对含量[1]。此外，为了获得最大的工艺效率，合成气中一氧化碳和氢气的占比越高越好。在实际过程中，可通过改变输入气流的组成并优化气化炉的操作温度和压力实现最优效果。例如，增加氧气输入量将增加气化炉操作温度，并将改变合成气体中产品的相对含量。而对于不同类型的气化炉，其最佳操作条件也有所不同。

（4）热解

热解过程中，大分子被裂解（热裂解）或加氢热裂化成更小的分子。所得上述产物可进一步气化成所需产品，但如果没有发生气化过程，例如当温度过低时，则会生成热解焦油及其他液体。如果不从产品（合成气流）中去除产生的热解焦油和液体，上述物质将对下游工厂造成污染。

这个过程与相对较低温度下的气化有关，大约在600℃，而不是900℃或更高。上述问题的出现是因为原料（如褐煤、生物质和MWs）中含有大量的水或氧气。

增加氧气浓度可以提高气化温度，减少热解产物，但过量的氧气会导致优先燃烧氢气而非一氧化碳：

$$2H_2+O_2 = 2H_2O$$

2.1.2 气化炉类型

针对特定进料，开发了几种特有的气化炉类型，并通过气化炉结构调整以适应其他进料方式。下面就四种主要类型气化炉进行讨论。

（1）移动床气化炉

这种类型的气化炉通常被称为鲁奇（Lurgi）气化炉，最初用于黑煤的开发过

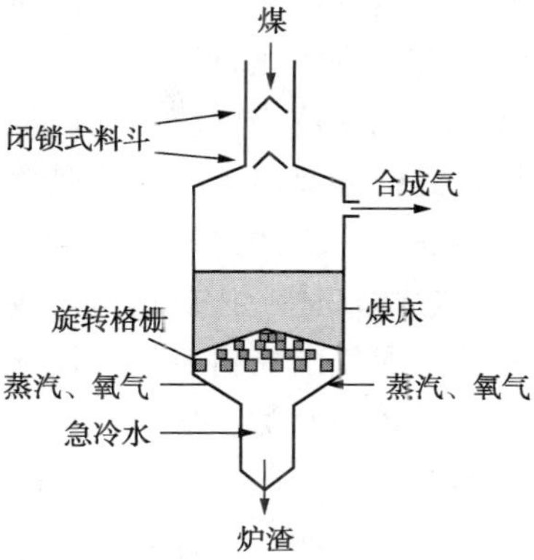

图 2.1 移动床气化炉

程，并使用空气作为氧化剂。该气化炉的主要目的是生产合成氨的原料气。值得注意的是，鲁奇气化炉已在许多应用场景中得到使用。英国燃气公司(BG)开发了一种先进的气化炉(BG/鲁奇气化炉)，使用氧气和蒸汽作为氧化剂。不仅提高了气化炉的操作温度和压力，还可使其适用于质量较差的煤，如褐煤。其中，气化炉产生的废料作为熔渣而非灰分存在。图 2.1 为该气化炉的总体布局。

上述气化炉在商业上得到了很好的应用，已有超过数百套装置得到使用。它包含一个可工作到约 3MPa 的压力容器。由于这些气化炉规模相对较小，因此大型设施中通常使用超过 50 个气化炉。且该气化炉易于设计成适用于包括生物质在内的不同原料。

煤(通常为 1in 的块状)通过一系列料斗进入气化炉的顶部，落在燃烧煤的炽热床上，并逐渐向下移动(因此称为移动床气化炉)。蒸汽和氧气进入气化炉的底部，沿床向上移动。在床的底部是一个旋转格栅系统，它支撑着床，并允许灰或渣落到气化炉的底部，从而进行清除和处理。

这类气化炉的主要问题是：相对大型设施，其尺寸较小，同时操作压力相对较低。主要的操作问题是新鲜的煤进料(或其他进料)落在热煤层上进行热解，所产生的焦油和液体产品会污染合成气流。合成气通常被传递到冷甲醇中进行洗涤[2]，该方法可有效地去除焦油和液体产品。它还可以用来去除合成气中的二氧化碳和硫化氢[3]。

(2) 流化床气化炉

流化床气化炉源于 100 多年前开发的 Winkler 气化炉，并在 KBR(Kellogg、Brown 和 Root)气化炉的基础上进一步改进，使其可在高温下运行，且进料范围广。图 2.2 为该气化炉的结构图。

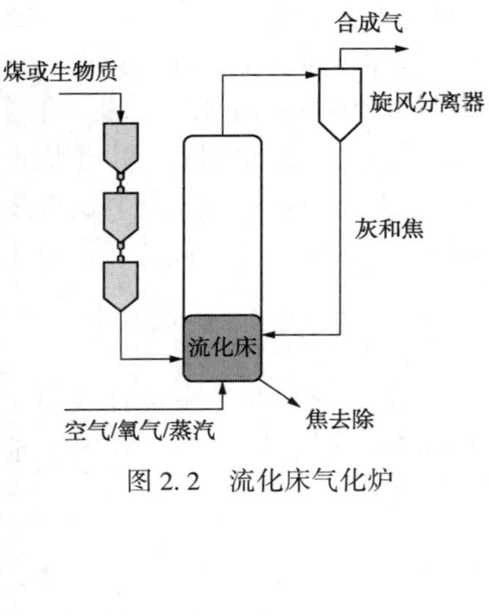

图 2.2 流化床气化炉

该气化炉包含一个大的压力容器，通常由含水的双层外壳组成，含水外壳用于冷却气化炉并产生蒸汽。将进料(煤或生物质)预干燥并还原成细粉，随后装入系列闭锁料斗中，然后进料从反应器底部进入气化器。通过氧化剂（空气或氧气）和蒸汽物流使进料流体化。流体化确保了床层温度的均匀分布，从而减少了热解产物的含量。流化床位于反应器的底部，床层上方存在一个很大的自由空间，可以使固体从气流中分离出来，从而使气相反应完成，并通过料斗系统（图中未展示）从反应器底部除去团聚物灰分。

热的气体产物被输送至旋风分离器，通过旋风分离器脱除粉尘和焦炭，并将其从合成气产品再循环至流化床。

上述一些类型的流化床气化炉正在应用过程中（例如 U-Gas™型[4]）。且比其他类型气化炉（如气流床气化炉）的资本成本更低。然而，流化床气化炉仍存在一些主要问题：流体化后，一些进料有一定概率进入焦（灰）去除系统。通常会使焦炭受到1%的碳污染，并造成产品损失。污染物的存在会降低灰分附聚物在某些方面的应用。

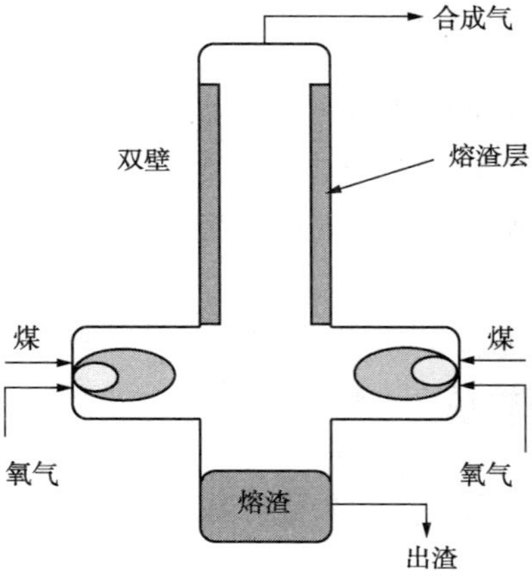

图 2.3 携带床气化炉

（3）携带床气化炉

作为最高效的气化炉，携带床气化炉在20世纪50年代科普斯-托采克气化炉的基础上发展而来。这项技术基于壳牌气化炉和 Uhde Prenflo 气化炉，如图 2.3 所示。

该气化炉包含一个工作压力高达 5MPa 的大型双壁压力容器。煤以细粉形式通过氮气流注入气化炉，并在气化炉底部附近的燃烧器中与氧气混合进行燃烧。煤的完全气化发生在较高的操作温度下，高于灰熔点（通常约1400℃）。如果灰熔温度高于气化炉操作温度，则将石灰石等助熔剂添加到煤混合物中。熔渣在气化炉内被热气体携带向上，并沉积在气化炉壁上，并从此处掉落到机组的底板上，然后从气化炉中被抽出进行处理。合成气从气化炉顶部进入过滤器，余热锅炉以高压蒸汽形式进行能量回收。由于该工艺效率高，合成气的主要污染物是灰尘，可通过烛式过滤器而非成本较高的液体洗涤操作去除污染物。由于原始合成气不含热解产物，二氧化碳和硫化氢可以用成本较低的胺洗涤装置去除。

（4）Texaco 浆液携带床气化炉（GE 气化炉）

此类型气化炉可将进料以水煤浆形式引入气化炉。该气化炉被设计成用于处理低含水率的黑煤。该类气化炉也能够进行许多设计上的改变，以用于重油、石脑油或天然气的汽化过程。本质上，经过干燥和精细研磨后的煤作为水煤浆被输送到气化炉顶部的燃烧器系统，从燃烧器产生向下的燃烧火焰，如图 2.4所示。

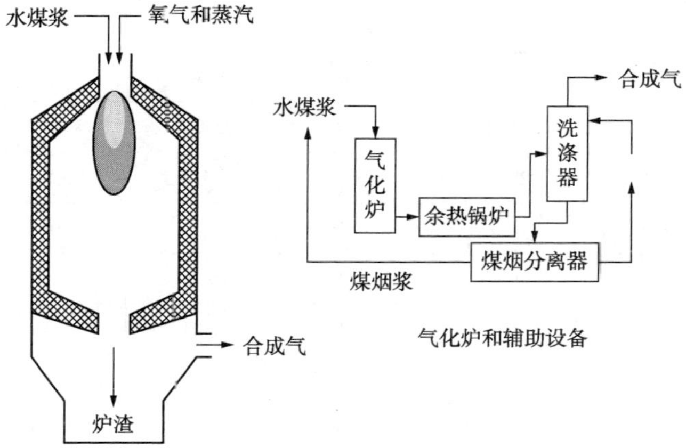

图 2.4　Texaco 浆液携带床气化炉

气化炉由内衬耐火砖的大型容器构成。燃烧器内的温度非常高，并且高于煤的灰熔点，因此形成的炉渣可在容器底部收集并取出。而热的合成气被转移至余热锅炉，经过水洗涤器，去除产品气体中的烟尘。这些烟尘可以再循环至气化炉中。

这类气化炉存在几种变化体。有些在主反应器周围安装水冷套，有些在气化炉内安装热交换设备。而通过水淬冷代替下游的热交换器和水洗涤器，可以降低气化炉的资本成本。

众多此类气化炉正在应用过程中(特别是使用石油焦或液体给料)，其操作压力高达 5MPa。由于采用水浆喷射系统，该类型气化炉一般不适用于高含水率的原料，如褐煤、生物质或 MWs。

(5) 气化炉的性能比较

表 2.1 列出了一系列气化炉对同种煤(伊利诺伊州 6 号)的相对性能。表 2.2 给出了这种煤的组分和元素分析。正如后面内容中所要讨论的，氢气通过 WGS 过程制取得到，该过程可将合成气中存在的每一摩尔 CO 都转化为 1mol H_2，如表 2.1 最后一行所示，过程的关键因素是产生的 CO 与 H_2的总量。上述结果表明携带床气化炉在最大限度提高 CO 和 H_2 量并减少非理想副产物——CO_2 和高级碳氢化合物方面具有优越性。气化炉中的空气本质上是减少的，因此，煤中的硫主要被还原为 H_2S，形成了一些羰基硫化物。

表 2.1　使用伊利诺伊州 6 号煤的各种气化炉类型的相对性能[5]

气化炉	Lurgi	BG/Lurgi	KRW	Texaco	Shell
床类型	移动	移动	流动	携带	携带
压力/MPa	0.1	2.82	2.82	4.22	2.46
灰分类型	灰烬	炉渣	团块	炉渣	炉渣
氢气/%(体)	52.2	26.4	27.7	30.3	26.7
一氧化碳/%(体)	29.5	45.8	54.6	39.4	63.1
二氧化碳/%(体)	5.6	2.9	4.7	10.8	1.5
甲烷/%(体)	4.4	3.8	5.8	0.1	0.03
其他碳氢化合物/%(体)	0.3	0.2	0.01	0	0
硫化氢/%(体)	0.9	1.0	1.3	1	1.3
H_2S/COS	20/1	11/1	9/1	42/1	9/1
N_2+A/%(体)	1.5	3.3	1.7	1.6	5.2
水/%(体)	5.1	16.3	4.4	16.5	2.0
NH_3+HCN/%(体)	0.5	0.2	0.8	0.1	0.02
总气体量/%(体)	100	99.9	101.01	99.8	99.85
CO+H_2/%(体)	81.7	72.2	82.3	69.7	89.8
干基总数/%(体)	94.9	83.6	96.61	83.3	97.85
CO+H_2干气/%(体)	86.09	86.36	85.19	83.67	91.77

表 2.2　伊利诺伊州 6 号煤的元素和近似分析

元素分析(DAF)	碳	78.10%(质)	64.16%(摩)
	氢	5.50%(质)	27.11%(摩)
	氧	10.90%(质)	6.72%(摩)
	氮	1.2%(质)	0.70%(摩)
	硫	4.30%(质)	1.32%(摩)
	合计	100.00%(质)	100.01%(摩)
灰分(收到基)/%(质)	12.0		
水分(收到基)/%(质)	6.5		

续表

收到基/%(质)	碳	65.91
	氢	4.64
	氧	9.20
	氮	1.01
	硫	3.63
灰分(收到基)/%(质)		10.13
水分(收到基)/%(质)		5.49
合计		100.01
LHV(收到基)/(GJ/t)		25.80
HHV(收到基)/(GJ/t)		25.90
LHV(DAF)/(GJ/t)		30.57
HHV(DAF)/(GJ/t)		30.69

尽管最有效的气化炉在合成气体的化学计量比方面结果不同[化学计量比(SR)<1]，但它们普遍反映了进料中 C/H 的摩尔组成。特例是具有相对低效率低压的鲁奇气化炉，其 SR>1。

为了获得最大的氢气产量，每摩尔一氧化碳通过下面讨论的 WGS 过程转化为 1mol 氢气。在讨论 WGS 之前，将讨论天然气制氢过程。

2.2 天然气制氢

天然气实质上是甲烷。与煤中含有少量氢元素不同，甲烷中含有 25%的氢(H/C 物质的量比为4)。当天然气在发达经济体中得到广泛使用时，特别是在20世纪60年代，从天然气中生产富氢气体取代了以煤为基础的传统技术。这一路线是当前经济合作与发展组织(OECD，经合组织)国家的主导技术路线[6]。

甲烷由四个强氢碳键组成，是一种相对惰性的化合物，很难转化成其他材料。然而，在高温下且氧气(气体)或水存在时，相对于合成气，它在热力学上更不稳定。当前制取合成气有两种主要方法——蒸汽重整和部分氧化。此外还有几种混合方法，如自热重整。

2.2.1 蒸汽重整

蒸汽重整过程中，甲烷(或相对分子质量更高的碳氢化合物)与过量的水蒸气混合，在约 850℃的高温下通过镍催化剂发生强吸热反应，使甲烷转化为合成气：

$$(1+x)CH_4+H_2O = CO+3H_2+xCH_4 \quad \Delta H^{\circ}_{298}+206kJ/mol$$

产品气中氢气与一氧化碳的摩尔比(化学计量比)相当高，为3/1。在实际过程中，由于重整温度较高，因此WGS反应可将部分一氧化碳转化为二氧化碳和水：

$$CO+H_2O \overline{\overline{\quad}} CO_2+H_2 \quad \Delta H^\circ_{298}-41kJ/mol$$

由此得到的重整气体 *SR* 约为4。对于不同的应用场景，*SR* 可以根据需要进行调变，例如，用于铁矿石还原的气体中氢含量高时还原效果最好。合成气的最终组成与重整温度、压力(最高3MPa)和水的过量程度有关。由于上述条件组合多种多样，因此可根据最终用途确定 *SR*。

重整反应中的系数 x 称为甲烷转移值。对于蒸汽重整来说这一数值较高(占合成气的几个百分点)。但在某些应用过程中可被接受，例如利用二级重整炉在空气氛围中燃烧这部分甲烷，并将氮气引入生成的合成气物流中时生产氨合成气。

蒸汽重整在商业上已经成熟并得到良好发展。其基本工艺流程及运行条件多变。图2.5表明了多管式蒸汽重整炉的操作流程，这是大规模甲烷重整的一种常用方法。

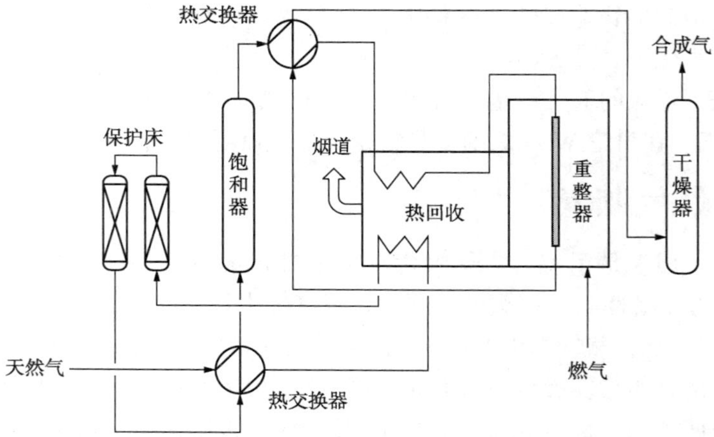

图2.5　多管式蒸汽重整炉

该重整炉类似于一个大的箱式结构，单个长约10m，直径约10cm，且装有催化剂的转化管悬挂在炉顶区域；一个大型的重整炉具有3000多根反应管。它们由顶部、底部或侧面燃烧的气体供热(取决于具体技术)。来自重整段的热气体被输送到包含管道的大型热回收箱，用于预热重整气体并在输送到烟道之前产生工艺蒸汽。

天然气原料进入系统后被传递到保护床层，以去除原料中所含有的硫，防止催化剂中毒。随后，气体被传递至饱和器，在饱和器中，热气体通过热交换为工艺过程制取蒸发水汽；许多重整工艺过程直接注入蒸汽而非使用饱和器。通常情况下，每摩尔甲烷约需要2~6mol水。

上述气体被进一步加热并送至转化管中。然后将重整气体冷却并除去多余的水以生产原料合成气。合成气体包括一氧化碳、二氧化碳、氢气、甲烷和饱和水。不包含灰尘、灰烬或炭(烟灰)等污染物。

尽管蒸汽重整装置规模很大，但其建造过程较为容易。

2.2.2 最大化产氢量

蒸汽重整反应器可从天然气中获得高的氢气产量。生产DRI(直接还原铁，见上文)的还原性气体的制造说明了这一点。当用于上述过程时，蒸汽重整反应器在相对较高温度(800~1000℃)、低压(0.3~1MPa)和约2.2的低蒸汽/碳比下运行(见表2.3)。

表2.3 还原气体在蒸汽重整器中最大限度地增加氢气[7]

项目	入口	出口
压力/MPa	1.07	0.7
温度/℃	510	830
甲烷/%(体)	85.5	4.0
乙烷/%(体)	9.1	
丙烷/%(体)	0.6	
二氧化碳/%(体)	3.7	7.0
氮气/%(体)	1.1	1.0
一氧化碳/%(体)		16.0
氢气/%(体)		72.0

2.2.3 部分氧化

部分氧化类似于气化，有时也被称为气化。在这个过程中，天然气在有限数量的氧气中燃烧，并添加蒸汽作为火焰减缓剂。放热过程的方程是：

$$(1+x)CH_4+0.5O_2 \xlongequal{} CO+2H_2+xCH_4 \quad \Delta H^\circ_{298}-36kJ/mol$$

与蒸汽重整相比，该反应放热强烈，不需要额外的热输入。甲烷滑移量(x)非常低，只有百万分之几百，测量这个系数是为了确保系统不会在装置内形成爆炸性混合物。其工作温度非常高，一般为1500℃或更高。在此温度下，反应热力学不利于二氧化碳的形成，二氧化碳的生成量限制在合成气的2%左右。在这个过程中产生了一些炭(烟)(主要来自高碳氢化合物)，必须从产品合成气中去除。在实际应用中，由于所产生的氢气在一定程度上优于一氧化碳，因此合成气的 *SR*<2(注意，这比通常给出低于 1 的 *SR* 的煤气化要高)。

部分氧化气化炉包括压力容器，该压力容器内衬耐火砖，在该装置的顶部设有燃烧喷枪，向其输送天然气、氧气和蒸汽，如图 2.6 所示。与蒸汽重整装置不同，不需要除硫，硫化合物被还原为硫化氢。部分氧化装置可以运行到 10MPa，这对于一些下游应用是一个优势。热气被输送到废热锅炉，产生高压气流。气体被进一步冷却，并被传递到水洗器(一些系统有石脑油洗涤器)，以产生原料合成气。从洗涤器排出的烟灰可以回收到气化炉。

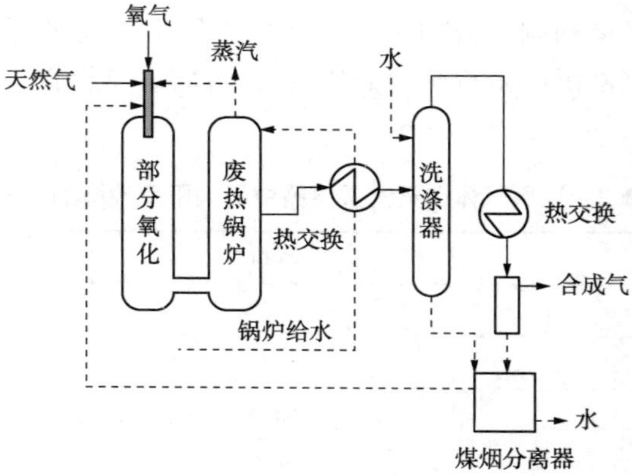

图 2.6　天然气部分氧化

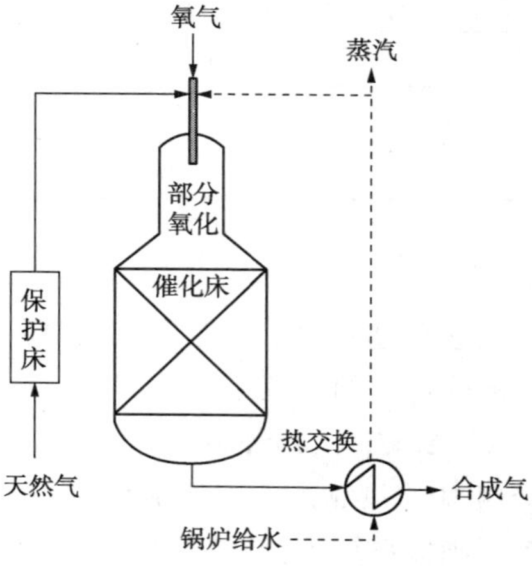

图 2.7　自动热重整

部分氧化气化炉比蒸汽重整器要小得多，通常在空间有限时使用。它们的成本显然低于蒸汽重整器，但资本成本往往忽略了提供氧气的空气分离单元(ASU)的成本。包括 ASU 在内的成本使部分氧化装置的成本与蒸汽重整装置的成本近似。

2.2.4　自动热重整

自动热重整装置将蒸汽重整装置和部分氧化装置结合在一起。该工艺旨在生产 *SR* 为 2~2.5 的合成气，此合成气适合许多下游工艺操作(甲醇法、费-托工艺)，并试图避免 WGS 反应器调整最终 *SR*，从而降低总成本。图 2.7 为该装置布局。

自动热反应器是一个非常大的装置，分为两部分(同样，它的技术有几种变体，其中一些提供了紧凑型反应器设计)，顶部为部分氧化装置，下部为填充床蒸汽重整炉。由于采用了蒸汽重整催化剂，天然气经过预处理去除硫，然后进入装置顶部的燃烧喷枪，在那里与来自 ASU 的氧气和蒸汽混合。该装置的设计使部分氧化段的热量足以满足重整段的热量输入。该工艺使用较少的氧气，因此有大量的甲烷到达重整段，将其转化为合成气。热气体被冷却并产生蒸汽，合成气被传递到下游的工艺装置。

2.3 纯氢的生产

以上章节介绍了合成气的生产，合成气是碳氧化合物，主要是一氧化碳和氢的混合物。为了生产纯氢，有必要通过 WGS 工艺从一氧化碳中反应生成更多的氢，然后净化产生的粗氢流。

2.3.1 WGS 工艺

(1) 水煤气

WGS 工艺是一种早期的工艺，从煤中生产富氢流，用于生产氨来制造炸药和化肥。该工艺起源于煤炭业，早于气化炉的引入。在早期，合成气是在两个装有焦炭的容器中同批生产的，如图 2.8 所示。

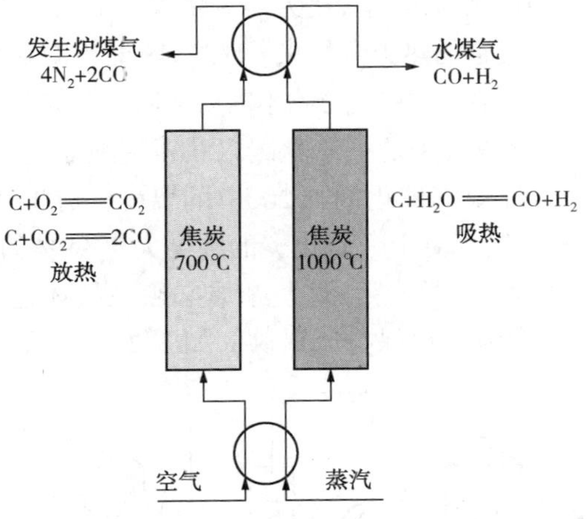

图 2.8 水煤气的产生

在第一个容器中，用空气将焦炭燃烧到白炽程度。燃烧的主要反应有：

氧化：

$$C+O_2 = CO_2 \quad \Delta H^{\circ}_{298} -394kJ/mol$$

以及反向的 Boudouard 反应产生一氧化碳：

$$C+CO_2 = 2CO \quad \Delta H^{\circ}_{298}+172kJ/mol$$

与空气中的氮气一起，产生“发生炉煤气”，虽然热值低，但可以用作燃料，为系统提供动力。

$$2C+O_2+4N_2 = 2CO+4N_2$$

当反应器达到合适的温度时，水蒸气通过一系列开关阀(图中未显示)进入反应器内，与焦炭反应生成合成气，称为水煤气。

$$C+H_2O = CO+H_2 \quad \Delta H^{\circ}_{298}+131kJ/mol$$

这个反应是吸热的，可以冷却焦炭床。然后蒸汽被空气取代，空气将床重新加热到所需的温度。这两个床层串联工作，产生连续不断的发生炉煤气和水煤气。这种工艺已经被上面讨论的更高效的气化炉工艺所取代。

将发生炉煤气和水煤气合理混合，得到了一种适合生产氨的煤气。

(2) 水煤气变换

水煤气变换反应过程中，将水煤气中的一氧化碳和水蒸气转化成二氧化碳和氢气，尽可能将一氧化碳转化为有效合成气。

$$CO+H_2O = CO_2+H_2 \quad \Delta H^{\circ}_{298}-41.1kJ/mol$$

该反应是可逆的，低温有利于正反应。在这个过程中，多余的蒸汽被加入合成气中，该气体在超过 400℃ 的温度下通过铁铬催化剂。这被称为高温 WGS(HTWGS)，它将一氧化碳含量超过 10%的合成气转化为一氧化碳含量低于 3%的合成气。这一限制是由于 HTWGS 温度所设定的热力学约束。HTWGS 催化剂系统对含硫化合物等杂质非常稳定，在 HTWGS 之前，这些化合物不需要从原料合成气中除去。

如果要进一步减少合成气中的一氧化碳以获得更纯净的氢气流，则需要低温 WGS(LTWGS)工艺。这需要铜催化剂与 200℃ 的温度，可将气体流中的一氧化碳降低到小于 0.3%，即产生相对于一氧化碳的纯度大于 99%的氢气流。LTWGS 催化剂对包括硫在内的杂质非常敏感，这些杂质必须在气体进入 LTWGS 反应器之前去除。这项功能通常由氧化锌保护床提供，如图 2.9 所示。

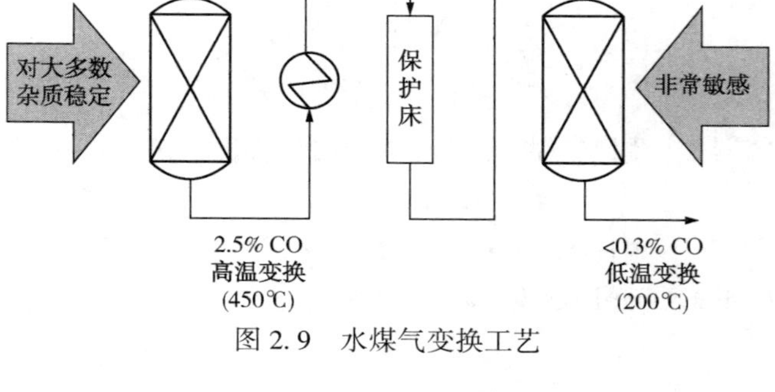

图 2.9 水煤气变换工艺

为了获得产物氢流，从 WGS 产生的二氧化碳被剥离出系统。很多商业化工艺可实现此功能。通常包括将富含二氧化碳的气体与萃取二氧化碳的溶剂接触，将装载二氧化碳的溶剂传递到另一个反应柱中，在那里，通过蒸发二氧化碳而再生出新的溶剂。典型的吸收-剥离系统如图 2.10 所示。

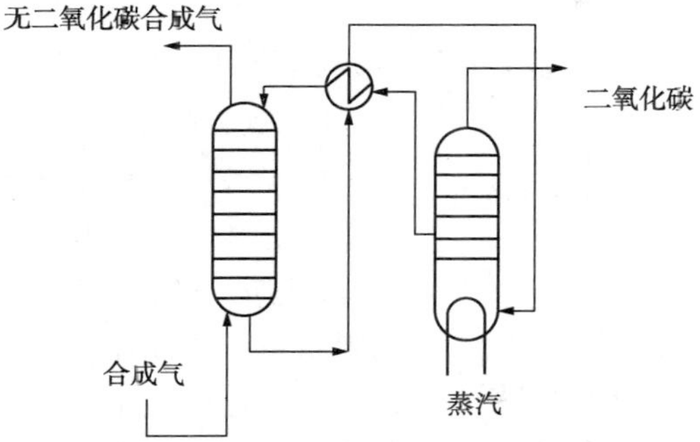

图 2.10 二氧化碳吸收-剥离系统

如果存在硫化氢，二氧化碳剥离系统[8]也可用于将硫作为硫化氢去除。需要注意的一点是，二氧化碳(可能与硫化氢一起)是作为纯气流从再生器中获得的，通常被排放到大气中。为了碳捕集与封存，这一气流可冷却和压缩产生液态(或致密相)二氧化碳。

WGS 和二氧化碳剥离后可产生纯度约为 95%的氢气流。同时也有来自气化炉的甲烷和微碳氧化物。甲烷相对呈现惰性，一般不会对下游的制氢过程有影响，但碳氧化物会导致许多下游催化剂中毒或受污染。

2.3.2 氢气提纯

氢的一些用途可以容忍其中含有的杂质，例如，用于高温固体氧化物燃料电池发电。然而，若这些剩余的杂质对下游工艺操作造成影响，氢气则需要进一步纯化。

(1) 甲烷化

众所周知的一种生产氨的方法是将剩余的碳氧化物转化为甲烷，而甲烷在合成氨过程中是惰性的。其简化流程如图 2.11 所示。

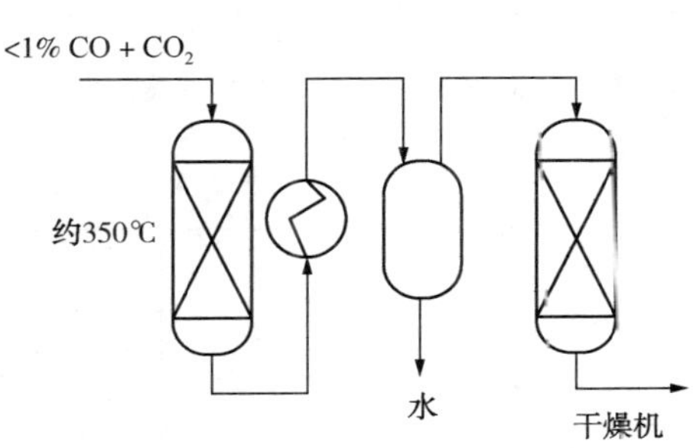

图 2.11 甲烷化

经过 HTWGS、LTWGS 和二氧化碳剥离后，碳氧化物含量低于 1%的氢被加热并在约 350℃ 的温度下进入甲烷化反应器。通过牺牲一些氢产生甲烷来去除碳氧化物。

$$CO+3H_2 \xlongequal{} CH_4+H_2O$$

$$CO_2+4H_2 \xlongequal{} CH_4+2H_2O$$

冷却废水除去大部分产出水，经过干燥器后最终生成氢气产品。产生的氢气流中含有一些甲烷，适用于大多数下游工艺。

（2）分离

如果氢气流中的甲烷对下游工艺造成影响，则可以通过下列三种方法之一来去除：

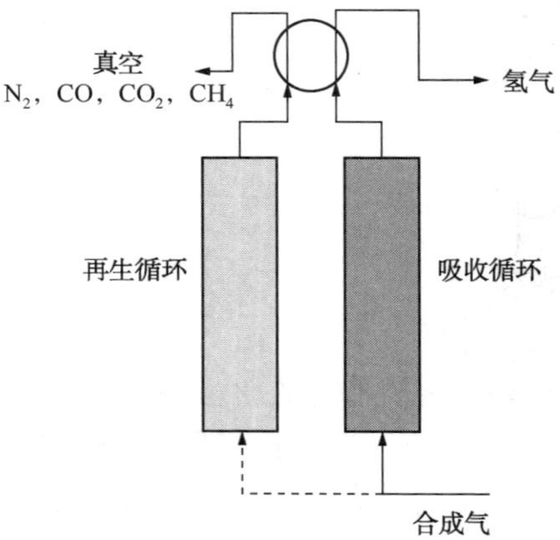

图 2.12　变压吸附

1）变压吸附(PSA)

PSA 被广泛用于从含一种或几种杂质的气流中分离氢。本质上，将在压力(通常为 1~4MPa)下处理的气体传递到含有分子筛吸附材料(例如离子交换沸石 A 或 X)的吸附塔中，如图 2.12 所示。

氢气流通过塔后，沸点高于氢的杂质(氦除外)被吸附。当分子筛饱和时，将进料流切换到另一个塔，饱和塔被再生。在 PSA 中，这是通过降低压力或应用真空来完成的，污染物被释放。在一些系统中，再生可通过加热床或使用蒸汽来赶走吸附的气体辅助实现；这些系统通常被称为变温吸附(TSA)过程。在实践中，一组吸附床间，吸附床和再生床的切换是通过一个复杂的阀门实现的。

近年来，通过取消 LTWGS 步骤来降低制氢的总成本的 PSA 系统已被开发出来。在该方法中，从 HTWGS 流出的粗氢流被传递到 PSA 装置。这会产生纯氢，并捕获所有不需要的物质。PSA 系统的效率取决于气体杂质水平、生产规模、所需氢气纯度和技术特定因素。对于一次通过 PSA 系统[9]，回收氢的量通常在 75%~85%。

表 2.4 使用已发表的数据来估计生产氢的几个专有系统中 PSA 装置的能量效率[10]。表 2.4 中显示，能量效率主要集中在 70%~90%。

表 2.4　产氢过程中 PSA 能量效率估计值

项目	气体输入功率/(GJ/h)	功率/(GJ/h)	总能量/(GJ/h)	蒸汽/(GJ/h)	H_2(标准)/(cm^3/h)	低热值/(GJ/h)	低热值效率/%
托普索紧凑式重整器	15.60	0.43	16.03	0	1000	10.22	63.74
托普索 SMR	12.76		12.76	0	1000	10.22	80.11

续表

项目	气体输入功率/(GJ/h)	功率/(GJ/h)	总能量/(GJ/h)	蒸汽/(GJ/h)	H_2(标准)/(cm^3/h)	低热值/(GJ/h)	低热值效率/%
鲁奇	16.49	0.27	16.76	-0.08	1178	12.03	72.26
	14.00	0.23	14.24	-0.07	1000	10.22	72.26
德西尼布	12.93		12.93	0	1000	10.22	79.04
福斯特惠勒	22.07	0.17	22.24	-4.04	1178	12.03	72.25
	18.74	0.15	18.89	-3.43	1000	10.22	72.25
福斯特惠勒手册(1)	184.51		184.51	-46.33	11776	120.34	90.33
	15.67		15.67	-3.93	1000	10.22	90.33
福斯特惠勒手册(2)	170.84		170.84	-32.70	11776	120.34	89.58
	14.51		14.51	-2.78	1000	10.22	89.58
NREL 数据(LHV)	880.35	25.55	905.90	-64.15	66667	681.28	82.29
	13.21	0.38	13.59	-0.96	1000	10.22	82.29

注：SMR 代表甲烷蒸汽重整装置，NREL 代表美国国家能源研究实验室。

2）膜分离系统[11]

在膜分离器中，原污染气体在膜的一侧通过，氢通过膜选择性扩散，在另一侧产生富氢流。对于聚合物膜，二氧化碳和水通常也通过膜运输，这样对于氢气纯化，需使用一系列的膜。这可能需要级间压缩。膜容易受到氢气流中某些杂质的攻击，通常不像 PSA 那样坚固。

膜系统比 PSA 更便宜，操作成本更低，但通常回收效率较低。当下游工艺只需要部分氢气流时，例如从炼油厂废气中部分去除氢气进行循环时，它们就能发挥作用。

一些膜系统基于钯金属合金[12]，它们对氢有很高的选择性，显然，由于钯合金的成本很高，其成本也更高。

3）深冷分离

若需要液氢(−253℃)，则低温分离可去除所有不需要的物质。如果气体流被冷却到所有其他物质的凝点以下，氢则可以被分离而不发生液化。如果有氦存在，就不会凝结。深冷分离广泛应用于精炼工艺流程中氢的分离，最低沸点组分通常是甲烷(−165℃)或氮(−196℃)。

2.4 烃过程工业制氢

在第1章中，描述了炼油和化学加工工业对氢的需求。这包括对石脑油重整装置的描述，该重整器在炼油厂中用于生产高辛烷值重整油，在石化工业中用于生产芳烃。石脑油重整装置产生大量的副产物氢，可满足下游炼油厂和石化企业对氢的大部分需求。必要时，设施内产生的氢通过甲烷重整或天然气部分氧化制氢补充。化学工业中还有其他产生大量氢气的途径，现概述这些途径。

2.4.1 蒸汽裂解制氢

全世界通过蒸汽裂解制乙烯的产量超过1.5亿t/a。所有发达经济体和许多发展中经济体都有蒸汽裂解装置。《石油和天然气杂志》每年对蒸汽裂解装置进行调查，详细介绍了它们的操作条件和使用的原料。不同原料的氢产率不同，见表2.5。

表2.5 各种石化原料下相对氢与乙烯产量比

原料	氢/乙烯(质量比)	原料	氢/乙烯(质量比)
乙烷	0.132	高浓度石脑油	0.052
丙烷	0.038	低浓度VGO	0.042
丁烷	0.036	高浓度VGO	0.042
低浓度石脑油	0.043		

乙烷通常是生产商品聚乙烯树脂的首选原料。如果乙烷是可用的，该原料产氢量最高。液化石油气(LPG)(丙烷和丁烷)的氢气产量较低，石脑油和减压瓦斯油(VGO)/渣油等液体燃料的产量也较低。液体燃料具有高浓度(HS)或低浓度(LS)条件下操作的灵活性。其将产品构成从乙烯转换为丙烯，以满足市场对这些材料的需求，但这也会影响氢产量。

在很大程度上，世界上生产乙烯的主要原料是乙烷和石脑油，分别占世界乙烯生产能力的30%和50%。对于特定的地区，首选的原料可以随时间变化。例如，在过去的十年里，随着更多的乙烷从页岩油开发中获得，美国的乙烷裂解大大增加。

典型的世界规模蒸汽裂解装置的产能为0.5~1Mt/a乙烯，因此使用乙烷的裂解装置生产1Mt/a乙烯，将产生13.2万t/a的副产物氢，而类似规模的石脑油裂解装置将产生约5万t/a的氢。

对于独立的乙烷裂解作业，副产物氢气产量超过了下游作业的需求，通常多余的氢气被降级为燃料。它可替代进口燃料油点火启动裂解反应器。显然，大型独立乙烯裂解装置可以成为重要的高价值的氢气供应来源。

2.4.2 丙烷和丁烷脱氢过程制氢

丁二烯是一种重要的化学中间体，尤其可用于生产合成橡胶(如丁苯橡胶，SBR)。虽然丁二烯是在石脑油的蒸汽裂解过程中产生的副产物，但丁烷催化裂解可生成丁烯，然后生成丁二烯，来增加丁二烯的产量。这些过程产生的副产物氢如下式所示(图中使用了有机分子的标准棒状符号。只显示了碳—碳键和异原子。其他价键都是碳氢键)：

正丁烷到1-丁烯：

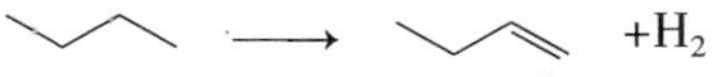

正丁烷到丁二烯：

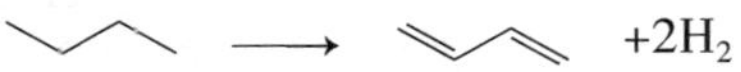

异丁烯作为生产高辛烷值汽油混合组分的原料，人们对异丁烯的需求在不断增加。异丁烯可用于生产烷基酯和醚添加剂 MTBE。

异丁烷到异丁烯：

近年来，在一些地区，为了生产商品聚合物，已经开始更多地裂解乙烷而不是石脑油。这使得石油化工行业缺乏用于生产聚丙烯和乙烯-丙烯共聚物的丙烯。丙烷脱氢装置通过催化脱氢提供的丙烯，正日益填补这一缺口。

所有这些过程都是吸热的，需要较高的操作温度(通常为500℃)。在这些温度下，催化剂有结焦趋势，需经常再生。以下技术可以实现这一点。最古老的工艺(Catofin™和Catadiene™)[13]在多层床中使用铬催化剂，并频繁再生。另一种工艺是由Philips[14]开发的蒸汽活化重整(STAR)工艺，在蒸汽存在下使用管状反应器系统。Oleflex™工艺是一种应用广泛且对其需求还在不断增长的工艺，由UOP开发[15]。在该工艺中，使用了移动床催化系统。图2.13说明了Oleflex工艺流程。

在该过程中，进料(丙烷或丁烷)与氢混合，以抑制催化剂结垢，加热到工作温度(加热器H1)，并传递到第一反应器(R1)。新鲜的和再生的催化剂也进入这个反应器，并不断地依次通过后续反应床，最终到达一个连续的催化剂再生单元(CCR)。吸热过程将反应物冷却，随后进行再加热(加热器H2、H3、H4)，使其达到操作温度。在冷却和压缩多余的氢气和裂解气体后，将它们分离，然后将产品和未转换的进料分离(未显示)。新鲜进料转化为产品的最大转化率受操作温度限制，约40%。

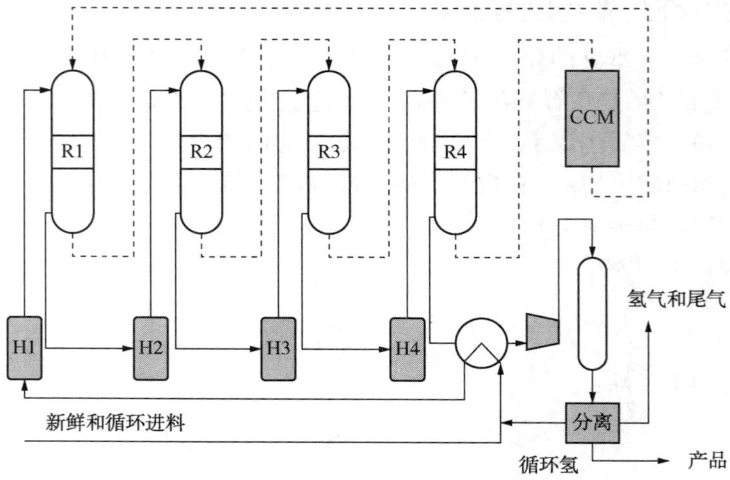

图2.13 Oleflex工艺流程

通过丙烷和丁烷脱氢，每年可生产约25Mt烯烃。理论上，每年将产生超过1Mt的氢。由于烯烃(丙烯、丁烯等)是主要目标，而且这些物质易于运输，因此这些设施通常远离其他需要氢的设施。副产物氢可能降级为燃料使用，以替代进口燃料油或天然气。因此，在氢经济中，有可能将这种氢副产品利用起来。

2.4.3 炭黑

炭黑(轮胎黑)是由碳氢化合物热解产生的。任何碳氢化合物都可以被使用，包括甲烷。一种受欢迎的原料是热解燃料油，它是石脑油和较重的原料蒸汽裂解的副产品。在工艺部分，进料在有限的氧气中燃烧，以提供反应热。这个过程产生副产物氢。

最近，这些工艺已经被提出用于氢和碳的联合生产。它们通常涉及在等离子炬中加热甲烷以影响热解生成碳和氢[16]。

2.5 氯碱工业制氢

氯和氢氧化钠(烧碱)是化学工业生产的重要原料。氯被用来生产漂白剂、溶剂和氯聚合物，如PVC。烧碱是生产肥皂和提炼铝土矿以生产氧化铝的重要化学品。这两种化学物质都是通过电解盐水而共同产生的。氢是作为副产品产生的。电解槽有三种类型[17]：汞电解槽、隔膜电解槽(使用石棉)和膜电解槽。

由于汞会造成环境问题，旧的汞电解槽在很大程度上被淘汰出局。近年来，在隔膜电解槽中使用石棉阻碍了它们的使用，膜电解槽在很大程度上取代了以上这两种技术。电解过程如图 2.14 所示。

该电解槽包括阳极部分和阴极部分，由多孔膜隔开(钠离子可通过)。这种膜是聚合物薄膜，包括聚(全氟乙烯)骨架和磺酸或羧酸基团侧链，例如，Nafion™(杜邦)或 Flemion™(旭硝子)。

高纯度盐水(膜电解槽所需要的盐水纯度明显高于汞电解槽或隔膜电解槽)从阳极一侧进入电解槽，在钛阳极处，氯离子转化为氯气排出：

$$2Cl^- = Cl_2 + 2e^-$$

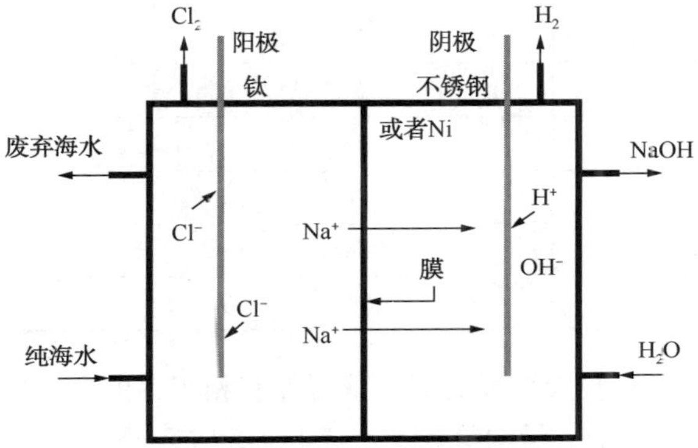

图 2.14 用于生产氯和氢氧化钠的膜电解槽

钠离子通过薄膜到达不锈钢或镍阴极。水进入电解槽的阴极一侧，在阴极，水被电解成氢和氢氧根离子。

$$H_2O = H^+ + OH^-$$

氢氧化钠溶液从电解槽的阴极一侧抽出。

膜的缺失会造成每个独立电解槽中的成分混合，并促进氯酸钠的形成，这一过程也产生副产物氢。总的反应是：

$$NaCl + 3H_2O = NaClO_3 + 3H_2$$

全球氯需求超过 7000 万 t/a(2015 年)，氯酸钠需求约为 550 万 t/a。这些数值表明，每年约有 5Mt 氢副产品是由氯碱工业生产的。

2.6 天然气中的氢

天然气可能是最便宜且尚未开发的氢资源。氢气在天然气中很少见，但在一些天然气产区，天然气中可以发现氢气，有时氢气占比很大。为什么有氢存在是一个有争议的问题，但可以推测，它是甲烷(或其他碳氢化合物)裂解的结果，这在高温(>800℃)下，从热力学角度看，是可行的：

$$CH_4 = 2H_2 + C$$

在此过程中形成的碳留在了烃源岩中。要做到这一点，烃源岩必须承受适当的高温，这可能由于地热过程造成。有时含氢的天然气中含有大量的氦和氮，这表明加热所需的温度可能是由放射性物质引起的。表 2.6 给出了对一些含有大量氢气成分的天然气的分析。

表 2.6　澳大利亚中部含氢天然气的成分　%(摩)

天然气田	Mount Kitty[18]	Magee-1[19]
氦气	9	6.24
氢气	11	0.03
氮气	61	43.87
甲烷	13	33.49
乙烷	4	6.41
其他碳氢化合物	无报道	3.41
总量	98	100.00

这些数据表明，一些天然气的氢含量可能有相当大的变化，其中一些(Mount Kitty 的例子)可能会产生大量的氢。

2.7　总结

在化学加工行业中，氢的产量非常大。大量氢气是作为副产品产生的，其中大部分超出了下游工业的需求。在许多情况下，这些多余的氢在生产设施中被降级为燃料，然而，在以氢为基础的经济中，过剩氢也可作其他用途。

参考文献

[1] Montgomery CW, Weinberger EB, Hoffman DS. (1948) Thermodynamics and stoichiometry of synthesis gas production. Ind Eng Chem 40(4): 601-607.

[2] Linde Engineering: Rectisol WashTM.

[3] Ranke G, Mohr V. (1985) Rectisol wash - new developments for acid gas removal from synthesis gas. In: SA Newman (ed), Acid and Sour Gas Treating Processes. Gulf Publishing Company.

[4] The U-Gas Gasifier was developed by the Gas Technology Institute: www. gti. energy.

[5] Bhandarkar PG. Gasification Overview Focus - India, Hydrocarbon Asia, pp. 46-51, November/December 2001 (www. hcasia. safan. com/mag/dec01/t46. pdf).

[6] The conversion of natural gas and the downstream processes water-gas-shift and metha-nation are extensively discussed in Catalyst Handbook (2nd Edition, M. V. Twigg ed.), Wolfe Publishing

1989. Some of the many variants of synthesis gas (syngas) manufacture are discussed by Rostrup-Nielsen JR, Christiansen LJ. (2011) Concepts in Syngas Manufacture, Catalytic Science Series - Vol. 10. ICP Press.

[7] Ridler DE, Twigg MV. Steam Reforming In: MV Twigg (ed), Catalyst Handbook, 2nd ed. Wolfe Publishing, 1989.

[8] The many approaches to carbon dioxide and hydrogen sulphide removal from gas streams is discussed by Newman SA. ed. (1985) Acid and Sour Gas Treating Processes. Gulf Publishing.

[9] Sircar S, Golden TC. (2000) Purification of hydrogen by pressure swing adsorption. Sep Sci Technol 35(5): 667-687.

[10] Hydrocarbon Processing - Gas Processing Handbook, 2004.

[11] Basile A, Nunes SP. eds. (2011) Advanced Membrane Science and Technology for Sustainable Energy and Environmental Applications. Woodhead Publishing Limited.

[12] Grasshoff GJ, Pilkinton CE, Corti CW. (1983) The purification of hydrogen. Platin Met Rev 27(4): 157-169.

[13] The illustration uses the standard stick notation for organic molecules. Only carbon-carbon bonds and hetro-atoms are shown. All other valence bonds are carbon-hydrogen.

[14] Catofin and Catadiene were originally developed from the Houdry catalytic cracking process by Sun Oil. The process is now offered by Clariant: www. clariant. com/en/Solutions/Products/2018/11/28/12/33/CATADIENE.

[15] STAR Process by Uhde: www. thyssenkrupp-industrial-solutions. com.

[16] Oleflex was developed by UOP/Honeywell: www. uop. com.

[17] Lynum S, Myklebust N, Hox K. US Patent 6, 068, 827 (May 30, 2000) to Kvaerner Engineering AS and also US Patent 5, 997, 837.

[18] Buchner W, Schiebs R, Winter G, Buchel KH. (1989) Industrial Inorganic Chemistry (transl. by DR Terrell). VCH.

[19] Santos Limited/Central Petroleum Limited, Press Release, 8 May 2014.

[20] Geoscience Australia: data from Pacific Oil and Gas.

第 3 章　化石燃料制氢成本

第 1 章和第 2 章概述了烃加工行业对氢气的巨大需求，及满足这一需求的化石燃料(主要是煤和天然气)的制氢方法。本章讨论了制氢成本，以满足氢经济发展的需求。本章的重点是大型装置的生产成本，以更好地满足氢经济发展的运输需求和能源需求。

化石燃料制氢的一个核心问题是向大气中排放二氧化碳。如果要避免这种情况，则必须利用二氧化碳或将其封存到地下，即所谓碳地质封存(CGS)。尽管人们对二氧化碳的利用有兴趣，但实际中很难有技术将其大规模应用。这使得 CGS 是唯一可行的处理方法。因此，对无 CGS 和有 CGS 的制氢成本进行估算。制氢成本估算的方法见附录。

3.1　天然气制氢

传统的天然气制氢方法如图 3.1 所示。

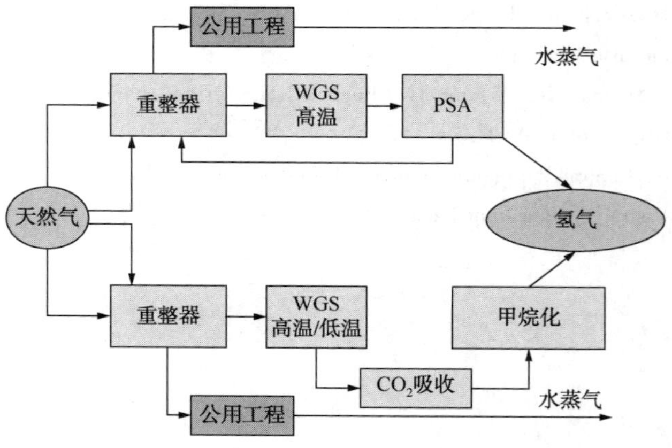

图 3.1　天然气制氢

该图呈现了基于蒸汽重整技术的两种常见的天然气制氢方法。重整中的热回收工艺产生足够的蒸汽，用于发电和公用工程模块中所需的所有其他服务(例如水处理)。事实上，在多数情况下，多余的蒸汽可出售给第三方或用于发电。

图 3.1 底部所示的方法是更传统的方法，其涉及重整、高温和低温水煤气变换(WGS)、二氧化碳吸收与甲烷化。图 3.1 顶部所示的方法为更现代的方法，在重整之后只使用高温水煤气变换，然后使用 PSA 单元制氢。PSA 废气用作重整燃料。在 PSA 中，低效率意味着对于给定数量的氢气需要使用更多的天然气，但在一阶近似下，这两种路线对于给定数量的氢气需要输送相同量的天然气。

在大多数情况下，氢经济涉及使用氢作为一种运输燃料来取代汽油和柴油。美国的许多研究都集中在大规模制氢上，以便将氢从一个中央设施分配到一个拥有约 40000 辆汽车的大型郊区车队。氢不需要在工厂中生产，它只是一个分配点。同样，该设施本身可以服务于更小的站点以提供更多的本地分配。集中式设施的统计数据见表 3.1。

表 3.1　集中式氢气生产/分配装置的统计数据

制氢	373940t/a
	31161t/月
车辆	65mpg(英里/加仑)
假设 1kg H_2 = 1gal 汽油	27.47km/L
	3.64L/100km
	12000mile/a
	19200km/a
	184.62kgH_2/a
每辆车 H_2 量	3.55kg/周
车辆数量	38952 辆

服务约 40000 辆汽车，需要约 374kt/a 的氢气，这是评估各种制氢方案的基本案例。许多现场工作人员使用不同的单位来表示各种最终用途所需的氢气量，如表 3.2所示。

表 3.2　以不同单位表示的集中式制氢需求

d/a	340	Mm^3/d(15℃)	13.00
L/mol	22.214	MMcf/d(60℉)	460.1
kt/a	373.94	m^3/h(标准)	5417745
kt/d	1.100	GJ/d(LHV)	1319018
PJ/a(LHV)	44.84	MW	1526.26

3.2 集中式天然气制氢成本

采用甲烷化的路线和采用 PSA 分离系统路线天然气制氢成本如表 3.3 和表 3.4所示。为了便于分析，我们假设这两种路线上的氢气质量是相同的，并且甲烷化路线中的痕量甲烷不影响在车辆燃料电池中使用该氢气的效果。

表 3.3 集中式制氢的成本估算

项目	甲烷化	PSA
氢气产量/(kt/a)	373.94	373.94
施工期/a	3	3
运营期/a	20	20
ROC(10% *DCF*)(*R*)/%	14.60	14.60
区位因子	1.0	1.0
资本支出(绿地，2018 年)(C_{ap})/百万美元	692.35	532.37
资本费用($C=R\times C_{ap}$)/(百万美元/a)	101.10	77.74
营运资本(*W*)/(百万美元/a)	0	0
人工(1%资本支出)/(百万美元/a)	6.92	5.32
维护(3%资本支出)/(百万美元/a)	20.77	15.97
保险(1.5%资本支出)/(百万美元/a)	10.39	7.99
催化剂和化学品(1%资本支出)/(百万美元/a)	6.92	5.32
总运营成本(*O*)/(百万美元/a)	45.00	34.60
气体使用(HHV)/(PJ/a)	84.76	84.76
热效率(HHV)/%	62.55	62.55
单位天然气成本/(美元/GJ)	2.0	2.0
天然气成本(*G*)/(百万美元/a)	169.52	169.52
总成本(*C*+*W*+*O*+*G*)/(百万美元/a)	315.62	281.86
副产品信贷(见下文)/(百万美元/a)	63.35	63.35
净成本/(百万美元/a)	252.27	218.51
单位生产成本	674.62 美元/t	584.34 美元/t
	5.62 美元/GJ(LHV)	4.87 美元/GJ(LHV)

表 3.4 基本情况下副产品蒸汽、发电量的估价

转化炉过量蒸汽/(PJ/a)	17.20
电当量(25%)	4.30PJ/a
	1.19×10^9kW·h/a
电力价值/[美分/(kW·h)]	5
小计/(百万美元/a)	59.73
水煤气变换产生的蒸汽(WGS)/(MW·h)	75544
功率值(10%效率)/(百万美元/a)	3.62
总计/(百万美元/a)	63.35

注：*ROC* 为资本回报率，*DCF* 为贴现现金流。

甲烷化路线的数据取自别处发表的数据[1]，并更新至 2018 年年中的值。PSA 路线的数据改编自 2004 年美国国家科学院(NAS)的报告[2]，将数据代入 2018 年的值。这两个系统都已扩展到集中式的规模。

所采用方法如附录所述。所要求的投资回报率(14.6%，见附录)适用于 3 年期、20 年期并提供 10%的贴现现金流(*DCF*)。资本成本按比例计算，并根据参考文献给出 2018 年年中的值。甲烷化路线由于单元操作次数较多，比 PSA 路线具有更高的资本成本。该成本估计可能很高，因为原始数据是针对欧洲运营装置的，而不是被用作参考位置的美国海湾。非原料运营成本(OPEX)见附录。

假设氢气传递到另一装置被立即使用，并且在装置中没有储存。因此，产品库存的营运资本被设置为零。

3.2.1 副产品信贷

这两条路线的热效率都约为 63%[热效率值在 60%的低范围内是这类设施绿地作业的典型值。引用的较高效率通常用于界区内(ISBL)电厂，不考虑公用工程和场外或使用进口公用工程(如电力)]，这意味着气体中 37%的能量在该过程中损失了。其中大部分是通过重整和 HTWGS 中的蒸汽提升所捕获，用于满足设备对工艺蒸汽的需求，并为泵、照明设施等发电。过剩的蒸汽产生了副产品信贷的潜力。在确定过程工业项目的可行性时，副产品信贷的优化往往是至关重要的。多余的蒸汽可以出售给其他单位或第三方，或以名义电网价格转换为电力。高温、高压的工艺蒸汽可以转化为电能，其热效率约为 25%，而低温、低压的工艺蒸汽转化效率要低得多。显然，工艺蒸汽系统的优化是复杂的，超出了这项工作的范围，因此这里的结果将受到误差的影响，目的是估计产生的过量蒸汽的价值。估计值见表 3.4，电价为 5 美分/(kW·h)[50 美元/(MW·h)]，这产生了

6335 万美元的副产品信贷。这种副产品信贷大大降低了氢气的净生产成本[3]。

本案例不考虑其他副产品或信贷。然而，在实践中，其他副产品信贷可能来自：

① 可能向发达地区的第三方销售合成气。

② 销售可从输入气体中提取的液化天然气。

③ 出售可能存在于重整之前提取的输入气体中的硫。

④ 向下游用户销售捕集的二氧化碳，例如用于提高采收率(EOR)。

3.2.2 天然气价格

请注意，天然气的定价基于较高的热值(HHV)，而氢气产品的定价基于较低的热值(LHV)，以更好地代表其作为汽车燃料的价值。

对于基本情况，天然气的价格为 2 美元/GJ(HHV)，这与世界规模的液化天然气(LNG)出口项目的价格相似，也与撰写本书时(2020 年底)亨利枢纽的价格相似。根据此价格，甲烷化路线的制氢成本估计为 675 美元/t(5.62 美元/GJ，LHV 基准)，PSA 路线的制氢成本为 584 美元/t(4.87 美元/GJ)。在没有蒸汽的情况下，副产品信贷中预计的生产成本分别为 844 美元/t（7.04 美元/GJ)和 754 美元/t(6.28 美元/GJ)。这可能是在偏远地区不可能实现的。

制氢成本对天然气的价格非常敏感。基本情况下的固定变量关系如图 3.2 所示。甲烷化和 PSA 非常相似；这两条路线之间的细微差异是由于甲烷化路线的资本成本略高。

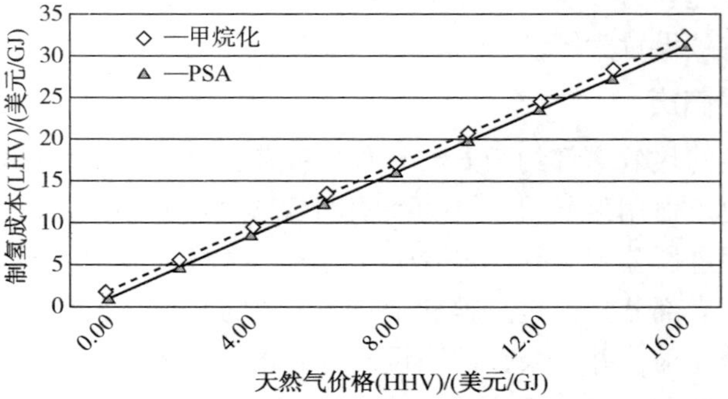

图 3.2 制氢成本对天然气价格的敏感性

在世界上许多地区，天然气在低于 2 美元/GJ(HHV)的情况下无法获得，这导致制氢成本在 5 美元/GJ 左右。在许多地区，天然气的成本为 8 美元/GJ 或更高。在这种情况下，制氢成本在 16~17 美元/GJ(LHV)。

3.2.3 资本成本

制氢成本的另一个主要变量是资本成本。大量的研发工作已投入工艺改进中，随着更多装置的建设，会发生一些微小的变化和改进(例如通过提高 PSA 装置的通过效率)，但在这个领域不太可能有巨大的技术突破。引用的 2004 年 NAS 研究模拟的一种氢气工艺，设想将资本成本降低 20%，但似乎到 2020 年都还没有实现。

化石燃料制氢以实现氢经济的主要问题是如何尽量减少甚至消除二氧化碳排放。本章稍后将更全面地讨论温室气体(GHG)减排及其成本问题。目前，如果我们认为消除温室气体排放是可取的，那么这将影响化石燃料制氢的方法。图 3.1 中概述的案例说明了这一点。对比两条路线，尽管这两条路线都需要重整，但这会产生废气(烟气)，从废气中去除二氧化碳既困难又昂贵。甲烷化路线捕集来自二氧化碳汽提塔的纯二氧化碳流，可以更容易地进行地质封存。因此，甲烷化路线的较高资本成本可能具有降低大气二氧化碳排放的优势。

该设计可以更进一步，选择使用部分氧化装置而不是重整器[4]。这将使用相同数量的气体，但所有的碳输入都将在二氧化碳汽提装置中被捕集，并更容易进行地质封存，如图 3.3 所示。

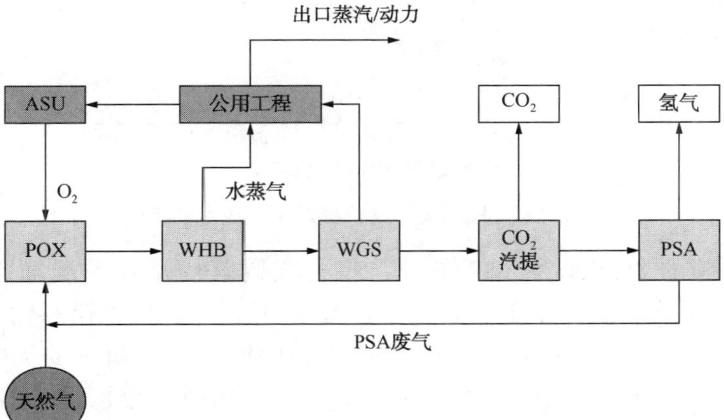

图 3.3 天然气制氢并捕集二氧化碳

考虑到点燃蒸汽重整器的需要，这种部分氧化路线使用非常相似数量的气体来产生相同数量的氢气。部分氧化气化炉(POX)、其关联废热锅炉(WHB)、空分装置(ASU)和水煤气变换的资本成本与具有 HT 和 LT WGS 的蒸汽重整器的成本非常相似，因此唯一的额外成本是用于处理更多二氧化碳的汽提单元。大部分废气可以回收到气化炉，只捕集少量的废气，以防止惰性物质在循环回路中积聚。

总体而言，预计该路线将具有与使用甲烷化的蒸汽重整器系统非常相似的经济效益，并为大部分碳输入提供二氧化碳捕集(可能大于95%)。然而，请注意，许多使用部分氧化气化炉(或自动热重整)的案例研究没有考虑空分装置的资本成本，从第三方进口的氧气。

3.3 制氢规模的影响

上述基本案例模型针对大型工厂，支持集中式分配装置制氢的生产。人们有兴趣采用更小的规模制氢，支持更少的车辆灌装操作。由于规模系数的损失和产量小的天然气成本通常较高，因此小规模将增加单位生产成本。图 3.4 说明了减小规模的效果。该图估计了使用蒸汽重整器/甲烷化路线的各种制氢规模的制氢成本与天然气价格，范围为 5.2t/d(0.21PJ/a)、77t/d(3.14PJ/a)、441t/d(18PJ/a)和 882t/d(36PJ/a)。所使用的比例因子为 0.786。

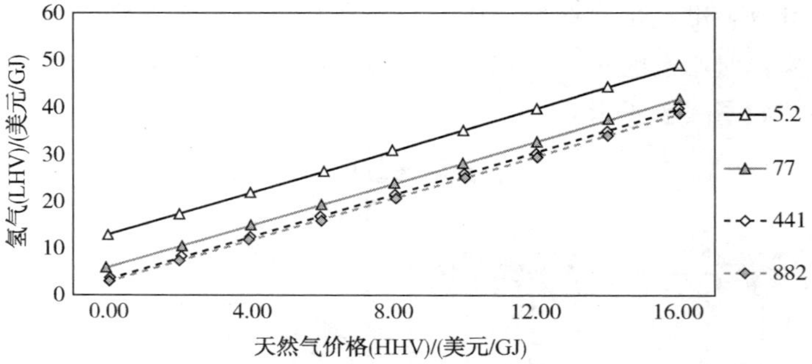

图 3.4 规模和天然气价格对制氢成本的影响

最大规模的 882t/d 为 300kt/a，与集中式制氢的基本情况非常相似。从图 3.4中可以看出，规模小于 77t/d(3.14PJ/a)时，经济性迅速恶化。对于大规模运营，天然气的价格一般为 4~6 美元/GJ(HHV)，输送氢气的价格在 10~14 美元/GJ(LHV)。对于较小规模的运营，天然气价格通常为 8 美元/GJ(HHV)或更高，这意味着制氢成本估计超过 20 美元/GJ(LHV)(注意，天然气总是以 HHV 为基础销售，而对于氢燃料汽车，我们关注的是 LHV 的生产成本)。对于较小规模的运营，碳捕集被认为是不可行的。

3.4 煤制氢

经合组织(OECD)的煤制氢基本上已被天然气作为原料所取代。来自燃煤电厂的氢气的主要用途是合成氨。所采用的技术通常是一种由空气驱动的移动床气化炉，该装置将氮气引入合成气气流中。几十年来，在南非共和国，煤炭已通过费-托工艺转化为运输燃料。在过去十年里，中国已经建成了一些煤制烯烃装置。这些工艺的第一步是氧气驱动煤气化为合成气，然后是水煤气变换。这是煤制氢的起点。

煤炭原料存在的主要问题是，对于给定的氢气量，与天然气制氢装置相比，需要更多的资金。这就需要考虑非常大规模的运营，理论上，这将比使用天然气的替代方法更符合氢经济的产量需求。此外，煤炭比替代原料更普遍存在，而且通常也更便宜。不幸的是，燃煤电厂排放的二氧化碳要更多，在碳排放受限的世界里，这必须消除。

3.4.1　煤制氢成本

美国能源部国家能源技术实验室的帕森斯公司已经进行了一项关于使用各种气化炉类型和各种煤制氢的重大研究[5]。该研究给出了工艺流程、设备尺寸和成本分析。对于这本书来说，这个层次的细节已经被简化了。

煤制氢比天然气制氢涉及更多的单元操作。图 3.5 为煤制氢工艺流程。

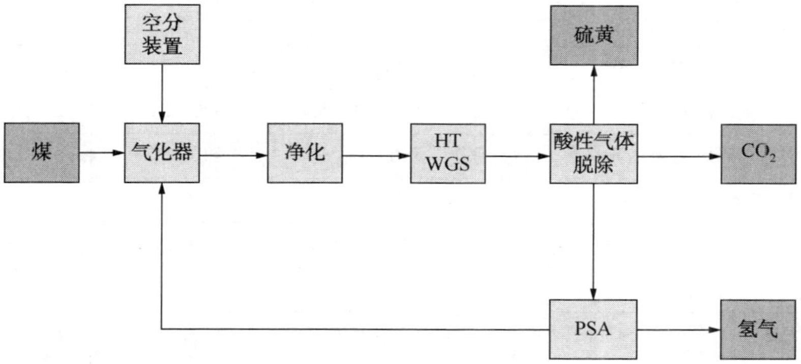

图 3.5　煤制氢工艺流程

将煤和氧气(来自空分装置)送入气化炉，并通过适当的方法(见第 2 章)净化原料气。随后是一个高温水煤气变换单元，该单元可优化氢气的生产。酸性气体脱除单元可以除去硫化氢和二氧化碳。硫化氢通入克劳斯装置(未示出)，该装置生产的硫用于出口。二氧化碳是一股纯流，可被压缩以进行地质封存。富氢气体通入 PSA 单元，尾气被送回气化器，以转化存在的甲烷，并回收通过 PSA 的氢气。

该流程图可以有许多变化。例如，在清洁过程中使用低温甲醇洗。这可以除去二氧化碳和硫化氢。硫化氢和二氧化碳可以结合起来，并同时进行地质封存。

PSA 系统可被替换为低温 WGS 与二氧化碳汽提装置和甲烷化反应器的集成系统。三项研究的比较见表 3.5。

表 3.5　无碳捕集与封存(CCS)的煤制氢经济性

来源		壳牌	壳牌	国家科学院(NAS)
		PSA	甲烷化转化器	PSA
氢气生产标称容量	kt/a	1042.72	838.90	408.00
	kt/d	3.0668	2.4673	1.2000
	PJ/a(LHV)	125.08	100.63	48.94
	MMm^3/d	30.46	24.50	11.92
	MMft^3/d	1077.62	866.97	421.65
	Nm^3/h	1268978	1020925	496530
	GJ/d(LHV)	367877.2	295966.5	143944.3
施工期/a		4	4	4
必要报酬率/%		10	10	10
运营期/a		20	20	20
资本回报率/%		15.15	15.15	15.15
资本支出/(百万美元/a)		3321.24	3321.24	1632.00
资本费用/(百万美元/a)		503.13	503.13	247.23
营运资本(资本支出百分比)/百万美元		0	0	0
资本费用/百万美元		503.13	503.13	247.23
运营成本				
人工	2.51%(资本支出)	83.03 百万美元	83.03 百万美元	40.80 百万美元
维护	3.5%(资本支出)	116.24 百万美元	116.24 百万美元	57.12 百万美元
保险	1.5%(资本支出)	49.82 百万美元	49.82 百万美元	24.48 百万美元
催化剂和化学品	1%(资本支出)	33.21 百万美元	33.21 百万美元	16.32 百万美元
非原料运营成本/百万美元		282.31	282.31	138.72
非气体原料	电力进口/(MW·h/a)	1241015	1241015	198300
	非天然气原料成本/(百万美元/a)	62.05	62.05	9.91
	其他/(百万美元/a)	9.89	9.89	0.00
	总非原料成本/(百万美元/a)	847.49	847.49	395.86
煤炭使用量/(PJ/a)(LHV)		244.79	244.79	95.39

续表

来源		壳牌	壳牌	国家科学院(NAS)
		PSA	甲烷化转化器	PSA
热效率/%		60.40	48.59	60.64
煤炭价格/(美元/GJ)		1.00	1.00	1.00
煤炭成本/(百万美元/a)		244.79	244.79	95.39
单位生产成本计算/(百万美元/a)	总成本	1092.27	1092.27	491.26
	副产品信贷	3.02	3.02	5.34
	净成本	1089.26	1089.26	485.92
单位制氢成本	美元/t	1044.63	1298.44	1190.98
	美元/GJ	8.71	10.82	9.93

前两个结果来自壳牌公司发布的研究工作，第三个结果来自 NAS 的一篇论文[2]。壳牌公司的研究使用了相同尺寸的气化炉(壳牌夹带床)，并对两个方案进行了模拟，第一种采用 PSA 装置，第二种采用甲烷化反应器。第一种方案比第二种方案产生更多的氢气(1042kt/a 对比 835kt/a)。

注意，这些值是基本情况下天然气的两倍。NAS 研究的规模较小，为 408kt/a，与上述基本情况下的天然气研究相当。该估算采用附录中概述的方法，以及计入 2018 年年中成本的所有数据。注意，燃煤电厂的建设时间比天然气电厂长，因此所需的资本回报率更高。氢气被立即使用，因此营运资本被设定为零。人工和维护费用反映了燃煤电厂较高的运营成本。这三种情况均使用进口电力，单位成本为 50 美元/(MW·h)。

煤炭的热效率低于天然气，而壳牌第一个案例和 NAS 研究的热效率约为 60%。这些值很高，因为估算中没有包括输入功率。

作为副产品生产的硫会产生副产品信贷。硫的价值为 100 美元/t。由于该研究中使用的煤中含硫量较高，因此 NAS 值较高。预计制氢成本在 1000~1300 美元/t(8.7~10.8 美元/GJ)。

3.4.2 氢气对煤炭价格的敏感性

NAS 研究表明，氢气对煤炭价格的敏感性如图 3.6 所示。对于 1 美元/GJ 的煤，其价格约为 25 美元/t，对于与制氢厂并列开采(露天)的煤，制氢成本约为 10 美元/GJ(这是典型的露天煤矿作业)。出口煤炭的价格在 50~100 美元/t，约为 2~4 美元/GJ。以这个价格，制氢成本在 12~16 美元/GJ。

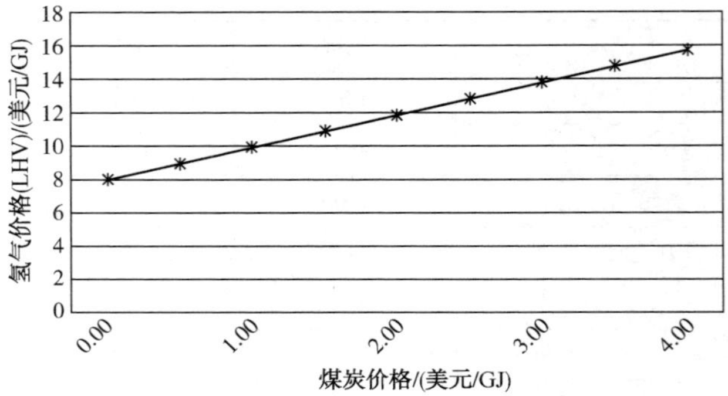

图 3.6　煤制氢氢气价格对煤炭价格的敏感性

3.5　温室气体排放

目前，氢经济的主要驱动力是消除温室气体排放。这一驱动因素取代了此前对石油价格上涨的担忧，这是石油输出国组织(OPEC)在 20 世纪 70 年代和 80 年代初通过寻找汽油和柴油燃料的替代品而采取行动的结果。《京都议定书》(1995 年)和《巴黎议定书》(2015 年)旨在通过限制高变暖潜力值气体的排放，将温室气体造成的气候变暖限制在 2℃。化石燃料制氢，是将燃料中的所有碳转化为二氧化碳，这是使用化石燃料作为氢源的主要障碍，除非它能以某种方式处理至少 100 年。

有几种气体具有全球变暖潜能值(*GWP*)，制氢主要关注的是二氧化碳、甲烷和一氧化二氮。

二氧化碳是人们关注的主要温室气体，其他潜在温室气体以其质量为基础。二氧化碳产生于在反应炉操作(蒸汽重整器)中燃烧化石燃料，或通过水煤气变换反应将合成气转化为氢气的过程。许多天然气资源都含有二氧化碳，通常含量非常高，在气田开发时，二氧化碳被捕集并排放到大气中。如果使用天然气制氢，则必须考虑这种额外的二氧化碳排放量。

甲烷的全球变暖潜能值是二氧化碳的 28 倍，是天然气的主要成分(*GWP* 不准确。有几个指标可用于确定气体的相对温室效应潜力。时间范围是一个重要因素。20 年来，甲烷的 *GWP* 为 84。这里使用了 100 年的时间范围)。在天然气开采过程中，甲烷随气井开发和气井运行、天然气处理和管道的逸散排放而排放到大气中。甲烷通常与煤层伴生，并通过煤矿开采排放到大气中。一般来说，煤层越深，煤层中甲烷含量越高。甲烷可以作为煤层气(CSG)回收，并且通常在地下开采作业之前通过安全措施排出。露天矿也会向大气中排放甲烷[6]。在评估制氢替代策略之间的排放相对优势时，都必须考虑排放。

一氧化二氮的全球变暖潜能值为二氧化碳的265倍，是在空气中燃烧燃料(任何燃料)时产生的混合氮氧化物(NO_x)的一小部分。氮氧化物是空气中氮气和氧气高温结合的结果，产生的量取决于火焰温度和燃烧器类型[7]。天然气燃烧炉的氮氧化物排放量相对较高，因为甲烷燃烧的温度高于其他化石燃料燃烧的温度。请注意，氢气在非常高的温度下燃烧，因此预计在空气中燃烧氢气会产生更多的氮氧化物。

除了天然气的回收外(一些地区允许在试井活动中向大气排放甲烷，许多地区允许在测试和开发期间露天燃烧井气。然而，在许多气田上，通常的做法是提取存在的二氧化碳并将气体排放到大气中)，制氢过程中温室气体排放的主要来源是化石燃料燃烧，并以二氧化碳的形式出现，这是以下要说明的重点。

3.5.1 制氢过程中的温室气体排放

在传统的氢气生产过程中，温室气体的排放以相对纯净的气流(二氧化碳含量超过90%)和不纯净的气流(二氧化碳浓度低于20%)的形式出现。稀的气流中含有各种其他气体，主要是氮气。以不同的方式处理这些气流，产生浓缩的液态二氧化碳以供处理。

3.5.2 从稀释的、不纯的气流中捕集二氧化碳

稀释的、不纯的蒸气是由加热工艺流的熔炉中的燃料-空气燃烧产生的，或由用于产生工艺蒸汽和/或动力的锅炉产生的。空气燃烧也会将NO_x引入烟气中。不完全燃烧，特别是天然气的不完全燃烧，会在烟气中留下甲烷。特别是在使用燃料油时，会在烟气中引入硫氧化物(SO_x)。通常的做法是在相对于理想燃烧所需的空气稍微过量的情况下操作熔炉。这可获得最大效率并减少来自烟道的颗粒物排放(烟雾)。然而，这种做法在烟气中引入了少量的氧气。空气燃烧的另一个方面是，用大量过量的氮气稀释含有需要捕集的二氧化碳的烟气。这大大增加了处理烟气所需设备的规模，并大大增加了成本。

例如，天然气燃烧器使用90%(体)甲烷和二氧化碳(10%)的气体与10%的过量空气，燃烧后的燃料和烟气组成如图3.7所示。

碳捕集的目的是尽可能多地去除烟气中的二氧化碳。如图3.7所示，二氧化碳是烟气的次要组分，它只占烟气的9.2%。在吸收二氧化碳之前，必须除去尽可能多的水，因为这将稀释在最常见的吸收系统中使用的溶剂，从而增加溶剂再生单元中的能量需求。这将需要大量烟气冷凝水。然后，必须从大量过量的氮气(72.7%)中除去二氧化碳，因为其中含有残余的氧气(1.7%)。与NO_x和SO_x一起，这种残余氧与大多数常见溶剂反应，产生一系列化合物，引起发泡、结垢、增加溶剂黏度，并加快二氧化碳汽提塔的腐蚀[8]。

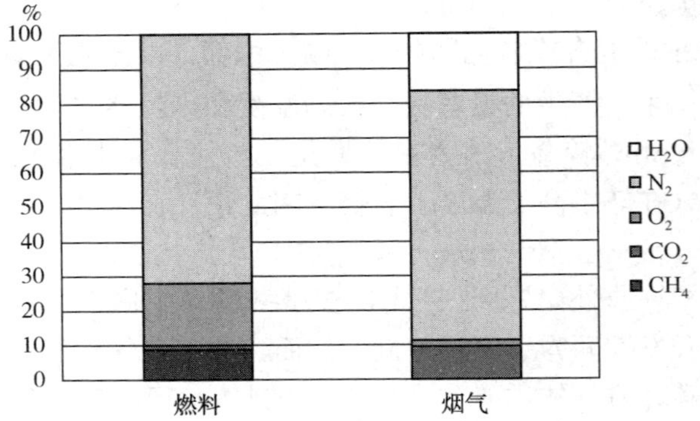

图 3.7　90%甲烷、10%二氧化碳燃料气的燃料和烟气成分，使用 10%过量空气

本示例使用了一种含有 9.2%(体)二氧化碳的烟气。这在燃煤锅炉中是典型的，其中二氧化碳含量可能在 9%~15%(体)不等。然而，与燃气轮机发电相比，这是非常高的，因为燃气轮机发电需要有一个大的空气旁路来冷却系统，导致二氧化碳含量为 3%(体)或更低。

比较常用溶剂(甲基乙醇胺，MEA)与正在开发的工艺，如图 3.8[9]所示，数据见表 3.6。

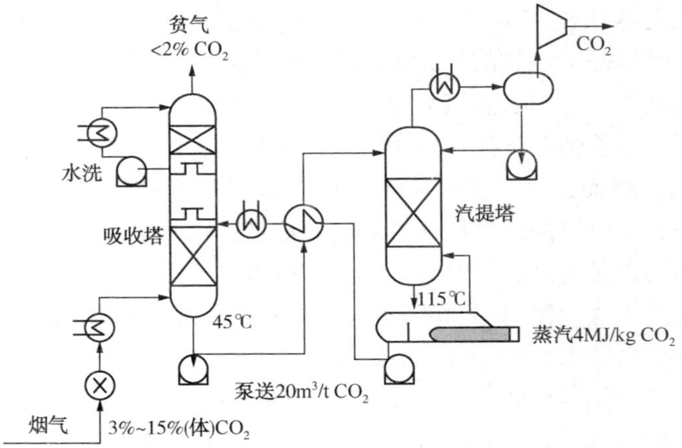

图 3.8　从烟气中脱除二氧化碳的过程

在这个过程中，基于标准胺(MEA)吸收技术，烟气进入吸收器，二氧化碳从烟气中汽提到浓度小于 2%(体)。在塔顶部进行水洗除去胺并再循环至吸收塔。富含二氧化碳的溶液被输送至汽提塔，煮沸溶剂排出二氧化碳。多余的水也可以通过这个过程去除。然后，二氧化碳被压缩，来进行地质封存。

表 3.6 烟气胺处理除去二氧化碳的数据

项目	甲基乙醇胺(MEA)	特种胺
溶剂蒸汽/(t/tCO_2)	1.95~3.0	1.2
再生燃料/(GJ/tCO_2)	4.2~6.5	2.6
溶剂流量/(m^3/tCO_2)	17~25	11
泵功率/($kW \cdot h/tCO_2$)	150~300	198
冷却水/(m^3/tCO_2)	75~165	150
溶剂消耗量/(kg/tCO_2)	0.45~2.0	0.35
SO_2耐受性/(μL/L)	10~100	<10

Aldana 等人对应用于委内瑞拉烟气系统的不同吸收塔系统进行了详细经济比较[10]。目的是为一个 EOR 方案生产二氧化碳，研究了三种方法。前两种使用了抑制的 MEA 系统，第三种添加了脱氧单元来去除残余氧。烟气来源为水泥窑。这项工作 2018 年的相关数据已被用在美国海湾地区，详见表 3.7。这表明捕集和输送液态二氧化碳的成本为 86~102 美元/t。

表 3.7 烟气捕集二氧化碳的成本估算

项目	DOW/MEA	UCC/MEA	DEOX/MEA
二氧化碳/(Mt/a)	1.79	1.79	1.79
资本支出(2018 年)/百万美元	253.82	248.64	226.14
资本回报率(*ROC*)/(百万美元/a)	35.12	34.41	31.29
运营支出/(百万美元/a)	58.55	51.58	45.42
维护/(百万美元/a)	7.61	11.65	10.60
公用事业/(百万美元/a)	80.84	71.72	66.76
总成本/(百万美元/a)	182.13	169.36	154.07
总成本/(美元/tCO_2)	101.86	94.71	86.16

这些研究的一个令人惊讶的特征是冷却水需求的估计量非常高(未明确显示，但导致了较高的公用事业费用)。这是在二氧化碳去除单元之前将烟气中气温降低至接近环境温度，以去除烟气中存在的大部分水的结果。

迄今为止，已经提出了许多方法来捕集烟气中的二氧化碳，并提出了许多解决方案，特别是用于从大型火力电厂的烟气中汽提二氧化碳。由于效率低、投资和运营成本高，迄今为止没有一个方案能令人满意[11]。

3.5.3 从相对纯净的浓缩气流中捕集二氧化碳

如果要从天然气中制取氢气，则在气田生产设施中会发现浓缩蒸气，其中酸性气体工厂有责任除去气体中可能存在的二氧化碳和硫化氢。这是在通过管道输送天然气之前必须要做的，以避免管道腐蚀。典型的管道输送要求是，输送气体中二氧化碳含量低于3%(体)，硫化氢含量低于10mg/m^3。大多数情况下，二氧化碳被排放到大气中，硫化氢通过克劳斯法转化为硫。在某些情况下，这将导致大量的二氧化碳排放，二氧化碳被压缩和液化，并注入生产气田下面的地质地层中[二氧化碳密相注入(不是液体)。例如，挪威近海的 Sleipner 气田和澳大利亚西北部近海的 Gorgon 气田]。

由于水煤气变换反应，在合成气转化为氢气的过程中也会出现浓缩气流。该反应将一氧化碳和水(蒸汽)转化为二氧化碳和氢气。二氧化碳在下游洗涤单元中被除去，这与天然气净化厂中使用的洗涤单元非常相似，并且该洗涤单元以浓缩气流的形式产生二氧化碳。二氧化碳可以很容易地被捕集和压缩，用于地下或类似的处理。

由于工艺流比烟气含有的杂质少，因此有更多的技术方法来设计二氧化碳去除系统，以产生适合压缩和处理的二氧化碳流。下面对许多类似于氢气净化系统和一些更常见的方法进行描述。

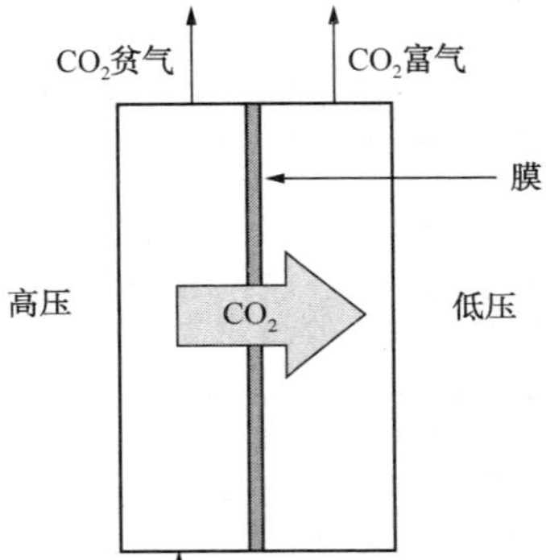

图 3.9 分离二氧化碳的膜系统

3.5.4 膜系统

膜系统相对便宜和紧凑，并在空间有限的情况下(如海上天然气生产和作为主分离器系统的预处理)具有实用性。膜系统最适合于二氧化碳含量超过15%(体)和在700kPa或更高压力下的气流。该系统如图3.9所示。

该单元包括由膜分开的两个部分，该膜将选择性地允许二氧化碳从高压入口侧通过膜到低压侧。对于普通的纤维素膜，还有一些其他气体也可通过膜，如氢和水，这限制了其在氢净化中的适用性(对于氢气纯化，使用氢气选择性膜)。其结果是，低压侧有富含二氧化碳的气体，而高压侧二氧化碳则被耗尽。该系统通常与几个膜串联使用，根据需要进行中间压缩。

3.5.5 吸附系统

吸附系统类似于氢气纯化的PSA系统。它们适合用于二氧化碳含量超过30%(体)、压力超过500kPa的气流。该系统如图3.10所示。

将一种富含二氧化碳的气体通入吸附器，在吸附器中，固体吸附剂除去二氧化碳。当吸收剂饱和时，将气流切换到另一个吸收器，通过排出吸附的二氧化碳而再生，例如通过使用蒸汽。

3.5.6 吸收系统

吸收系统是制氢过程中最常见的系统。在这个过程中，气体与一种溶解二氧化碳的液体接触。溶剂被再生，二氧化碳被排出。基本系统如图 3.11 所示。

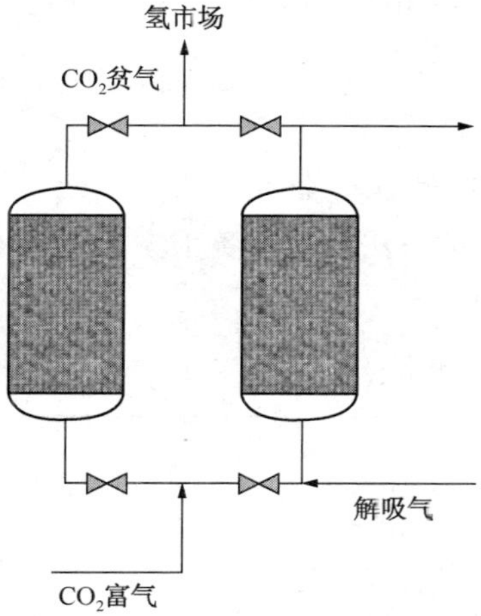

图 3.10 分离二氧化碳的吸附系统

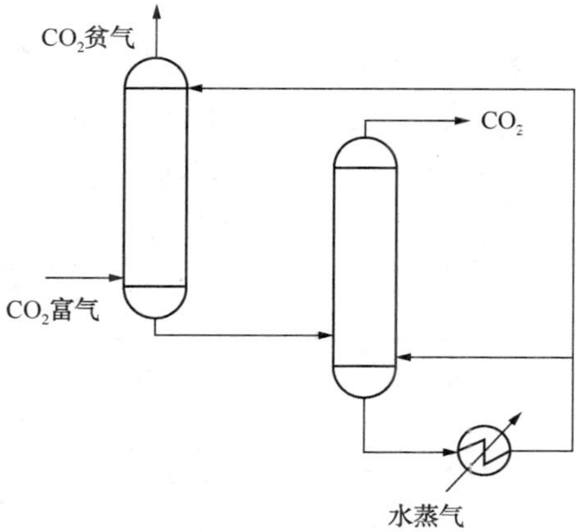

图 3.11 吸收法脱除二氧化碳的基本系统

在这个过程中有许多变体，但有两种通用方法：第一种方法是物理吸收，其中气体被根据其相对沸点溶解在吸收流体中。氢气和其他低沸点的气体，如氮气，不能很好地吸收，而高沸点气体如烃、二氧化碳（对于这些系统，二氧化碳具有 175K 的沸点）和硫化氢更容易溶解在液体中。物理系统通常应用于二氧化碳含量超过 20%（体）、压力超过 200kPa 的气体。

有几种常用的溶剂，如聚乙二醇衍生物（DEPG）、碳酸丙烯酯（PC）、*N*-甲基吡咯烷酮（NMP）和甲醇。使用冷却甲醇（通常约为-40℃），用于清洗来自煤气化炉（Rectisol™工艺）的粗合成气，因为它很容易从粗合成气中分离出较高沸点的液体和焦油。

另一种方法是认识到这两种被关注的气体（二氧化碳和硫化氢）是酸性的，而碱性吸收剂会优先捕集这些物质。这种增强的吸收能力有助于将其应用于较低压力和较低二氧化碳含量的气流。一种常见的溶剂是 MEA 及其衍生物的水溶液，广泛应用于天然气处理厂。另一种基于碳酸钾溶液的方法被广泛用于分离氨合成气流中的二氧化碳（本菲尔德工艺）。

根据设计的不同，二氧化碳和硫化氢可以作为纯气流或两种气体的混合蒸气。

(1) 低温工艺

二氧化碳可以在极低温下通过低温工艺进行分离和纯化。在这个过程中，气体被压缩和膨胀，使气体冷却到二氧化碳液化点。液态二氧化碳可以通过蒸馏塔，产生纯二氧化碳产品。具有低沸点的气体，如氢、氮和甲烷，不会冷凝。高沸点的杂质溶解在液态二氧化碳中。与吸收系统相比，该低温工艺的比能耗较低[12]。

(2) 从氢气工艺流中分离二氧化碳的成本

Aldana 等人[13]描述了在委内瑞拉 EOR(提高采收率)业务中从氢气废气中分离二氧化碳的成本。采用的多种方法与烟气捕集的方法类似，各项方法的成本已转化为 2018 年美国海湾地区的价格，如表 3.8 所示。

表 3.8 从氢气尾气中捕集二氧化碳的成本估算

项目	二乙醇胺(DEA)	本菲尔德(Benfield)	塞勒克索尔(Selexol)	三乙醇胺(TEA)	膜	低温
二氧化碳/(百万美元/a)	1.681	1.681	1.681	1.681	1.681	1.681
资本支出/百万美元	131.10	160.79	155.81	209.97	276.27	116.96
ROC(2 年建设期，20 年寿命，10%贴现现金流)/(百万美元/a)	18.14	22.25	21.56	29.06	38.23	16.18
运营支出/(百万美元/a)	38.63	14.51	11.43	13.68	11.09	9.65
维护/(百万美元/a)	4.04	4.94	4.78	6.43	11.86	3.50
公用事业/(百万美元/a)	125.11	42.72	34.40	29.50	42.85	18.79
总成本/(百万美元/a)	185.92	84.42	72.18	78.66	104.03	48.12
总成本/(美元/tCO_2)	110.61	50.23	42.94	46.80	61.89	28.63

表 3.8 中描述了六种方法。DEA、Selexol 和 TEA 涉及吸收，Benfield 工艺使用碳酸钾溶液作为吸收剂，并重点关注存在的酸性气体。这些案例研究是由膜工艺和低温工艺所补充的。所有这些过程都由相对高浓度(通常为 30%)和高压(1MPa)的二氧化碳来促进。相较于烟气捕集二氧化碳，这提高了工艺效率，除了 DEA 工艺具有异常高的效用要求外，还将二氧化碳捕集成本降低到 50 美元/t。在所研究的工艺中，生产液态二氧化碳的低温工艺成本最低。

3.5.7 二氧化碳地质封存——碳捕集与储存

从制氢过程中捕集二氧化碳后，以合适的压力输送，便于通过管道输送。该压力通常非常高，在处理方法所需的压力下可以将气体转化为致密相或液体。管道成本的细节将在第5章中讨论，但目前的经验法则是，管道的成本将在100万美元/km左右。然而，对于许多排放大量二氧化碳的地点来说，合适的处置地点远离生产地点，并且需要很长的管道。合适的处置地点一般可分为五类：

1）不适合开采的深层煤层。由于含盐量、所需的绝对作业深度或煤层的陡坡，这些深层煤层可能不适合开采。在该系统中，二氧化碳被吸附在煤上。对于这种方法，二氧化碳的输送压力通常为8~10MPa。

2）EOR可以利用二氧化碳作为一个致密相。这降低了重油的黏度，并增加了重油在含油地层中的流动性。这是世界上许多地区普遍使用的一种方法，特别是在北美，那里有一个活跃的二氧化碳市场。当致密相的二氧化碳置换石油时，它仍然留在所产生的空隙中。任何溶解在石油中的二氧化碳都被分离并回收到油井中。因此，二氧化碳的压力通常必须达到15MPa或更高。

3）在目前的一些储存方案中使用了盐碱含水层（例如，西北澳大利亚巴罗岛Gorgon项目）。首选的位置位于当前的石油或天然气生产地层之下，可以假设沉积的二氧化碳随后不会泄漏回地表。为此，所需的二氧化碳压力在15~18MPa。

4）废弃的油气井通常是处置的目标。这种方法已经进行了几次试验和示范（例如，澳大利亚维多利亚州的Otway地质封存项目）。然而，油井完整性问题很重要，因为存在二氧化碳从处置地点迁移的问题。对于该处置方案，二氧化碳的压力通常为15~18MPa。

5）还建议在深度1000m以下的深海盆地或海沟中进行海洋封存。这就需要二氧化碳进入这些深海裂缝。二氧化碳压力要求大于30MPa[14]。

Saxena和Flint off[15]提供了关于二氧化碳压缩成本的一些想法，对于在接近大气压下可获得的二氧化碳（例如来自烟气），其地质封存所需压缩功率如表3.9所示。

表3.9 烟气中二氧化碳地质封存所需压缩功率的估计值

二氧化碳	500000t/a	排放压力/MPa	18
	$3911m^3/a$	压缩功率/kW	610
吸入压力/kPa	115		

大规模作业，例如大规模制氢所需的作业，将需要对数百万吨二氧化碳进行地质封存，因此许多地质封存作业所需的压缩能力将构成相当大的成本负担。

3.5.8 绿地地质封存

在上述关于可能的地质封存技术的讨论中，新的绿地开发尚未得到明确的讨论。由于许多主要排放点远离首选的处置地点，因此可以选择进行勘探和开发活动，以便在排放点附近找到合适的地点。迄今为止，在这一领域所开展的工作很少，因为它需要进行广泛的新的地震研究与钻探计划来探寻潜在的地点。

另一个主要问题是，为了大规模处置来自持续排放点源的二氧化碳，处置场地需要以产生排放量相同的速度不断吸收二氧化碳。问题在于封存井，随着时间的推移，空隙中充满气体，注入阻力将增加。对于大规模处置，需要在预期地层中进行大量钻探，在整个作业周期内可能需要数百口井。

最后，一个新的潜在地点必须保证该地点在长期(100 年左右)是可行的，并且酸性二氧化碳(和形成碳酸的水)不会导致矿物(如石灰石)的溶解，导致现场渗漏。

3.5.9 发展现状

全球碳捕集与封存(CCS)研究所[16]发布了一份正在运行和正在开发的大型(每年二氧化碳排放量超过 50 万 t)地质封存项目清单。开工日期或计划开工日期见表 3.10 和表 3.11。

在运行装置中，大多数是从相对纯净和浓缩的气流中分离二氧化碳。其中两种是从烟气中捕集二氧化碳——燃烧后捕集(PCC)。项目的主要部分是在 EOR 作业中使用捕集的二氧化碳，该作业可能由远离开采设施的第三方进行，见表 3.10。

大部分项目的侧重点是提高采收率(EOR)作业，对于正在建设、开发或规划中的项目(见表 3.11)，而不是专门的处置地点。这些项目的主要部分是从相对纯净和浓缩的气流中分离出二氧化碳。其中一些项目将许多不同的用户联系起来，为 CCS 操作构建一个临界质量，因此存在各种获得二氧化碳的方法。

从制氢角度来看，一些更有趣的 CCS 操作是：

1) 大平原合成燃料——达科他州气化公司(北达科他州，美国)。

这可能是最相关的，因为它是一项成熟的商业运作。在 20 世纪 80 年代初由于天然气价格高而首次建立这种商业运作，每年 600 万 t 的褐煤被气化(Lurgi 气化炉)生产合成气，该合成气随后被转化为合成天然气(153MMscfd)。自 2000 年以来，二氧化碳(2.5~3.0Mt/a)和硫化氢作为混合流被捕集，并通过一条 320km 长的管道输送到加拿大 Weyburn 油田进行 EOR 开采。该操作的重要性在于，它清楚地展示了化石燃料制氢过程所需的 CCS 的所有主要方面。

表 3.10 大型运营碳捕集与封存(CCS)装置

项目	状态	国家	年份	行业	规模/(Mt/aCO_2)	类型	存储
二氧化碳注入	运营	澳大利亚	2019	天然气	3.4~4	Sep.	专用
吉林油田二氧化碳提高采收率(EOR)	运营	中国	2018	天然气	0.6	Sep.	提高采收率
伊利诺伊州工业 CCS	运营	美国	2017	乙醇	1.00	Sep.	专用
佩特拉新星 CCS	运营	美国	2017	电力公司	1.40	燃烧后捕集(PCC)	提高采收率
阿布扎比 CCS(第 1 阶段)	运营	阿拉伯联合酋长国	2016	钢铁行业	0.80	Sep.	提高采收率
探索	运营	加拿大	2015	氢	1.00	Sep.	专用
乌什曼尼亚 CO_2-EOR	运营	沙特阿拉伯	2015	天然气	0.80	Sep.	提高采收率
边界坝 CCS	运营	加拿大	2014	电力公司	1.00	燃烧后捕集	提高采收率
巴西国家石油公司桑托斯盆地 CCS	运营	巴西	2013	天然气	3.00	Sep.	提高采收率
科菲维尔气化	运营	美国	2013	肥料	1.00	Sep.	提高采收率
空气产品 SMR	运营	美国	2013	氢	1.00	Sep.	提高采收率
失舱气体装置	运营	美国	2013	天然气	0.90	Sep.	提高采收率
世纪工厂	运营	美国	2010	天然气	8.40	Sep.	提高采收率
Snohvit 二氧化碳存储	运营	挪威	2008	天然气	0.70	Sep.	专用
太平原合成燃料	运营	美国	2000	SNG	3.00	Sep.	提高采收率
Sleipner 公司	运营	挪威	1996	天然气	1.00	Sep.	专用
舒特溪天然气厂	运营	美国	1986	天然气	1.00	Sep.	专用
Enid 化肥厂	运营	美国	1982	肥料	0.70	Sep.	提高采收率
特雷尔天然气公司	运营	美国	1972	天然气	0.40	Sep.	提高采收率

注：Sep. 指的是从相对纯净和浓缩的气流中分离二氧化碳，下表同。

表 3.11 建设阶段、开发中或规划中的大型碳捕集与封存（CCS）项目

项目	现状	国家	年份	工业	规模/（Mt/aCO_2）	类型	存储
阿尔伯塔省碳干线	建设中	加拿大	2020	氢	1.2~1.4	Sep.	提高采收率
阿尔伯塔省碳干线	建设中	加拿大	2020	肥料	0.3~0.6	Sep.	提高采收率
中国石化齐鲁石化	建设中	中国	2020	化学制品	0.40	Sep.	提高采收率
延长综合 CCS	建设中	中国	2021	化学制品	0.41	Sep.	提高采收率
瓦布什二氧化碳封存	高级开发	美国	2022	肥料	1.5~1.75	Sep.	专用
鹿特丹 CCUS	高级开发	荷兰	2023	多样的	2.0~5.0	变量	专用
挪威全链条 CCS	高级开发	挪威	2024	水泥等	0.80	变量	专用
查尔斯湖甲醇	高级开发	美国	2024	化学制品	4.20	Sep.	提高采收率
阿布扎比 CCS（第 2 阶段）	高级开发	阿拉伯联合酋长国	2025	天然气	1.9~2.3	Sep.	提高采收率
干叉 CCS	高级开发	美国	2025	电力	3.00	燃烧后捕集	专用/提高采收率
伊利诺伊州梅肯县	高级开发	美国	2025	电力和乙醇	2.0~5.0	燃烧后捕集	专用/提高采收率
Tundra 项目	高级开发	美国	2026	发电机	3.1~3.6	燃烧后捕集	专用/提高采收率
中部大陆 CCS	高级开发	美国	2025	多样的	1.90	变量	专用/提高采收率
碳网	高级开发	澳大利亚	2020	多样的	3.00	变量	专用
Oxy 和 White Energy	规划	美国	2021	乙醇	0.6~0.7	Sep.	提高采收率
中国石化华东 CCS	规划	中国	2021	肥料	0.50	Sep.	提高采收率
氢气 2（H@M）	规划	荷兰	2024	电力	2.00		专用

2）挪威 CCS——Sleipner West 气田 CCS 和 Snohvit CCS。

挪威北海 Sleipner West 气田中含有 9%的二氧化碳。1996 年，世界上第一个海上 CCS 项目建立。该项目在海上平台上使用胺吸收技术，将气体中二氧化碳含量降低到 2.5%以下。约 0.9Mt/a 的天然气被地质封存在 200~250m 厚的多孔砂岩地层(Utsira 地层)中的盐碱含水层系统中[17]。该含水层系统被认为具有超过 6000 亿 t 二氧化碳的最终容量。据报道，注入二氧化碳的成本为每吨 17 美元。Sleipner West 气田目前处于衰退阶段。

Snohvit 液化天然气田位于挪威最北部，处理来自巴伦支海的天然气。该油田完全采用海底完井法(无平台)进行开发。该天然气中含有约 8%的二氧化碳，通过管道输送到海岸(160km 远)，在那里二氧化碳被捕集并通过另一条管道(153km)输送回来，注入海床以下 2.6km 处的一个大型砂岩地层(Tubasan)。

这些作业有效地证明了适合处理大量二氧化碳的大型储层的可用性和使用情况，并且地质封存作业可以远程进行，而无须现场设施。

3）Gorgon 天然气项目(巴罗岛，西澳大利亚)。

Gorgon 天然气项目使用来自几个油田的天然气，为澳大利亚西北部巴罗岛近海的一个主要液化天然气设施供气。该工厂自 2016 年以来一直在出口液化天然气。该岛本身曾经是一个产油区，因此地下地质构成是众所周知的。原料气中含有二氧化碳，在液化天然气生产前必须去除。二氧化碳通过管道输送到岛上 3 个钻井中心的一个，在那里二氧化碳被压缩，然后注入岛下的 Dupuy 地层。其目标是每年封存 340~400 万 t 二氧化碳。在该项目的整个生命周期(40 年)内，预计约有 1 亿 t 二氧化碳被地质封存[18]。

3.5.10 案例研究

CCS 是许多发展无碳排放电网计划的核心。如果运营完全或部分依赖于从中央电网购买电力，则会对氢经济产生影响。本案例研究探讨了 CCS 在燃煤发电机大规模发电和供电方面的意义。该结果可作为大规模 CCS 在化石燃料制氢中的指导。

用一个以煤为燃料的 500MW 火力发电机为例。这是一个典型的规模，尽管许多新的运营规模更大(2000MW)，本质上由多个更小的发电机模块组成。在本分析中可能没有考虑到一些规模经济。对发电机的假设如下：

1）发电机负荷系数为 80%，年产 400MW，年发电量为 350 万 MW·h (12.6PJ/a)。

2）发电机热效率为 39%。

3）进煤为高品位动力煤，比能量 29.71GJ/t；含碳量 74.6%；含硫量 0.78%。

4）烟气中含有15%的二氧化碳，捕集系统将其降低至2%，即捕集率为(15-2)/15×100%≈87%。

5）产生的二氧化碳为8155t/d，捕集了7095t/d的二氧化碳，在烟道中剩余1060t/d排放到大气中。

碳捕集的下游装置如图3.12所示。

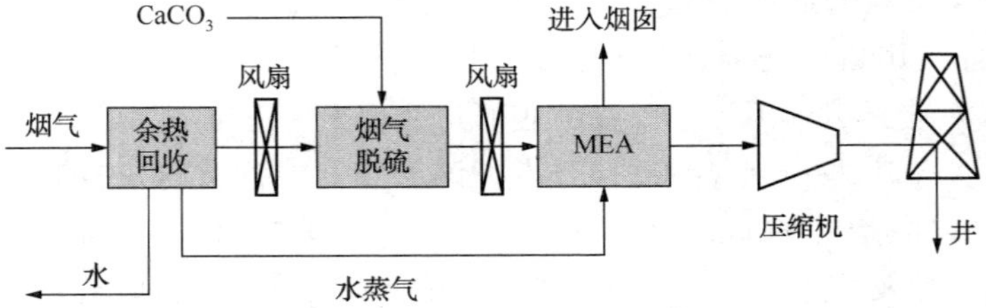

图3.12　碳捕集与封存案例研究中考虑的下游单元

（1）余热回收

假定烟气温度为150℃，压力为大气压。余热回收系统的作用是将温度降低到环境温度，并除去气体中的多余水分。可以设想，这可能伴随着升高低压蒸汽，但大部分的冷却将通过向烟气中喷洒水的方式进行。这可洗去气体中的任何颗粒，并需要大量冷却水，估计约为36000mL/a。这将被再循环，因此成本为补充的冷却水(需求量的5%)。补充水的成本为1000美元/ML。

（2）风机(压缩机)

有必要增加烟气的压力，以促进其在以下阶段的运行。在本研究中，假设这可以通过一个风机式系统将气体压力提升至150kPa(1.5bar)来实现。如图3.12所示，这可以分两部分完成，一个是在硫提取之前，另一个是在硫提取之后。

（3）烟气脱硫

这被认为是减少下游单元中溶剂损失的必要条件，实现方式为将气体通过粉碎的石灰石或石灰石浆料。假设这是100%的效率，则需要26kt/a的石灰石。石灰石的成本为30美元/t。

（4）MEA捕集二氧化碳

一个标准的MEA系统被认为与上述描述类似。假设从余热回收系统中提取的热量足以供溶剂再生系统使用。如上所述，假设捕集效率为87%。

（5）压缩井、管道井和CCS井

压缩机的功能是压缩二氧化碳，使其形成具有足够压力(18MPa)的液体，以便通过管道(200km)输送至处理井。

本案例研究的结果见表3.12。

表 3.12 碳捕集与封存案例研究的统计数据

部分	资本支出/百万美元	运营支出/(百万美元/a)	电力/(百万美元/a)	冷却水/(百万美元/a)	电力/MW
余热回收	10.00	1.00		1.81	
风扇鼓风机	119.55	11.96	7.34	0.49	18.00
烟气脱硫	20.00	2.99			
甲基乙醇胺(MEA)	186.68	29.38	14.88	4.29	33.98
压缩机	76.30	7.63	14.94		34.10
管道	200.00	10.00			
井	50.00	5.00			
小计	662.54	67.96	37.16	6.59	86.08
辅助设备(15%)	99.38	9.94			12.91
总计	761.92	132.91	66.98	10.87	99
ROC(2 年建设期，20 年寿命，10% *DCF*)	103.37 百万美元/a				
总运营成本/(百万美元/a)	210.77				
总计/(百万美元/a)	314.13				
单位 CO_2 成本/(百万美元/a)	91.46				

成本主要是增加烟气压力、MEA 溶剂捕集系统和管道的成本。辅助设备(未指定的泵、管道等)的成本占 15%，因此 CCS 系统的总投资估算为 7600 万美元。单个机组的运营成本反映了资本成本(通常是资本支出的 10%加上溶剂、石灰石等)。电力成本假定为 50 美元/(MW · h)。

估算的结果是，对烟气中 87%二氧化碳的捕集和地质封存成本约为 90 美元/t。重要的是，该操作将消耗 99MW 或近 25%的发电机输出，因此可以合理地假设，这将导致电力成本的增加。

3.6 讨论

由于这种高水平分析的精确性，本案例研究的结果与上文的分析提供的估值非常相似，即从烟气中捕获二氧化碳的 CCS 成本约为每吨二氧化碳 100 美元。这可能是一个乐观的估计，因为尚未考虑到与确定和运营地质封存场地相关的费用。

从更集中和更清洁的来源捕集二氧化碳的成本要低得多，每吨二氧化碳的成本在 30~50 美元。同样，这还不包括确定和运营地质封存地点的成本。然而，在这种情况下，成本与参与 EOR 方案的公司已知的二氧化碳购买成本相当。

除非另有说明，否则不考虑延期碳捕集方案，并假定以 50 美元/t 的价格购买碳信用额以满足排放成本。

参 考 文 献

[1] Seddon D.（2006）The hydrogen economy，hydrogen production from natural gas. Society of Petroleum Engineers，SPE 101703，SPE Oil & Gas Conference and Exhibition，Adelaide，Australia，11-13.

[2] Michael P. Ramage，Pakesh Agrawal，Douglas M. Chapin，et al.（2004）. The Hydrogen Economy：Opportunities，Costs，Barriers and R&D Needs. National Academies of Science.

[3] Ward R，Seers N.（2002）Hydrogen plants for the new millennium. In：Hydrocarbon Engineering，gives a significant insight into the factors influencing steam export from steam reformers.

[4] See Shell Blue Hydrogen Process：https：//www. shell. com/business-customers/catalysts-technologies/resources-library/q-n-a-affordable-blue-hydrogen-production-with-shell-blue-hydrogen-process. html.

[5] Longanbach JR，Rutowski MD，Buchanan TL，Klett MG，Schoff RL. Capital and operat-ing costs of hydrogen production from coal gasification. Final Report April 2003，DOE Task 50611.

[6] Saghafi A.（2013）Estimation of fugitive emissions from open cut coal mining and measurable gas content. 13th Coal Operators' Conference，University of Wollongong，The Australasian Institute of Mining and Metallurgy & Mine Managers Association of Australia，306-313.

[7] Tacas TJ，Juedes DL，Crane ID.（2004）Oil & Gas Journal，48.

[8] Strazisar B. R，Anderson R. R，White C. M.（2003）Energy and Fuels 17：1034.

[9] Saxena M N，Flintoff W.（December 2006）Hydrocarbon Processing，57.

[10] Aldana G，Arai B，Elliot DG.（1985）. An Evaluation of CO_2 for EOR in Venezuela，In：SA Newman（ed.），Acid and Sour Gas Treating Processes. Gulf Publishing Company，164.

[11] Ogawa T，Ohashi Y，Yamanaka S，Miyaike K.（2009）Energy Procedia 1：721；Songolzadeh M，Soleimani M，Ravanchi MT，Songolzedah R.（2014）The World Scientific Journal. Development of Carbon dioxide removal system from the flue gas of coal fired power plant.

[12] Xu G，Liang F，Yang Y，Hu Y，Zhang K，Liu W.（2014）An improved CO_2 separation and purification system based on cryogenic separation and distillation theory. Energies，7：3484.

[13] Aldana G，Arai B，Elliot D G.（1985）An Evaluation of CO_2 for EOR in Venezuela. In：SA Newman（ed.），Acid and Sour Gas Treating Processes. Gulf Publishing Company，164.

[14] Caldeira K，Adams E E.（2009）Carbon sequestration via direct injection into the ocean. In：

Encyclopaedia of Ocean Sciences, 495–501.

[15] Saxena M N, Flintoff W. (2006) Hydrocarbon Processing, 57.

[16] Global CCS Institute: www. globalccsinstitute. com.

[17] Furre A-K, Eiken O, Alnes H, Vevatne J N, Kiaer A F. (2017) 20 Years of Monitoring CO_2-injection at Sleipner. Energy Procedia, 114: 3916–3926.

[18] Chevron Australia Pty. (2009) Ltd. "Gorgon Carbon Dioxide Injection Project" australia. chevron. com.

第 4 章　可再生能源制氢

氢经济的推动者通常未说明的目标之一是：氢应完全由可再生能源生产，包括风力发电、水力发电、太阳能电池、可再生生物质等。本章的目的是回顾这些方法，并确定通过上述途径实施的障碍和成本。

虽然大规模生产氢气并输送到燃料加注中心是一个重要目标，但也存在通过小规模制氢来满足国内需求的客观现实，例如用于燃料电池发电。这也是本章的内容之一。

大多数情况下，使用可再生电力作为电解制氢的能源将被首先考虑。

4.1　电解制氢

水分子通过电解作用解离成氢和氧。

$$2H_2O \xlongequal{} 2H_2+O_2 \tag{4.1}$$

因此，每电解 2mol 水将产生 2mol 氢和 1mol 氧。氢气生产过程中产生的纯氧较为危险，特别是氢气的大规模制取过程，在偏远地区氧气必须以安全的方式排放到大气中或以某种方式将其利用处理。此外，可能成为太阳能发电场最佳位置的地方，必须面对如何获取 2mol 水(高纯度)的问题。

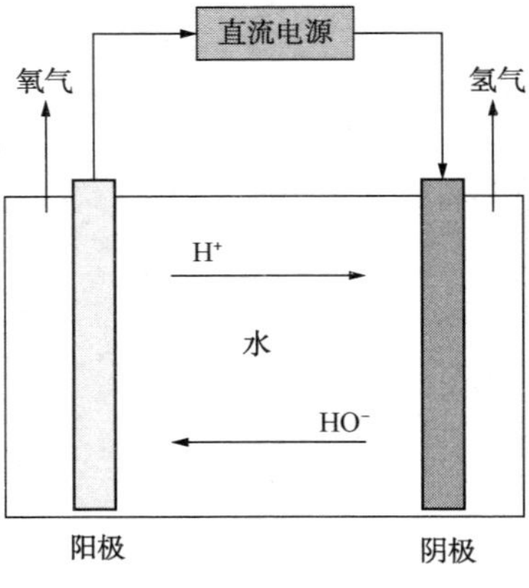

图 4.1　电解水示意图

4.1.1　电解法

电解水发源于 19 世纪至 20 世纪初。其基本过程如图 4.1 所示。两个金属电极通过直流(DC)电源连接形成阳极和阴极。电流通过氢离子从阳极传递到阴极，氢氧根离子从阴极传递到阳极。在阴极，氢离子被电路输送的电子中和，形成氢气，在阴极周围形成气泡，并从电池中排出。

$$2H^++2e^- \xlongequal{} H_2 \tag{4.2}$$

同时，氢氧根离子被吸引到阳极，并释放出沿电路流向阴极的氧气以及电子。

$$4OH^- = O_2+2H_2O+4e^- \quad (4.3)$$

以上是电解水的基本原理。虽然原理解释起来很简单，但该过程中的每一步实际都要更为复杂。

4.1.2 电池运行概述

水是电的不良导体，其电解成氢离子和氢氧根离子的速率较低。这一特性严重地限制了水中离子迁移的速率，而离子迁移速率决定了氢气产生的速率并和通过电池的电流(A)成正比。幸运的是，可以通过在水中溶解离子物质——酸、碱或盐来促进离子迁移。然而，盐在使用过程中存在问题，因为根据阴离子和阳离子(负离子和正离子)在电化学反应序列中的顺序，除氢和氧之外还有其他物质被释放。例如，铜离子的存在会导致阴极上发生铜的沉积而非氢的释放。当电解铜盐在阴极上沉积纯铜时，这对铜的精炼有用。氯盐也是如此，因为当氯离子(负离子)被吸引到阳极时，会产生有毒的氯气或形成有爆炸性的氯酸盐。由于盐(氯化钠)通常存在于供水系统中，这意味着用来电解的水必须经过脱盐处理，否则这些盐会影响氧气和氢气的释放。

最佳离子媒介为强酸(在高离子化层面上)，但现实中最好的媒介是碱，因为后者不挥发，不会在系统中损失。现实中较常用的是碱金属的氢氧化物。其中最常用的电解液是浓度约为30%的氢氧化钾溶液，这种类型的电池通常被称为碱性电池。上述材料的加入大大增加了离子迁移速率，提高了氢和氧的生成速率。然而，这些材料的使用改变了前面描述过的基本方程[式(4.1)和式(4.2)]。

当使用酸时，溶液中电荷的转移主要受氢离子从阳极到阴极的运动控制，参见式(4.1)中提到的反应。阳极主要涉及水分子分解释放氧气：

$$2H_2O = 4H^++O_2+4e^- \quad (4.4)$$

类似地，当使用碱来提高电流密度时，主要的电荷转移媒介是氢氧根离子，因此，阴极上主要发生析氢反应：

$$2H_2O+2e^- = H_2+2OH^- \quad (4.5)$$

上述过程能够被进一步优化，例如，通过引入隔膜来分隔电解槽，阳极和阴极可以通过使用不同的电解质组成来运行(图4.2)[1]。

酸性电解质中氢气的产生需先中和氢离子，随后耦合生成氢分子。当氢离子聚集在阴极周围时，会对电解过程产生阻力，也即产生了过电压，原因是发生析氢反应的放电电压高于理想电压。对于铂金属，这一过程较易克服，铂通常是阴极材料的最佳选择。但贵金属在阴极中的使用明显增加了电解槽的成本。

由于产生氧气涉及多个步骤，阳极上的反应比阴极上的反应更复杂。这种复杂性导致电极极化和更大的过电压。理想电极材料的选择机制目前尚不明确。其

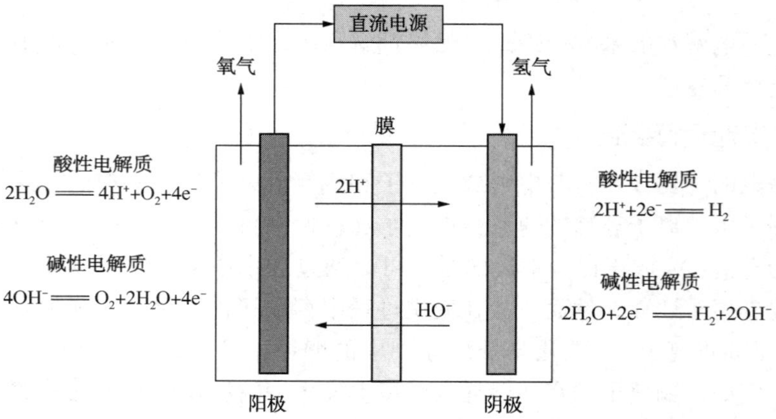

图 4.2　带膜电解槽有利于酸或碱电解质

中，过渡金属中的镍经常用作阳极材料。这类金属被氧化后会在表面形成钝化层，阻止阳极溶解。部分氧化的阳极有可能作为氧转移剂参与析氧过程。

在环境条件下，将水电解成对应元素所需的理论最小电压(*EMF*)为 1.23V。然而，在实际应用过程中，所需的电压通常约为 1.9V。这种过电压的差异是极化现象的结果，特别是在阳极侧。过电压会因电流密度升高而增大，从而限制任一特定电池的输出。典型的碱性电池，其电流密度约为 0.5A/cm^2，而质子交换膜(PEM)电池的电流密度稍高(下面将讨论各种类型的电池)。产生氢气和氧气的电压称为放电电压，如果施加的电压小于放电电压，则不会产生氢气。由于所需电压与所需能量(1 伏特×1 安培=1 瓦特)直接相关，因此电池运行成本的降低主要在于放电电压的降压。

另一点需要注意的是，过电压代表了低的系统能量效率，所以如果把能量效率定义为实际电压与理想电压的比值，电池的效率约为 65%。而对于稍后讨论的燃料电池，也受到过电压问题的困扰，将其能源效率限制在 60%左右。而总效率(从氢气产生到车辆使用)将是上述这些效率的乘积，即约 39%，这与现代内燃机的实际效率相差不大。

电解的电动势(*EMF*)由基本热力学确定。所需的 *EMF*(物理化学教科书中讨论了电池的电化学过程)由反应的自由能[自由能 *G* 是一个热力学函数，是焓(*H*)和熵(*S*)的组合，$G=H-TS$，其中 *T* 是绝对温度](*G*)变化决定：

$$H_2O_{(l)} = H_{2(g)} + 1/2O_{2(g)} \tag{4.6}$$

其中反应物和气体处于 25℃的标准状态。需要注意的是，水处于液态，其汽化导致的自由能变化(ΔG°)需加到反应的自由能变化中，即：

$$-\Delta G^\circ = zFE^\circ = RT\ln K \tag{4.7}$$

和：

$$E^\circ = -\Delta G^\circ / zF \tag{4.8}$$

其中，E°为标准电动势；R 为通用气体常数 8.3144[J/(K·mol)]；T 为绝对温度(298K)；$\ln K$ 为平衡常数(K)的自然对数；z 为离子电荷(单位)；F 为法拉第常数(96487C/mol)。

温度对所需电动势(E)的影响由能斯特(Nernst)方程确定，即：

$$E = E^\circ - (RT/zF)\ln K \tag{4.9}$$

随着温度的升高，所需的电动势下降，因此在 1000K 时，电动势约为 0.99V，而在 25℃时，电动势约为 1.23V。

这类方程(能斯特方程)对于理解电解池、燃料电池和薄膜压缩机运行时的基本热力学是通用的。

由于系统的压力影响反应的平衡常数[式(4.9)中的 K 值]，即改变压力会影响电动势，增加压力会增加反应所需的 *EMF*。因此，标准 *EMF*(E°)将从大气压下的 1.23V 上升到 1MPa 时的 1.26V 和 10MPa 时的 1.29V。值得注意的是，这些都是理想电压，而在现实情况中电压值会更高。

4.1.3 氢气膜压缩

在考虑压力的基础上，讨论相对较为新颖的氢气膜压缩技术有一定意义。由于降低了氢气大规模压缩过程中使用轴流压缩机产生的高成本，该技术在小电解槽生产氢气并进行小规模压缩中得到了越来越多的应用。图 4.3 展示了系统的总体布局[2]。

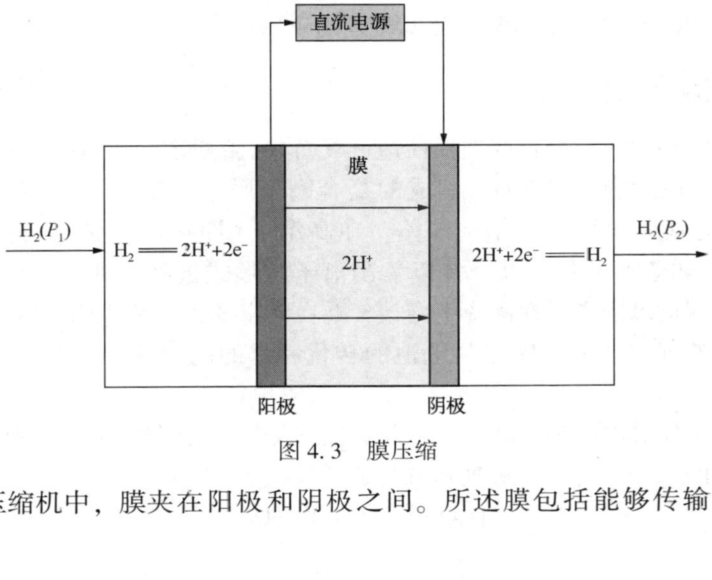

图 4.3 膜压缩

在膜压缩机中，膜夹在阳极和阴极之间。所述膜包括能够传输氢离子(质子）的聚合物电解质膜（PEM）质子交换膜。上述 PEM 由具有酸性基团（如 Nafion™）的全氟聚合物（用于构建质子交换膜的全氟聚合物被《关于持久性有机污染物的斯德哥尔摩公约》视为一个新出现的污染问题，因为它们在环境中分解成全氟烷基酸和醇，被认为对环境有重大影响。《公约》的目的是限制这些材料的使用，最终目的是逐步淘汰这些材料）构成。阳极和阴极通常由负载有铂的石墨制成。氢在低压下进入阳极室，例如在常温下经由水电解过程进入。在此过程中，给电池施加直流电流，形成氢离子，氢离子通过膜扩散到阴极，在阴极侧，氢离子在高压下中和重整为氢气。

能斯特方程在上述过程中是适用的，它在该过程中采用如下形式：

$$\Delta E=(RT/2F)\ln(P_{出}/P_{入}) \tag{4.10}$$

其中，ΔE 为外加电势；$P_{出}$ 和 $P_{入}$ 分别为气体出、入口的压力。

在实际应用中，由于以下原因，所需的电动势要高于理论值：

1）由于氢在高压下表现不理想，$\ln(P_{出}/P_{入})$ 项在高压下会产生偏离。

2）由阳极、阴极、质子导电隔板上的电阻以及电路电阻引发的过电位。

3）氢气从高压侧回流到低压侧。

有报道称，该系统的效率可高达 80%，但实际效率可能偏低，大约为 50%或更低。

为达到适合车辆充电的高压，并最大限度地减少过电位和回流，可将多个单元串联，第一级电池将气体输送至第二级电池，等等。以这种方式，该装置可以将压力从大气压增加到 8MPa 以上，适合于车辆充电。可以推断，如果将装置的一侧置于大气压下，另一侧置于 8MPa 压力下，则会在系统中产生许多应力，从而导致 O 形环失效并发生泄漏，降低装置的耐用性[3]。

4.2 高温电解

质子交换膜引入了通过膜选择性透过氧而非氢的理念。目前已有一系列基于氧化钇（Y_2O_3）和氧化锆（ZrO_2）制成的复合陶瓷膜。将钇原子（3 价）置于锆（3 价）的氧化物基体中可引入结构缺陷。在高温下（即化学意义上的振动激发温度），氧可以被表面缺陷捕获，并以氧阴离子的形式被吸收到结构内的空间中。施加电动势将使氧阴离子在陶瓷上穿梭，并在陶瓷的另一侧重组。这种陶瓷正被开发用于天然气固体氧化物燃料电池的转化和水的高温电解。图 4.4 描述了该技术。

电池的工作温度约为 800℃。过热蒸汽进入电池的阴极侧，在阴极侧电极电位诱导吸收的水分子解离为氢气和氧离子。

$$H_2O+2e^- = H_2+O^{2-} \tag{4.11}$$

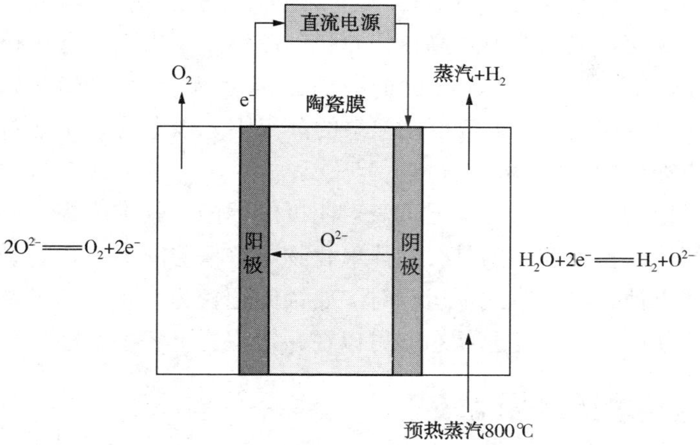

图 4.4 高温电解

氧离子在陶瓷膜表面形成，并穿过膜在阳极重新结合形成氧气并释放电子。

$$2O^{2-} = O_2 + 2e^- \tag{4.12}$$

电子沿电路移动，氧气被释放。氢气与多余的蒸汽一起从电池的阴极侧排出。

从上述讨论中可知，高温下电解所需电压比在环境温度下所需电压低得多。此外，从电池排出的过量高压过热蒸汽和氢气可用于汽轮机发电，最终通过冷凝发生器获得水和分离的氢气。如果这是核能循环发电机的一部分，则可获得零碳排放的氢气，如图 4.5 所示[4]。

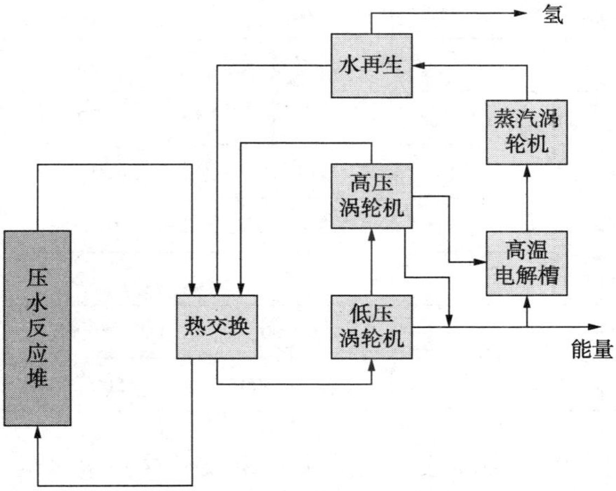

图 4.5 利用核能高温制氢

在该方案中，压水反应堆(PWR)提供热量，并通过热交换将热量(HE)传递给蒸汽系统。高压过热蒸汽通过高压涡轮机(HPT)产生电力。低压排放蒸汽通入低压涡轮机(LPT)。从该装置排出的蒸汽进入高温电解槽(HTEC)产生氧气(图4.5中未展示)和氢气，氢气留在多余的蒸汽中。以上是一个蒸汽涡轮系统冷凝蒸汽并从水循环中回收氢气的过程。

高温电解槽的一个难点是高温蒸汽对阴极的侵蚀，其中阴极通常由氧化锆陶瓷支撑的镍组成。值得注意的是，固体氧化物电解槽与固体氧化物燃料电池本质相同，但是当电池在电解模式下运行时，腐蚀问题较为严重。通过在输入的蒸汽中加入氢气，使阴极保持还原状态，可以在一定程度上改善腐蚀问题[5]。

4.3 不同电池性能比较

上述内容描述了常用的三种电解槽——碱性电解槽、PEM 电解槽和固体氧化物(SOE)电解槽。表 4.1 对各种类型的电解槽进行了比较[6]。

表 4.1 碱性、PEM 和 SOE 电解槽的比较[6]

项目	碱性	PEM	SOE
电解质	KOH 溶液	质子交换膜	陶瓷
电极	Ni/Fe	Pt，Ir	Ni/陶瓷
操作温度/℃	50~80	环境~90	700~1000
操作压力(最大)/bar	30	165	1
单元规模(商业)/MW	3.2	1.5	1
产氢量(标准)/(m^3/h)	760	285	1
电流密度(最大)/(A/cm^2)	0.6	2	
能耗/(kW·h/kg)	50~78	50~83	35.1
最低局部负荷	20%~40%	0~20%	
电池寿命/a	>20	<20	
电堆寿命(最大)/h	90000	80000	
成本/(美元/kW)	850~1500	1500~3800	

这些电池系统由电堆中的单片电池集合组成。这些电堆的寿命通常有限(一般约为 10 年)，需作为整体进行更换。

碱性电解槽的使用时间最长，发展时间也最长。相比其他类型的电解槽，碱性电解槽可以做到大规模，且具有良好的耐久性(20 年寿命)，可以在大约 3MPa(30bar)的压力下运行，但不足以用来为车辆加注氢气。

一些 PEM 电解槽声称能够提供超过 15MPa(150bar)压力的氢气，这仍然不足以达到最佳的车辆氢气加注压力(通常认为需要 40MPa 或 80MPa)。且其能耗比同等碱性电解槽高 10%左右。

PEM 电解槽在可再生能源领域的一个主要优势是部分负荷很低或为零。由于该技术相对较新，其长期耐久性尚不清楚。该技术的缺点是目前要在电极配方中使用贵金属。

SOE 电解槽仍处于开发过程中，是上述高温电解系统的目标产品。SOE 的一个主要缺点是该电解槽低工作压差的要求，而对于该系统的成本目前尚不清楚。

4.4 其他方法

传统电解水制氢的主要问题是阳极过电位高。这是因为该反应是一个多步骤结合的过程，包括氧离子吸附到阳极表面、氧离子中和、与另一个氧原子结合，然后从表面解吸。这种多步骤过程不可避免地增加了动力学壁垒，这在现实应用中需要被攻克。有几种替代方法旨在通过消除阳极的氧释放，并用可替代反应来解决这一问题。

一种方法是将水的化学反应拆分为热反应及电反应。这种热-电循环以硫酸为电解质[7]。在电池反应中，阴极反应保持不变[式(4.2)]，而阳极反应变为：

$$SO_2+2H_2O = H_2SO_4+2H^++2e^- \tag{4.13}$$

阴极反应：

$$2H^++2e^- = H_2 \tag{4.14}$$

该过程所需的理论电动势为 0.17V，而理想的电解水释放氧气所需的电动势为 1.23V。硫酸从系统中回收并热分解为：

$$2H_2SO_4 = 2SO_2+2H_2O+O_2 \tag{4.15}$$

该方法在有廉价余热可用的地方是有吸引力的。

另一种方法是电解含水甲醇。在这一系统中，阴极反应保持不变，而阳极反应变成甲醇氧化成二氧化碳：

$$CH_3OH+H_2O = CO_2+6H^++6e^- \tag{4.16}$$

该反应的理论电动势约为 0.4V。这种方法的一个优点是：电解含水甲醇在为车辆提供车载氢气方面具有一定的应用潜力[8]。

4.5 太阳辐射变化对电解过程的影响

氢经济的一个重要目标是利用可再生电力生产绿氢。可再生能源通常被认为是风能或太阳能，或两者的结合。太阳能被认为是太阳辐照度高的地区的潜在主要能源，这些地区正在开发用于发电的大型太阳能阵列。这种方法的一个显著问题是：在那些简单定义为具有稳定太阳通量的地区，其太阳辐照情况实际上是多变的。图 4.6 说明了这个问题，图中详细描述了澳大利亚中部一个光伏电站在 24h 内的输出情况。

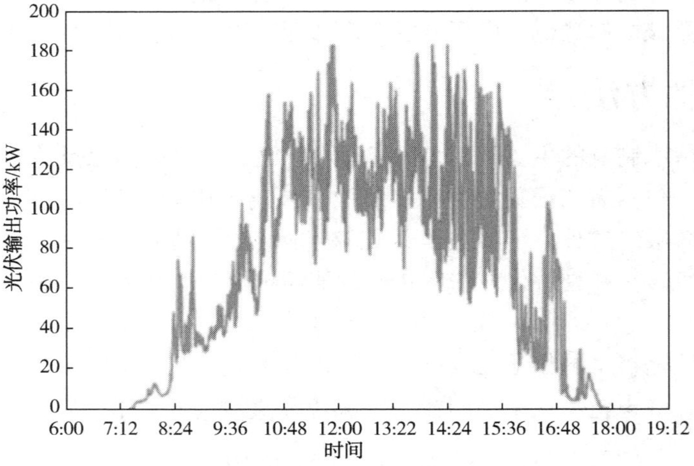

图 4.6　2011 年 5 月 26 日澳大利亚中部光伏阵列的输出图[9]

从图中可以看出，光伏输出功率在短期内出现较大变化。如果波动的输出功率被输送至电解氢系统，那么电解槽将不得不对这种变化作出反应。这一要求促进了 PEM 电解槽的使用，因为相较于碱性和其他类型电解槽，PEM 电解槽具有更快的响应速度。当然，可以使用一些电池系统来平滑光伏输出，但这需要更高的资本成本。

PEM 电解槽在应对上述挑战方面的效果如图 4.7 所示，该图中清晰地展示了太阳能电池阵列与 PEM 电解槽耦合 5 天内的输出。该图表明，输出结果很好地跟踪了太阳辐射曲线，其中包括一些辐射迅速下降的时期。

4.6 电解制氢的经济性

反应的基本方程式：

$$H_2O+2e^- = H_2+O^{2-} \tag{4.17}$$

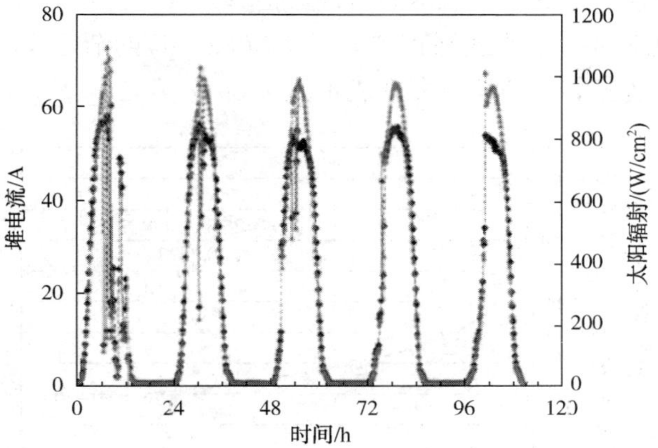

图 4.7 质子交换膜电解槽 5 天内的堆电流和太阳辐射数据[10]

2F[2×96486 库仑(C)]电量产生 1mol(2g)的氢。

$$1C/s = 1A$$

在电动势为 1.9V 时，1mol H_2/s 需要 1.9×2×96486W，即 366.65kW。

1h 制氢量为 7.2kg(2×3600/1000)，使用电量 366.65kW·h。

制氢速率为：

19.64g/(kW·h)

9.82mol/(kW·h)

0.232m^3(标准)/(kW·h)

4.31kW·h/m^3(标准)

50.92kW·h/kg

(1) 电解制氢成本

给定已知的单元效率，决定此类设施生产成本的关键变量是资本成本和功率成本。

(2) 资本成本

假设一个集中式制氢装置生产 373kt/a 的氢气。这种情况下，该装置可能由一组较小的单元模块组成，而非单个大模块的扩展，也就是说，其规模经济性是有限的。

Ulleberg 和 Hancke[11]描述了挪威使用碱性电池进行小规模制氢的经济性。图 4.8为生产成本图，可知：成本随生产规模的增大而降低。当生产规模为 1000kg/d(1t/d)时，资本成本数值降到较低水平，显示出良好的规模经济性。但是，此后，生产规模继续扩大，其规模经济性降低不明显。

给定制氢规模，依据生产成本曲线进行估算，会得出负的资本成本值。从图中可知，生产成本曲线似乎达到了1500美元/(kg·d)的渐近线位置。利用该值，估算大型集中式制氢装置的运行资本成本为1.65亿美元。

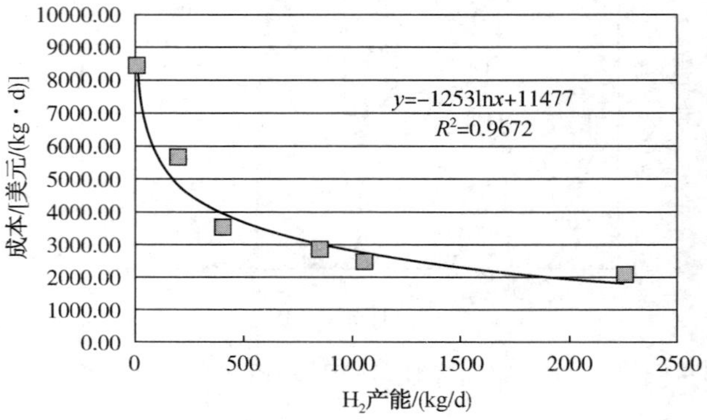

图4.8　挪威小规模制氢成本分析

传统观点认为：相比同等容量的PEM电解槽，碱性电解槽更加便宜(标准普尔全球普氏2020年4月的"方法和规范指南——氢"中使用碱性电解槽、PEM电解槽的成本比为78%)。图4.8所示的挪威数据主要针对碱性电解槽。然而，尽管有报道称PEM电解槽的成本较高，但根据挪威的研究案例，其PEM电解槽的成本与碱性电解槽的成本相差不大。

Hinkley等人[12]基于多个数据源整理了PEM电解槽的公开成本(以美元/kW为单位)。将资本成本与2019年各项数据相匹配，得出3MW系统的资本成本约为1865美元/kW。如果在达到中央集中式制氢装置所需的规模基础上实现0.85的规模经济系数，则预估资本成本为1775美元，与挪威得出的数据接近。

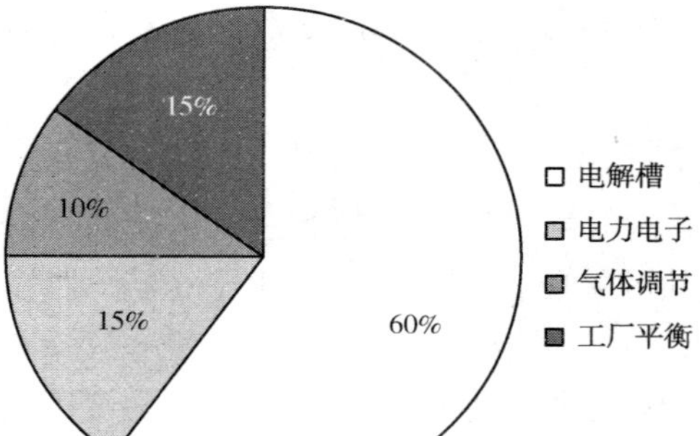

图4.9　电解槽成本分解图

与电解槽成本相关的主要经济问题之一是电解槽的寿命。图4.9展示了成本的典型细分情况，表明更换电解槽占资本成本的很大一部分。此外，电解槽的生命周期评估因氢源而异，通常在50000~90000h之间。

然而，定期更换电解槽约占资本成本的60%，这一数值或许被过分高估[标准普尔全球普氏2020年4月的"方法和规范指南——氢"中，每7年允许资本支出15%(约56000h)，或为更换电解槽支出]。上述资本成本应视为工艺界区内(ISBL)及相关公用设施的成本。因此，对于大型中央集中式制氢装置，还应加上土地和其他一些非场地成本。

(3) 电力成本

明显地，碱性电解槽的电池效率通常为65%，PEM电解槽为58%，而制氢的经济性对电价极为敏感。购买的电力可来自当地的电网系统，或是化石燃料发电机、核电站及可再生能源的结合，具体取决于地点。对于上述情况，可以较为容易地从监管机构等公开来源估算电力成本。并且在许多情况下，还可以推导出电网混合电力的嵌入碳排放量。

利用太阳能电池为电解槽供电是一个重要的研究方向。目前，关于太阳能电池组发电成本的数据有限。最近的报告显示，这一发电成本为68美元/(MW·h)[13]。碱性电解槽和PEM电解槽的非动力运行成本约占5%。使用可再生电力的另一种方法是使用风能，在许多情况下，风力发电成本远低于太阳能发电成本，并可与水力发电结合使用，以提供稳定的电力，使电解槽得到高效利用。

(4) PEM电解槽制氢成本估算

表4.2给出了基于一系列PEM电解槽的集中式制氢装置生产氢气的估计成本。该系统的效率为58%。在该效率下，一个集中式制氢装置生产373kt/a氢气将需要2628MW的电力，这是很大的电力需求，相当于可驱动约4万辆汽车(所需功率为2628MW或21.5M MW·h/a)。以50美元/(MW·h)成本计算，每年成本为10.72亿美元，这无疑是运营中的主要成本。

表4.2 质子交换膜(PEM)电解制氢成本——核心设备

项目	单位	数值
生产	kt/y	373.94
功率	MW	2628.72
资本成本(资本支出)	百万美元	1970.52
ROC(2年建设期，20年寿命，10% *DCF*)	%	13.57
	百万美元/a	267.33
营运资本	百万美元/a	0
运营成本	%	5
	百万美元/a	98.53
水	kt/a	3365.46

续表

项目	单位	数值
用水效率	%	95
实际水量	kt/a	3542.59
	ML/a	3542.59
水成本	美元/kL	3
	百万美元/a	10.6
功率	MW	2628.72
	MW·h/a	2.15×10^7
	美元/(MW·h)	50
	百万美元/a	1072.52
副产品氧气	kt/a	2991.52
	t/d	8798.59
	美元/t	25
	百万美元/a	74.79
生产成本	百万美元/a	1374.21
氢	美元/t	3675.0
	美元/GJ(LHV)	30.64

资本成本为1970美元，包括上述ISBL成本中1%的土地和10%的其他场外设施(17.75亿美元)。2年建设期(*ROC*)、10%*DCF*和20年寿命(无特许权使用费)约占总资本的13.57%(约合2.67亿美元/a)。在项目寿命期内，没有考察电解槽的更换成本。营运资本被认为是零，因为没有考虑氢产品的存储。

其他运营成本(人工、一般维护等)设定为每年资本成本的5%，即9853万美元。

电解过程所需水量为3365kt/a。如果水的利用率为95%(即5%的水损失)，则对应设施所需用水为3542kt/a。如果以水的密度为单位，则为3542ML/a。假设水来自工厂或一般公用设施，且费用足以满足PEM电解槽所需的提纯费用，则水的成本为3美元/kL或10.6M美元/a。但如果水源是微咸水或海水，则成本可能会升高，因为需要对水进行大量后续处理。

当电解效率为58%时，意味着输入电能的42%将转换为热能，即冷却需求要消耗1104MW能量(这与一个大型2GW燃煤电站的冷却需求相似)。这种冷却需求必须由冷却水或空气冷却来提供。该冷却设备的成本假定包含在电解装置的资本成本中。但是，如果使用冷却水，将增加该装置的总用水量，而这并未包括在估算中。

电解水过程中，氧气以副产物形式产生(约 3Mt/a)，且产量较大(约 8800t/d)。如果氧气以 25 美元/t 的价格出售，每年将产生 7480 万美元的副产品。这一数量的氧气可以满足一个大型综合钢铁厂的生产需求，而该容量的氧气在大多数地方无法获得。

生产 373kt/a 氢气的总成本为 13.74 亿美元/a，在较低热值(LHV)的基础上，氢气的单位生产成本为 3675 美元/t 或 30.76 美元/GJ。电力成本和所得到氧气副产品价格的敏感关系如图 4.10 所示。

图 4.10 清楚地表明了制氢成本对电力成本的敏感性。通常，许多有大型工业装置运行的城市地区，其工业电价约为 40 美元/(MW·h)。在有大规模水力发电的地区，电价往往低于这一水平。中央制氢装置，可作为新的大型发电厂(水力或核能)的基础客户，其所需的电力需求为 2600MW。在这种情况下，以电力消耗大户铝冶炼厂为例，开发电力成本约为 25 美元/(MW·h)或更低的大型制氢项目是可行的。使用 25 美元/(MW·h)的电力成本可将预估的制氢成本降低到 2240 美元/t 或 18.68 美元/GJ(LHV)。如果工厂采用更便宜、更高效的碱性电解槽，还能进一步节约成本。

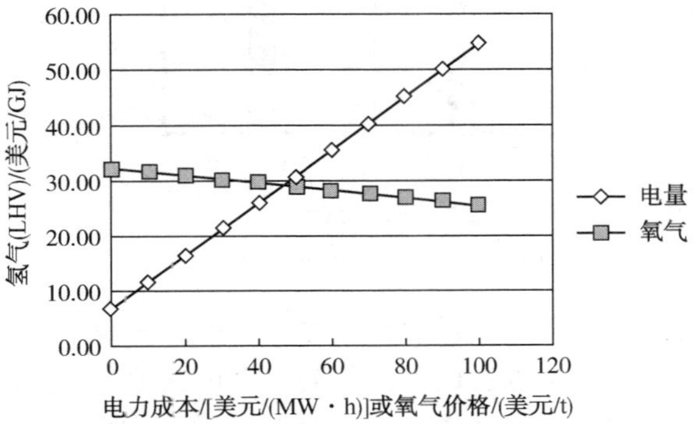

图 4.10 电力成本和氧气价格的敏感性关系

图 4.10 还展示了制氢成本对副产物氧气价格的敏感性。如上所述，集中式制氢装置将产生大量的氧气，该氧气不仅适用于大型综合钢铁厂，还可供应其他工业生产，如化学和石油化工生产。对这类大型工业过程来说，氧气的价格通常在 25 美元/t 左右。以该价格出售氧气能够降低 10%的制氢成本。此外，还存在需求小但价值更高的市场，如医用氧气，其价格可超过 100 美元/t。

4.7 光解水制氢

制氢的主要动力源之一是通过光伏系统将太阳能转化成的电能，如上所述，考虑到发电成本，该路线可能较昂贵。此外，电解水固有的低效率导致电能利用率低。在交通行业脱碳途径中，这将不可避免地降低氢燃料汽车对全电动汽车的竞争力。

解决这个问题的方法之一是通过光化学分解法直接从水中制取氢气。这种方法可追溯至几十年前，当时人们注意到，阳光照射在水中某些钌配合物的胶体溶液上，会导致水分子分解为氢和氧[14]。自发现这一现象以来，研究者们在该领域进行了大量探索，以确定用于该反应的添加剂和更便宜的替代催化剂[15]。光解水制氢如图 4.11 所示。

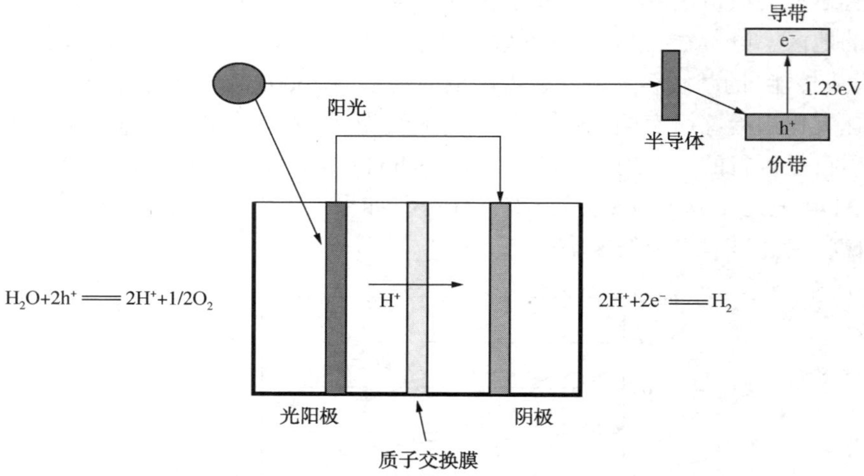

图 4.11　光解水制氢

该方法涉及包括光阳极和阴极的光电池。其中的关键是光阳极的结构。光阳极是一种半导体材料，通常以活性光催化剂二氧化钛为基础。该半导体的带隙宽度至少为 1.23eV，这是分解水(如电解)所需的能量。当具有合适能量的光子到达半导体时，电子从价带跃迁到导带中，并在价带中产生空穴。理论上，这一过程可能会受到近红外光子的影响，但实际上，需要更高能的光子来克服效率低下的问题，特别是在光电极中(电解阳极过电位)。

价带中的空穴随后被水分子猝灭，形成氧和两个质子，这是反应的简化形式。实际上，在其他介质(碱性或酸性条件)中，反应要更为复杂和不同。质子通过质子交换膜到达阴极，并产生氢气。该过程相对简单，其中阴极由镀铂石墨组成。

光解水制氢目前仍处于发展的早期阶段，在现阶段难以评估制氢的成本。

4.8 生物质制氢

无碳排放制取氢气的另一种方法是使用生物质作为原料。生物质一词广义上指可持续生产的农产品。最好在不使用工业肥料的情况下种植作物，因为工业肥料在此过程中会产生碳排放，例如森林木材废料、草原牧草等都可作为生物质来源。在某些情况下，生物质指不同作物的农业副产品，例如玉米秸秆或甘蔗渣。这时由于主要作物的生产而产生的肥料的碳排放与该作物有关，因此种植生物质副产品的碳排放被认为是零。

令人困惑的是，某些城市垃圾也被认为是可再生燃料的来源，并包含在术语生物质中。

从不同材料中制取氢气的基本方法为气化法(类似于第 2 章所述的煤气化)。该过程包括气化形成合成气、气体净化、水-气转换，以最大限度地提高氢气含量，然后分离氢气。

(1) 生物质物流

生物质气化的主要问题源于原料性质。生物质原材料(收到基)的比能量非常低，通常只有 5~6GJ/t。这是由于设备接收的材料固有水含量(水分)高的原因。收到基生物质的干燥将使比能量提高到约 12GJ/t，但这仍不足以维持气化炉的平稳运行，一般在运行时，会添加补充燃料以提高燃料比能量。添加天然气是常见选择，其在许多大型气化炉或焚烧城市废物设施中得到了实践；然而，这与生产无碳排放产品的目标相违背。

此外，组成生物质的分子中包含大量的氧元素。生物质通常由聚纤维素组成，其氧含量为 55%。这种结合氧无法在气化前除去。

生物质存储也是需面临的实际问题。无论是收到基还是干燥基的生物质，都会经历由细菌导致的腐烂和自燃(堆肥燃烧是大多数园丁和园艺师所熟悉的)，而为了预防该情况的发生，将使成本增加。

另一个问题是生物质质量(比能量)的可变性，即使是专用生物质，该物理量数值也会根据季节而变化，这种可变性会影响气化炉的下游性能。这种变化不仅仅是由于含水量的变化，还因为组成生物质的物质性质随季节而变化。此外，专用的生物质作物(草原牧草、森林木材废料)可能会因野火等原因完全损失。

许多关于生物质气化的研究均基于生物质免费这一前提，但事实并非如此。生物质的使用将不可避免地导致土壤中碳和作物健康生长所必需的矿物质的损失。如果生物质是经济作物的副产品，农民（或林业人员）则会希望得到某种形式的补偿。

最后，将生物质运输到气化炉运行的收集成本将会很高（通常为5~15美元/t）。运输生物质的物流过程会产生一些燃料的碳排放。成本和运输物流将限制生物质气化炉的规模。随着生物质源头距离的增加，生物质运输的成本也在增加。与煤的大规模气化操作相比，这种折中方案限制了生物质气化炉的规模，无法实现完全的规模化经济。

（2）生物质品质

周等人[16]对构成城市垃圾的材料进行了近似分析和最终分析（近似分析和最终分析是燃烧燃料的标准分析程序），表4.3列出了其中一些材料与玉米秸秆和草原牧草的分析结果。将其与褐煤和用于火力发电的典型黑煤进行比较。

表4.3 一些生物质材料的分析

材料	比能量/（GJ/t）	水/%	灰分/%	C/%	H/%	O/%	N/%	S/%	备注
蔬菜	16.8			44.9	5.5	45.4	3.6	0.6	DAF[a]
骨头	15.7			58.0	7.2	25.4	8.7	0.74	DAF
纸张	15.1			45.5	6.3	47.7	0.2	0.2	DAF
干燥木材	19.6			50.5	5.9	43.4	0.11	0.03	松树-DAF
木材	12.6	28.6	28.6	37.8	4.5	28.4	0.07	0.0	收到基
玉米秸秆	12.6	20.0	6.0	35.0	4.4	34.1	0.5	0.01	收到基
草原牧草	14.6	15.0	6.2	39.5	4.8	33.8	0.7	0.08	收到基
褐煤	15.6	64.7	7.4	18.7	1.3	7.7	0.14	0.07	维多利亚
黑煤	25.3	8.7	13.5	60.6	3.8	11.6	1.33	0.44	昆士兰

[a]：干燥无灰基。

据报道，城市垃圾的比能量通常为5~6GJ/t。干燥后，剩余的植物物质、骨头和纸张的比能量约为15~17GJ/t。干燥木材的比能量接近20GJ/t。以干燥无灰为基准，这些材料通常含有55%的碳和氢。但骨骼物质例外，它含有65%以上的碳和氢。另一种主要元素是氧，它占生物质总量的40%以上。对于蔬菜和骨头，其氮和硫含量相对较高。

另外，木材、玉米秸秆、草原牧草等生物质的含水量很高。这促进了储存和降解过程中细菌的繁殖，降低了气化炉的效率。为了获得最佳性能，在储存和气化之前，通常利用蒸汽干燥器及在气化过程中产生的多余蒸汽去除这种水分。

生物质(收到基)中的水分含量一般低于褐煤，褐煤是一种广泛用于发电和气化的化石燃料。来自澳大利亚维多利亚州拉筹伯山谷的褐煤，含水量超过60%，被用作发电燃料。用作达科他煤气化公司的褐煤水分含量为25%~40%。然而，褐煤比生物质具有更低的固定氧含量，根据DAF测量，褐煤具有更高的热值。

与生物质和褐煤相比，黑煤具有较低的含水量和较低的固定氧含量，因而具有较高的比能量。表4.3中的数据基于澳大利亚昆士兰的典型出口优质动力煤。

(3) 生物质气化工艺流程

生物质制氢的工艺流程与煤气化类似，如图4.12所示。

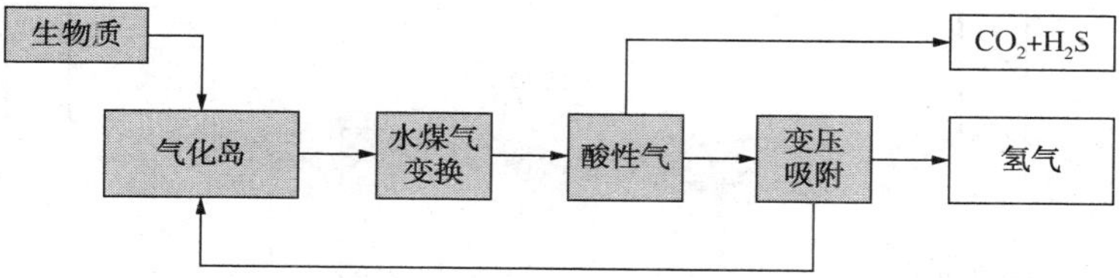

图4.12 生物质转化为氢气的工艺流程

气化岛(图4.13)将生物质转化为合成气(碳氧化物和氢气)。而高温水煤气变换(WGS)过程则将一氧化碳转化为更多的氢气。该装置运行时排出的干气主要由二氧化碳和氢气组成。以上气体被运送到酸气厂，将二氧化碳和硫化氢剥离出来，分别用于地质封存或硫回收。由于生物质被认为是一种可再生的燃料，二氧化碳不一定需要通过地质封存或购买碳信用额度处理。然而，许多方法会将生物质与化石燃料进行混合燃烧，在这种情况下，为实现零碳排放，需要一种处理部分或全部二氧化碳的机制。离开酸气厂的富氢气体将通过变压吸附(PSA或膜)分离系统生产纯氢产品。氢气分离器产生的尾气将被循环至气化炉，其中少量通过燃烧以提取惰性气体(氮气、氩气)，并防止在循环回路中积聚。

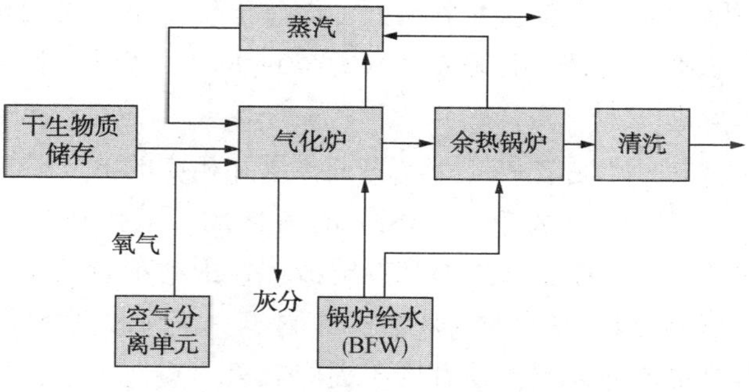

图4.13 用于生物质气化的气化岛

气化岛(图 4. 13)由几个单元组成。最佳做法是将生物质预干燥并在惰性气体环境中储存。如果储存量很小，并且气化炉能够实现预干燥过程，则可以省去上述操作。

生物质气化炉的设计方法多种多样[17]。而生物质的特性(高含水量、高固定氧含量和适宜的运行规模)缩小了可用类型的选择范围。基于移动床[18]和流化床气化炉[19]的设计方案已在第 2 章中针对煤气化的过程进行了描述，这两种气化炉最适合生物质——因为装置相对较小，并已被证明适用于这种类型的原料(图 4. 14)。

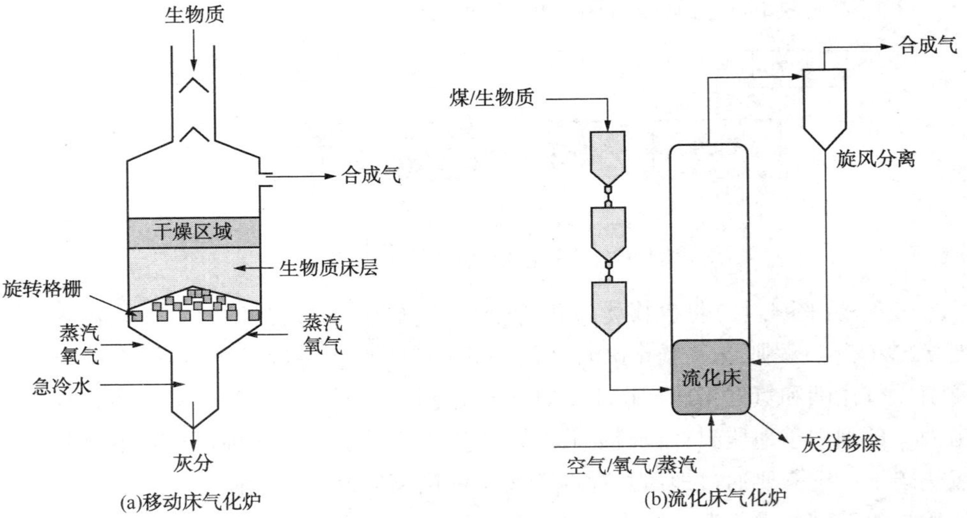

图 4. 14　生物质原料气化炉

对于移动床气化炉，此设计形式可使气化炉床上方留有更多的干燥空间，在气化前去除未能在生物质预处理过程中除去的水分。因需要对生物质进行研磨和分级，又提出流化床类型。在这种情况下，得益于生物质原料的预干燥，避免了原料在气化炉中过度燃烧而产生除去水分所需的热量。气化过程可通过使用气化炉产生的蒸汽来实现。

生物质气化的主要问题之一是固定的氧含量和相应的低比热能，即使使用纯氧而非空气作为供应空气分离单元(ASU)的氧化剂，其操作过程温度仍相对较低。这会在合成气中产生过多的焦油和热解液体，因此不能简单地用烛式过滤系统进行净化。建议用溶剂(如甲醇)来清洗原料气。其中一种工艺(Rectisol™)可以处理热解气体中的各种杂质，并可用于提取二氧化碳，不过，这种工艺需要大量资金，且操作复杂。

(4) 生物质制氢的经济性

通过费-托合成将生物质转化为交通运输燃料已得到广泛研究，这些研究揭示了生物质制氢的主要问题。通过费-托合成生产液体产品需要经过生物质气化成合成气、水煤气变换及费-托合成为液体等系列过程。而制氢仅需要较少的资金，因为它避免了费-托合成步骤及将液体产品提炼成交通运输燃料的过程。上述研究还涉及生物质收集以及物流运输问题，进一步限制了工艺规模。

以下经济性描述改编自 Kreutz 等人[20]的一项研究，该研究将 1Mt/a 的玉米秸秆转化为费-托合成液体。表 4.4 给出了玉米秸秆的近似分析和最终分析。在干燥的前提下，秸秆的比能量为 18.7GJ/t(较高的热值，HHV)。

表 4.4　玉米秸秆原料(1Mt/a)的近似分析和最终分析

项目	数值	项目	数值
近似值(新物料)		终值(干料)	
固定碳/%	18.10	碳/%	46.96
挥发物/%	61.60	氢/%	5.72
灰分/%	5.30	氧/%	40.18
水分/%	15.00	氮/%	0.86
总数/%	100.00	硫/%	0.09
低热值/(MJ/kg)	14.509	灰分/%	6.19
高热值/(MJ/kg)	15.935	总数/%	100.00
		高热值/(MJ/kg)	18.748

原料和产品流量见表 4.5。假设 PSA 提取效率为 85%对产氢量进行了估计。模拟结果表明，1Mt/a 的玉米秸秆可转化为 6.8 万 t/a 的氢气。

表 4.5　原料和产品流量

项目	数值	项目	数值
新鲜秸秆/(t/d)	3581	气化器用氧气/(t/d)	58
干基/(t/d)	3044	氢	1.15kmol/s
非灰分(DAF)	2822t/d		2.31kg/s
	601MW(LHV)		67790.87t/a
	660MW(HHV)		67.79kt/a
氧/(t/d)	59		199.4t/d
纯度/%(质)	99.54		

表 4.6 给出了系统的功率平衡情况。蒸汽和电力系统能够产生大约 66MW 的电力，其中 27MW 用于设备运行。用电量主要取决于空分装置和附属氧气压缩机的功率需求(总功率为 21MW)。合成气净化(Rectisol™)能耗约 4MW。

表 4.6　生物质制氢设备的功率平衡　　MW

生产		65.99
利用	生物量	0.41
	闭锁式料斗	0.35
	合成气净化	3.86
	燃料气体压缩机	0.08
	蒸汽循环	1.27
	空气分离单元	14.78
	氧气压缩机	6.55
	总消耗量	27.3

发电量需求超过了近 39MW，这部分发电量由工厂输出。

资本成本明细见表 4.7。2007 年的费用估计已在最后一栏更新为 2018 年的数值，用于提纯氢气产品的 PSA 装置的费用预算已经取代了费-托合成的成本。2018 年的建设资本成本预算为 9.16 亿美元。

表 4.7　生物质制氢设备的资本成本明细

项目	2007 年/百万美元	占比/%	2018 年/百万美元
土地	5.00	0.74	6.78
气化器	266.00	39.35	360.81
低温甲醇洗和水煤气变换	58.00	8.58	78.67
空气分离单元	94.00	13.91	127.50
变压吸附	10.00	1.48	13.56
功率岛	64.00	9.47	86.81
资本成本	497.00	73.53	674.14
工程(15%资本成本)	74.55	11.03	101.12
意外开支(10%资本成本)	49.70	7.35	67.41
启动，备件(6%资本成本)	29.82	4.41	40.45
场外(5%资本成本)	24.85	3.68	33.71
总计	675.92	100	916.83

基于上述生物质制氢设施的统计数据，估算的制氢成本如表 4. 8 所示。假设该设施将花费 3 年时间建设，并需要 10%的贴现现金流回报，运营 20 年并支付 2%的资本化特许权使用费，则需要 14. 6%的 *ROC*。营运资本假设为零，且不涉及储氢。

表 4. 8　生物质制氢的成本估算

<table>
<tr><th colspan="2">项目</th><th colspan="2">数值</th></tr>
<tr><td colspan="2">2018 年资本成本(资本支出)/百万美元</td><td colspan="2">916. 83</td></tr>
<tr><td colspan="2" rowspan="2">ROC(3 年建设期，20 年寿命，10% DCF)</td><td colspan="2">14. 60%</td></tr>
<tr><td colspan="2">133. 88 百万美元/a</td></tr>
<tr><td colspan="2">营运资本/(百万美元/a)</td><td colspan="2">无</td></tr>
<tr><td rowspan="5">非原料运营成本</td><td>人工</td><td>1. 00%(资本成本)</td><td>9. 17 百万美元/a</td></tr>
<tr><td>维护</td><td>3. 00%(资本成本)</td><td>27. 51 百万美元/a</td></tr>
<tr><td>保险</td><td>1. 50%(资本成本)</td><td>13. 75 百万美元/a</td></tr>
<tr><td>催化剂和化学品</td><td>1. 00%(资本成本)</td><td>9. 17 百万美元/a</td></tr>
<tr><td>小计</td><td colspan="2">59. 60 百万美元/a</td></tr>
<tr><td colspan="2">总固定成本/(百万美元/a)</td><td colspan="2">193. 47</td></tr>
<tr><td colspan="2">原料/(Mt/a)</td><td colspan="2">1. 00</td></tr>
<tr><td colspan="2">原料成本/(百万美元/a)</td><td colspan="2">10. 00</td></tr>
<tr><td colspan="2">年度总成本/(百万美元/a)</td><td colspan="2">203. 47</td></tr>
<tr><td colspan="2" rowspan="4">副产电</td><td colspan="2">38. 69MW</td></tr>
<tr><td colspan="2">315710. 4MW · h/a</td></tr>
<tr><td colspan="2">50 美元/(MW · h)</td></tr>
<tr><td colspan="2">15. 79 百万美元/a</td></tr>
<tr><td colspan="2">净价/(百万美元/a)</td><td colspan="2">187. 69</td></tr>
<tr><td colspan="2" rowspan="2">氢气单位成本</td><td colspan="2">2768. 63 美元/t</td></tr>
<tr><td colspan="2">23. 08 美元/GJ</td></tr>
</table>

非原料运营成本为 5960 万美元/a。假设原料(1Mt/a)的收集和运输成本为 10 美元/t。

当以 50 美元/(MW · h)的价格出售副产电时，每年 2. 035 亿美元的总成本将减少 1579 万美元。净生产成本为 1. 877 亿美元/a。基于低热值计算，产氢成本为 2768 美元/t 或 23. 08 美元/GJ。

4.9 总结

此时，对制氢成本进行估算是有必要的，这在第 3 章和第 4 章中已经描述过，并已总结在表 4.9 和表 4.10 中。对于化石燃料，这些表格包括二氧化碳的产量和二氧化碳处理成本，每吨二氧化碳 50 美元。

表 4.9 总结了第 3 章和第 4 章给出的基本案例数据，给出了气化法的成本，可以与功率为 50 美元/(MW · h)时，成本为 3675 美元/t 的电解法进行比较；与功率为 25 美元/(MW · h)时，成本为 2240 美元/t 的电解制氢比较。

表 4.10 总结了天然气案例中天然气原料的成本，更真实地反映实际成本的估计值。也就是说，小规模运营面临更高的原料成本。由于电力在不同地区其成本基本相同，而且电解的规模经济性较低，因此电解氢的成本被认为与表 4.9 中的基本情况没有实质性的不同。

(1) 小规模制氢

表 4.9 中前两列给出了通过天然气气化/蒸汽重整生产少量氢气的成本估值。重点在于与电解制氢进行比较。表 4.9 表明，一般情况下，电解是一个较差的选择，然而，对于小型用户(表 4.10)来说，在现实的天然气价格下，电解将是微小体积(1.76kt/a)无碳制氢的首选方案，与小规模运行的天然气路线(26.2kt/a)相比更具竞争力。

(2) 大规模制氢

表 4.9 中接下来的四列描述了基于天然气气化/蒸汽重整路线生产更大规模(从典型的大规模工业生产的 150kt/a 到中央氢气分配装置所需的 373kt/a)氢气的成本。本组中的前三列是建立在使用已被广泛取代的甲烷化方法进行制氢的数据基础上的。由于消除了低温水煤气变换并使用 PSA 分离器，美国国家科学院(NAS)的数据可能更真实，且成本更低。

在大规模的生产中，气化/蒸汽重整法比电解法具有竞争优势。除了通过规模化经济获得收益外，气化路线还具有在大多数地区获得较低天然气价格的优势(3 美元/GJ)。在天然气价格较高的地区，例如依赖液化天然气供应的地区，电解法可能具有成本优势，并且如果这些地区电力成本较低，则电解法优势将更为突出。

(3) 煤和生物质制氢

接下来的两列总结了煤的成本估算，最后一列总结了生物质的成本估算。煤炭路线的资本成本较高，因此，为了获得合理的规模经济效益，必须建立大规模的氢生产。这两个案例分别为用于氢净化的 PSA 路线和甲烷化路线。

表 4.9　氢气成本基本情况估算汇总

项目	H_2 微规模气体	H_2 小规模气体	工业规模气体	大型天然气设施	ICI 气体	NAS 气体	煤 PSA	煤甲烷化	生物质
	图 3.4	图 3.4	图 3.4	图 3.4	表 3.3	表 3.3	表 3.5	表 3.5	表 4.8
生产/(kt/a)	1.76	26.20	150.00	300.00	373.94	373.94	1042.72	838.90	67.79
资本支出/百万美元	10.25	85.67	337.69	582.27	692.35	532.37	3321.24	3321.24	916.83
施工期/a	3	3	3	3	3	3	4	4	3
设备寿命/a	15	15	15	15	20	20	20	20	20
资本回报率/%	16.34	16.34	16.34	16.34	14.60	14.60	15.15	15.15	14.60
非天然气运营成本/(百万美元/a)	2.34	19.57	77.14	133.02	146.10	112.34	847.49	847.49	193.47
原料使用/(PJ/a)	0.40	5.94	34.00	68.00	84.76	84.76	244.79	244.79	17.67
原料成本/(美元/GJ)	2.00	2.00	2.00	2.00	2.00	2.00	1.00	1.00	1.00
原料成本/(百万美元/a)	0.80	11.88	68.00	136.00	169.52	169.52	244.79	244.79	10.00
副产品信贷/(百万美元/a)	0.04	4.44	25.41	50.83	63.35	63.35	3.02	3.02	15.79
温室气体(GHG)排放/($MtCO_2$/a)	0.020	0.297	1.700	3.400	4.238	4.238	20.084	20.084	0

注：1. 50 美元/(MW · h)电解氢气的估计成本为 3675 美元/t(表 4.2)。

2. 25 美元/(MW · h)电解氢气的估计成本为 2240 美元/t(图 4.10)。

表 4.10 根据表 4.9 估算成本，原料价格有变化

项目	H_2 微规模气体	H_2 小规模模气体	工业规模气体	大型天然气设施	ICI 气体	NAS 气体	煤 PSA	煤甲烷化	生物质
	图 3.4	图 3.4	图 3.4	图 3.4	表 3.3	表 3.3	表 3.5	表 3.5	表 4.8
生产/(kt/a)	1.76	26.20	150.00	300.00	373.94	373.94	1042.72	838.90	67.79
资本支出/百万美元	10.25	85.67	337.69	582.27	692.35	532.37	3321.24	3321.24	916.83
施工期/a	3	3	3	3	3	3	4	4	3
设备寿命/a	15	15	15	15	20	20	20	20	20
资本回报率/%	16.34	16.34	16.34	16.34	14.60	14.60	15.15	15.15	14.60
非天然气运营成本/(百万美元/a)	2.34	19.57	77.14	133.02	146.10	99.94	847.49	847.49	193.47
原料使用/(PJ/a)	0.36	5.35	30.64	61.28	76.39	65.52	180.95	180.95	17.67
原料成本/(美元/GJ)	12.00	8.00	4.00	3.00	3.00	3.00	1.50	1.50	1.00
原料成本/(百万美元/a)	4.31	42.81	122.56	183.85	229.16	196.56	271.42	271.42	10.00
副产品信贷/(百万美元/a)	0.02	2.66	15.25	30.50	38.01	32.61	3.02	3.02	15.79
GHG 排放/($MtCO_2$/a)	0.018	0.268	1.532	3.064	3.819	3.276	20.084	20.084	0
GHG 排放成本(50 美元/tCO_2)/(百万美元/a)	0.90	13.38	76.60	153.20	190.96	163.80	1004.22	1004.22	0
GHG 处置生产成本/(百万美元/a)	7.53	73.10	261.06	439.57	528.21	427.70	2120.11	2120.11	187.69
氢气成本/(美元/t)	4279.75	2790.33	1740.41	1465.24	1412.56	1143.78	2033.25	2527.26	2768.63
非 GHG 成本/(美元/t)	3769.07	2279.64	1229.72	954.55	901.88	705.73	1070.17	1330.19	2768.63

注：1.50 美元/(MW·h)电解氢气的估计成本为 3675 美元/t(表 4.2)。

2.25 美元/(MW·h)电解氢气的估计成本为 2240 美元/t(图 4.10)。

以上成本估算表明，在无碳排放基础上，电解法无法与使用更有效变压吸附工艺的大规模煤炭制氢法相竞争。然而，考虑到这些估算中的固有误差，在低电力成本下，电解路线与甲烷化路线具有竞争力。由此推断，对于以煤为基础的路线而言，开发最优工艺设计以最大限度地降低投资和运营成本至关重要。

生物质制氢途径虽然名义上产生无碳氢，但其成本与电解制氢非常相似。

参考文献

[1] Gomez RMA.（5 February 2008）US Patent 7，326，329 and（11 January 2019）US Patent 10，316，416 discusses membrane split cells and proposes variants for mass hydrogen production.

[2] Wong TYH，Girard F，Vanderhoek TPK.（28 October 2004）US Patent Application 2004/02116679，to NRC Canada. This paper gives a good explanation of the theoretical and practical workings of the system.

[3] Ukai K，Ejima T，Kawabata N.（23 April 2020）US Patent Application 2020/0124039，to Panasonic Intellectual Property Management Co. Ltd.

[4] O' Brien J.（2014）High temperature electrolysis for efficient hydrogen production from nuclear energy. In：Electrolytic Hydrogen Production Workshop，NREL，Golden Colorado（27-28 February 2014）.

[5] Gallo PL.（27 November 2012）US Patent 8，317，986，to Commissariat a l' Energie Atomique.

[6] Hinkley J，Hayward J，McNaughton R，et al.（21 March 2016）Cost Assessment of Hydrogen Production from PV Electrolysis，CSIRO，ARENA Project A-3018.

[7] Nakagiri T.（25 August 2009）US Patent 7，578，922，to Japan Nuclear Cycle Development Institute.

[8] Narayanan SR，Chun W，Jeffries-Nakamura B，Valdez TL.（6 June 2006）US Patent 7，056，428，to California Institute of Technology；Ibid.，US Patents 6，432，284；6，368，492；6，299，744.

[9] Sayeef S，Heslop S，Cornforth D，et al.（2012）Solar Intermittency：Australia' s Clean Energy Challenge. Desert Knowledge Australia Solar Centre.

[10] Clarke RE，Giddey S，Ciacchi FT，et al.（2009）Direct coupling of an electrolyser to a solar PV system for generating hydrogen. Int J Hydrogen Energy 34：2531.

[11] Ulleberg O，Hancke R.（2020）Techno-economic calculations of small scale hydrogen sup-ply systems for zero emissions transport in Norway. Int J Hydrog Energy 45：1201-1211. Data taken from Figure 2；the original Norwegian Kroner data have been transcribed into US dollars at the rate of NOK/US $ = 0.85.

[12] Cost assessment of hydrogen production from PV and electrolysis. Jim Hinkley，Jenny Hayward，Robbie McNaughton，Rob Gillespie（CSIRO）Ayako Matsumoto（Mitsui Global Strategic Studies Institute）Muriel Watt，Keith Lovegrove（IT Power）21 March 2016 Report to ARENA

as part of Solar Fuels Roadmap, Project A-3018.

[13] P. Zubrinich, Solar costs have fallen 82% since 2010. PV Magazine June 4, 2020.

[14] Kiwi J, Grätzel M. Hydrogen evolution from water induced by visible light mediated by redox catalysis. Nature 281, 657-658 (1979) and Kiwi J, Grätzel M. Projection, size factors, and reaction dynamics of colloidal redox catalysts mediating light induced hydrogen evolution from water. J Am Chem Soc 1979 101 (24), 7214-7217.

[15] Yu J, He Q, Yang G, Zhou W, Shao Z, Ni M. Recent Advances and Prospective in Ruthenium-Based Materials for Electrochemical Water Splitting. ACS Catal. 2019 9 (11), 9973-10011. N. Fajrina and M. Tahir "A critical review in strategies to imp[rove photocata-lytic water splitting towards hydrogen production", J. Hydrogen Energy, 44 (2) 540-577 (2019) and S. J. Mun and S-J Park, "Graphitic Carbon Nitride materials for Photocatalytic Hydrogen production via Water Splitting: A Short Review", Catalysis, 9, 805 (2019).

[16] Zhou H, Meng A, Long Y, Li Q, Zhang Y. (2014) Classification and comparison of municipal solid waste based on thermochemical characteristics. J Air Waste Manag Assoc 6: 597-616.

[17] Craig KR, Mann MK. (October 1996) Cost and Performance Analysis of Three Integrated Biomass Gasification Combined Cycle Power Systems. NREL. US DOE DE-AL36-83CH10093.

[18] Beenackers AACM. (1999) Biomass gasification in moving beds, a review of European technologies. Renewable Energy, 16 (1-4): 1180-1186.

[19] van den Enden PJ, Lora ES. (2004) Design approach for a biomass fed fluidized gasifier using the simulation software CSFB. Biomass and Bio Energy 26 (3): 281-287.

[20] Kreutz TG, Larson ED, Lui G, Williams RH. (2008) Fischer-Tropsch Fuels from Coal and Biomass. 25th Annual International Pittsburgh Coal Conference.

第 5 章　氢气的储存和运输

第 4 章讨论了不同能源制氢的方法及成本。制氢只是氢经济面临的一个问题，同样重要的问题还有储氢、输氢及成本。本章和第 6 章将综述储氢和输氢的主要方法和问题。

本章讨论的内容包括压缩氢气的方法和成本。在大多数情况下，氢气是在较低的压力下产生的，而车辆的最佳输送压力是 40~80MPa(400~800bar)。将氢气从接近大气压压缩到所需压力的成本包括在资金和所需能源方面都是必须考虑的。

5.1　气瓶储氢

我们对气瓶储氢很熟悉，参考气瓶储氢可以了解氢气在储存和运输中面临问题的大致范围。一些常见的储氢气瓶见表 5.1。

表 5.1　常见输送氢气的气瓶

项目	钢瓶		复合型		Coselle 型
	BOC[a] K 型	BOC L 型			
长度/cm	146	1640	261.6	136	1000000
直径/cm	23	23	43.5	46	23
压力/bar	150	230	350	700	230
质量/kg	65	87	178	140	5305
体积/cm^3	60667	681468	270000	130000	41552950
氢气/L	60.7	681.5	270.0	130.0	41553.0
氢气/kg	0.81	13.99	6.20	5	853.32

a：BOC(英国氧气公司)是 Linde AG 的子公司。

表 5.1 介绍了两种类型的钢瓶(BOC K 型、BOC L 型[1])。BOC K 型是典型的小型气瓶，长度约为 146cm，直径约为 23cm，能够容纳 150bar(15MPa)的氢气。气瓶重 65kg，容纳氢气的体积为 60.7L，氢气仅重 0.81kg。

考虑到氢气实际在车辆上的使用，每周平均需要3kg氢气，因此需要四个重226kg的气瓶。较大的气瓶(BOC L型)可以输送更多的氢气，在230bar(23MPa)下可输送约14kg，但长度超过16m。这种类型的气瓶不适合装载在小型车辆上，可用于拖车卡车输送氢气。

车载储氢这个问题基本上可以通过复合气瓶[2]来解决。复合气瓶由多层材料制成，包括由碳纤维增强环氧树脂包围的铝或聚合物构成的氢屏障，并通过高强度钢丝或类似的长丝包裹气瓶进一步增加强度。

表5.1给出了两个复合型气瓶的示例，一个是2.61m×0.43m的，在350bar(35MPa)下可容纳270L(6.2kg)氢气。另一个适合大多数车辆的1.36m×0.46m的储罐，在700bar(70MPa)下容纳130L(5kg)氢气。这对解决客车和小型商用车提供燃料的问题大有帮助，卡车可以使用多个单元复合储罐(事实上，现在用于CNG储存的复合储罐已经在公共汽车和卡车上得到了很好的应用)，但是，对于需要输送大量氢气的设施而言，如中央氢气分配设施，卡车输氢是远远不够的。

"Coselle"概念提出了一种大规模运输氢气的解决方案。这种方法主要用于天然气运输，但也可用于氢气运输。在这种方法中，将一根长10km的小口径钢管盘卷成一个圆盘结构。Coselle在230bar下吸收气体，相当于每个Coselle携带853kg氢气。下一章将进一步讨论该系统。

5.2 液氢输送

对于氢的大量运输，如果以压缩气体的形式运输存在问题，则可考虑以液氢的形式运输。氢气转化为液氢的压缩比为848：1，可明显减少运输体积。这种方案所面临的问题是氢的沸点过低，为-253℃(20K)，因此必须通过低温容器运输，并且液化氢气所需的能量很高。

5.2.1 氢气液化

在常规液化中，如氮气的液化，气体被压缩至约20MPa，冷却，然后在焦耳-汤姆孙(J-T)膨胀阀中膨胀。膨胀功冷却了通过热交换器并返回压缩机的气体，重复这个循环可以使气体进一步冷却，直到气体液化[3]。但这种方法并不适用于氢气，因为在膨胀循环冷却气体之前，氢气必须冷却到J-T转化温度(-72℃,201K)以下。如图5.1所示，氢气液化通常是通过将氮气液化循环耦合到工艺中来实现上述冷却过程。该过程有多种替代方式，例如加入更多的热交换或用于热交换的液氮浴。

将氮气液化循环与氢气液化循环相结合明显增加了资本成本。正如稍后将讨论的，氢气压缩机不同于氮气压缩机，其安装和维护成本更高。此外，所需的能量将是氮气液化(理想的0.207kW·h/kg)和氢气液化(理想的3.22kW·h/kg)的总和。需要注意的是，氢气液化所需的能量要高很多。

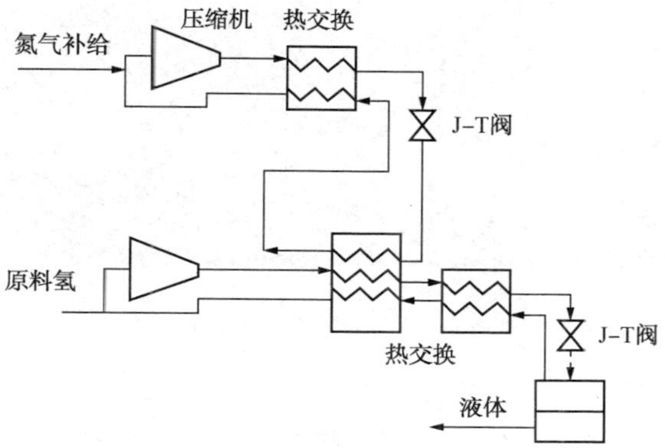

图5.1　液氢生产工艺流程

氢的一个复杂特征是它以两种形式存在——邻位和对位。每个氢原子都包含一个质子和一个电子，并且质子自旋(量子数为1/2)。对于包含两个氢原子的氢分子(二氢)，如果原子的自旋方向相同，则为正氢，如果它们相反，则为仲氢。

这两种形式可以自发地相互转换。在室温下，热力学平衡倾向于邻位态，组成通常为75%的正氢和25%的仲氢。在液氢温度(20K)下，热力学平衡倾向于对位态(接近100%)。氢的快速冷却和液化主要以邻位形式“冻结”。这意味着液体处于亚稳态，并将缓慢重新平衡，成分主要为仲氢。

正氢转化为仲氢时，释放527kJ/kg的热量。当氢气从室温下占主导地位的正氢状态转化为液态中更稳定的仲氢状态时，将会释放出这些热量。这是液氢储存的一个特殊问题，这种热量的缓慢释放会使液氢沸腾蒸发，蒸发的氢气只能放空。

该问题的解决方案是在氢液化过程的冷端加入催化剂。催化剂通常是在碳上负载铁，通常被用作大约77K运行的冷热交换器内部的涂层。液氮热交换能除去反应热，将大部分正氢转化为仲氢，并显著减少储存时的自发加热。

5.2.2　液氢的储存

由于液氢的温度较低，所以液氢被储存在低温容器中。球形容器具有最小的表面积，是大量储存液氢的首选。美国宇航局(NASA)已建造了一个可以容纳22.5万kg氢气的大型储罐，如图5.2所示。

图5.3中介绍了几种具有一般构造原理的变体。

图 5.2　大型储氢罐(NASA)[4]

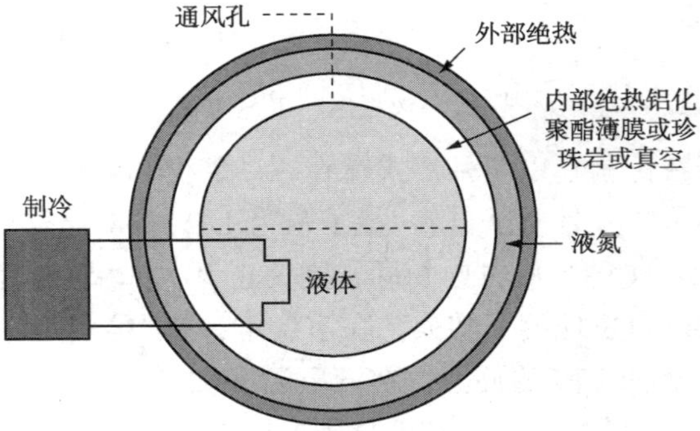

图 5.3　液氢储罐结构

球罐包括若干同心层。外绝热层可将液氮包裹在环形空间中。内层包括铝化聚酯或珍珠岩，在某些情况下还包括真空层。内罐中的液氢通过排气系统缓慢蒸发。对于液氢的大型储存和防止过度沸腾蒸发(例如由于正氢转化为仲氢[4])，容器的下部配备了在储存球罐外部运行的制冷系统。

对于储存较小体积的液氢，例如用于车辆加注操作，通常使用圆柱形结构的储存容器，同样具有多层绝热，如图 5.4 所示。

显然，在低温储罐中储氢成本很高，且氢气蒸发会增加运营成本。

在-165℃下大量储存液化天然气时，有三种类型的储罐较常使用。其中较早使用的单容罐类型，是日本和美国的首选，双容罐和全容罐是欧洲的首选。

在撰写本书时，尚不清楚液化天然气储罐是否适合液氢储存或者是否可以对其进行改造，例如进一步添加绝热和内部制冷盘管。

图 5.4　典型的圆柱形液氢储罐(林德股份公司供图)

5.3　盐穴储氢

为了避免液氢储存的高成本，在当地地质条件适宜的情况下，可以将大量气体储存在盐穴中。盐穴储气具有悠久的历史，其于 1916 年获得专利，自 20 世纪 50 年代以来广泛应用于化学工业。盐穴储气提供了绝对的密封性，即气体零泄漏、低损耗。盐穴的建造可以分几个阶段进行，成本低廉。盐穴以储存乙烯、液化石油气和氢气而闻名，Hevin[5]很好地概述了这方面内容。

盐(氯化钠、盐岩)矿床遍布世界各地。许多矿床规模很大，通常在与油气相关的沉积盆地中被发现。矿床以多种形式存在，例如厚层和盐丘侵入。盐穴是通过溶蚀采矿，在以下阶段形成的：

① 钻取适当厚度和深度(地表以下约 1km)的盐层。

② 水被泵到井底溶解盐。盐水通过钻头的环形空间被带到地面进行处理。处理可以通过蒸发池或氯碱厂生产氯气和氢氧化钠。

③ 钻头部分回撤，继续向上开发盐穴。盐中的不溶物落到盐穴底部。采用声呐方法控制盐穴的形状和体积。

④ 完成后，待储存的气体可通过环形空间泵入盐穴，并从盐穴底部的内部钻头抽取或添加盐水。

操作方法如图 5.5 所示。

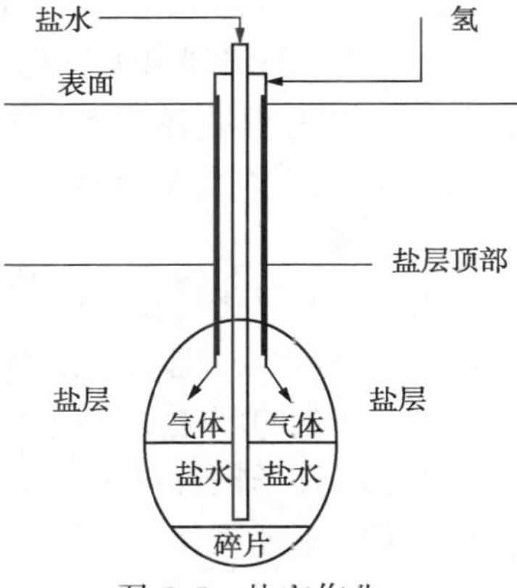

图 5.5　盐穴作业

盐穴的最大工作压力由盐穴距地表的深度决

定。氢气被泵入盐穴顶部，盐水需要被移除或添加到盐穴底部。因此，为了盐穴储氢的成功运行，充足的水和良好的盐水处理方法是必不可少的。

盐穴在化学工业中被广泛用于储存气体产品，例如乙烯、液化石油气。目前有四个用于储氢的盐穴，见表 5.2。

表 5.2　用于储氢的盐穴

国家	美国	美国	美国	英国
地址	Clemens Dome	莫斯布拉夫	斯平德托普	提赛德
公司	康菲石油	普莱克斯	液化空气集团	沙特基础工业
建成时间	1983	2007	2014	1972
盐穴体积/km^3	580	566	>580	3×0.70
压力/bar	70~135	55~152	未知	45
储存能量/(MW·h)	92	120	120	25
氢/t	2772	3615	3615	753

5.4　金属氢化物储氢

过去几十年，氢化物储氢已引起了人们浓厚的兴趣。氢化物有两种类型：①复合氢化物，一般由氢与其他元素组成；②金属氢化物，利用某些金属和合金的吸氢趋势，使氢原子扩散到金属/合金晶体中。

金属氢化物具有非常高的氢储存密度，但只能通过非常高的储存压力来实现。金属氢化物已被提议用于固定式储氢和车辆储氢。

J. B. von Colbe 等人[6]最近对氢化物储氢进行了综述。一些金属氢化物的性质见表 5.3。表中列出了氢化物材料、理论氢容量、解离焓和吸收焓、解离熵和吸收熵、氢化物晶体密度、理论储氢容量（以 kgH_2/m^3 计）、预估储氢成本和 0.1MPa 压力下氢的最低解吸温度。结果表明，一些系统具有非常高的存储容量，但成本很高。

在复杂的氢化物体系中，氢主要通过在特定温度下分解氢化物获得。其理论存储容量非常高，例如氢化铝钠（$NaAlH_4$）的理论存储容量约为 70.1kg/m^3。

值得注意的问题是反应后氢化物的再生。留在储存容器中的材料不能回收，而是被带离现场进行再生。这往往是一个复杂和能源消耗巨大的过程。这种再生系统的工作原理更像一个供电的锌锰电池。

表 5.3 一些金属氢化物的性质

氢化物材料	理论 H_2 容量/%(质)	$\Delta H_{des}/\Delta H_{abs}$/(kJ/mol)	$\Delta S_{des}/\Delta S_{abs}$/[J/(mol·K)]	氢化物晶体密度/(g/cm^3)	理论储氢容量/(kgH_2/m^3)	储氢成本/(美元/kg)	1bar 压力下 H_2 最低解吸温度/℃
络合氢化物							
$NaAlH_4 = 1/3Na_3AlH_6 + 2/3Al + H_2$	3.73	38.4/−35.2	126.3/−118.1	1.251	46.7	107.2	31
$Na_3AlH_6 = 3NaH + Al + 3/2H_2$	2.96	47.6/−46.1	126.1/−123.8	1.455	43.1	120.6	104
$NaAlH_4 = Na_3AlH_6 = 3NaH + Al + 3/2H_2$	5.6			1.251	70.1	71.4	n. a.
$Na_2LiAlH_6 = 2NaH + LiH + Al + 3/2H_2$	3.52	54.95/n. a.	135/n. a	1.405	49.4	n. a.	134
$K_2LiAlH_6 = 2KH + LiH + Al + 3/2H_2$	2.56			1.571	40.2	n. a.	n. a.
$KAlH_4 + LiCl = KCl + LiH + Al + 3/2H_2$	2.69	37.6/−37.6	97.9/−97.9	1.457	39.2	n. a.	111
$Mg(NH_2)_2 + 2LiH = Li_2Mg(NH)_2 + 2H_2$	5.58	38.9/n. a	112.0/n. a	1.182	65.9	n. a.	75
金属氢化物							
AB_2型—高温合金氢化物 C5: $Ti_{0.909}Zr_{0.052}Mn_{1.498}V_{0.439}Fe_{0.086}Al_{0.016}H_3$	1.88	28.3/−22.5	111.9/−97.2	5	93.8	n. a.	−20.7
$Ti_{1.2}Mn_{1.8}H_3$	1.9	28.7/n. a	114/n. a	5.23	99.2	321.5	−21.4
$TiFeH_{2.0} = TiFeH_{1.04}$	0.91	n. a.	n. a.	5.47	50	n. a.	n. a.
$TiFeH_{1.04} = TiFeH_{0.1}$	0.9	28.1/n. a	106.3/n. a	5.88	53.2	n. a.	

注:n. a. 为不适用。

金属氢化物储氢为可逆过程，具有很大的潜力。氢在低温下被吸收，在较高的温度下被解吸，冷却后，系统可以再次用于另一个循环。该系统的优点是可以在较高的压力下进行较高温度下的解吸。因此，该系统可以作为氢气压缩机运行[6]。

显然，氢化物对于一些需要氢气的特殊操作具有优势，但储存成本高是其大规模应用的一个障碍。经过大量的车辆储氢开发工作，高压复合储存气瓶的引入很大程度上取代了氢化物的工作。但氢化物也可用于其他领域，Lototskyy 等人[7]对氢化物用于燃料电池进行了综述。

近期人们对氢化镁(MgH_2)作为大规模储氢和制氢材料很感兴趣。使用掺杂过渡金属的镁纳米颗粒，可在高压下吸收氢，加热时释放氢。但该方法的缺点之一是释放氢所需的温度较高(通常为 280℃)[8]。

5.5 氢压缩

与其他运输燃料相比，氢的体积能量密度较低。图 5.6 对各种燃料的体积能量密度进行了说明。

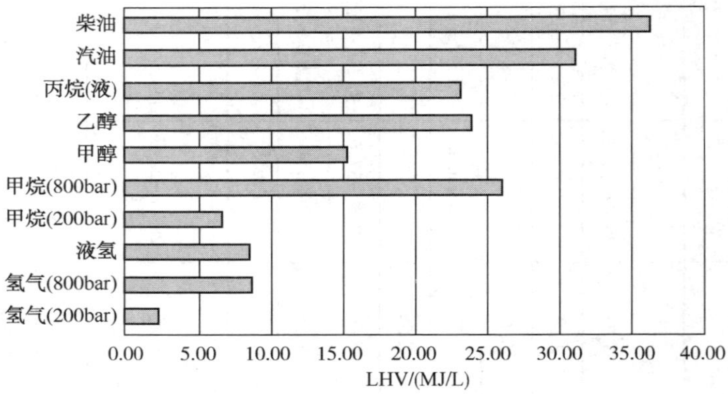

图 5.6 运输的各种燃料的体积能量密度

显然，传统燃料具有很高的体积能量密度，这使它们比替代燃料具有竞争优势，包括体积能量密度在 0.9~2.63MJ/L[9] 范围内的锂离子电池。在实际应用中，氢气必须在尽可能高的压力下使用，当它的体积能量密度约为 10MJ/L 时，最好在约 800bar 的压力下使用。相比传统内燃机，燃料电池提高的能源效率大约为 15MJ/L，与液态甲醇相似。

增加压力有一个实际的限度，虽然密度与压力成正比，直到大约 30MPa (300bar)时，进一步增加压力对密度的影响较小[10]；70~80MPa(700~800bar)是最佳的工作压力。

相比于甲烷的绝热压缩，氢的绝热压缩需要更多的比热能。氢压缩的较佳条件是等温的，需要的能量更少。图 5.7 为在绝热和等温条件下所需压缩能与氢的高热值(HHV)[11]之间的比值。

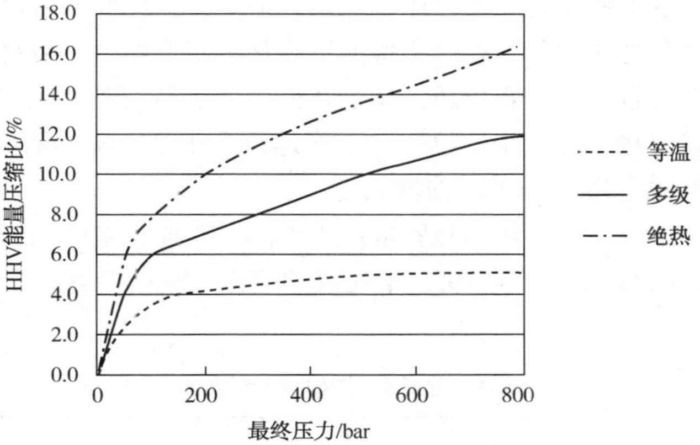

图 5.7 不同条件下最终压力与氢压缩能的比值

在实际应用中，氢气压缩机为中间冷却的多级式，相关曲线介于绝热和等温曲线之间。曲线的实际位置将取决于单级压缩机系统的设计。将氢从 0.1MPa (1bar)压缩到 80MPa(800bar)所需要的能量相当于被压缩氢能量的 10%。

图 5.8 估算了一个生产 373kt/a 氢气的中央设施输送压力所需的压缩功率，进一步说明了氢气压缩的成本。假设氢气在 3MPa(30bar)时可用，以蒸汽重整器或气化炉的出口为例，输送压力为 80MPa(800bar)时的氢气所需功率超过 100MW。

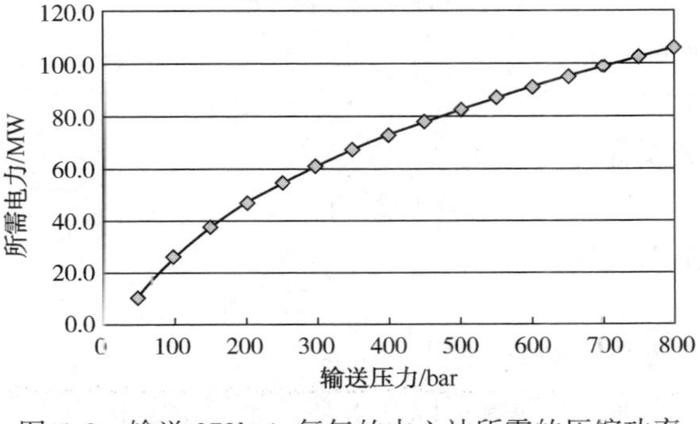

图 5.8 输送 373kt/a 氢气的中心站所需的压缩功率

对于较小规模的(如家用)氢压缩操作，可能会选择基于隔膜设计或电质子交换膜的压缩机。对于较大规模的操作，多级往复式活塞压缩机是首选。但此类型的压缩机存在的问题是压缩机油容易污染氢，因此需要在使用前用适当的过滤器或滤油器。

5.6 管道输氢

众所周知，管道以输送烃类流体，包括石油和天然气而闻名，被广泛用于运输包括氢在内的其他化学品。在大型炼油厂和化工企业中，管道将氢气从一个装置输送到另一个装置，运输距离通常超过几公里。本书主要关注的是氢跨数百公里以上的大规模传输，以便于从偏远的生产地点分配氢。美国有超过 2000km 的输氢管道，欧洲也有超过 250km 的输氢管道。

表 5.4 表明世界上大多数输氢管道位于美国和欧洲，主要由商业燃气供应商运营。最早报道的氢气管道是 1938 年建成的莱茵-鲁尔管道，据传说现今仍在运行。

表 5.4 世界范围内的输氢管道[13] km

项目	管道距离	项目	管道距离
空气液体公司	1936	美国	2608
空气产品公司	1140	欧洲	1598
林德集团	244	其他地区	337
普莱克斯	739	世界总计	4543
其他	483		
世界总计	4542		

与天然气管道相比，氢气管道存在一些问题[12]：

① 氢促进管道脆化；

② 氢引起腐蚀；

③ 氢气管道破裂容易起火；

④ 管道通风口和安全阀处需要有照明；

⑤ 微小泄漏难以发现；

⑥ 难于加臭；

⑦ 氢气管道建设成本较高。

这些问题较为复杂，因为氢可以在大多数金属的晶格内扩散，从而扩散出管道，导致氢损失。

为避免管道脆化，应避免使用高强度钢。对于高压管道，首选的结构材料是在 70MPa 压力下使用的微合金钢(API 5L X52 级)[14]。

在美国，一些钢铁和石油管道已被改造用于输送氢气，通常在最大压力为 5MPa(50bar) 下运行。在格罗宁根海港，采用强化热塑性管道(Soluforce™，

Soluforce是 Wiernerberger AG 的子公司 Pipeline Netherland B. V 的品牌名称）输送氢气。

氢气是一种可压缩的流体，因此长距离管道通常需要在适当的时间间隔内对氢气进行再压缩。天然气管道输送天然气时，部分流体也会被拦截进入再压缩站进行再压缩。但这对于氢气而言是不可能的，而且再压缩可能需要使用与首次压缩不同的燃料（例如柴油）。

对于一个中央设施（373kt/a）来讲，将所有的氢气通过一条单独的管道输送到一个遥远的配送中心，在大多数情况下是需要进行再压缩的——压缩站的数量取决于管道直径。据估计，一条直径 36in 的大管道可以在不重新压缩的情况下输送 1600km，但如后文所述，管道成本与管径成比例，因此，增大管径将增加管道的成本。

5.6.1　现有天然气管道的使用

世界上许多地方都有庞大的天然气管道网络，因此会建议使用这些管道网络运输氢。在这些方案中，氢在一个或多个点混合到天然气流中，并在系统中的另一个点与天然气分离。显然，该方法在节省建设专用管道的高额投资方面具有优势。

然而，在天然气中掺入氢气也存在一些问题。管道密封件和配件是为天然气设计的，用于氢有潜在的高损耗。因为钢的规格不合适，氢气可能导致钢在输送中脆化。然而如上所述，一些钢制管道已被改造适用于氢气输送，如果管道中的氢气分压较低，则可能不会产生管道脆化问题。

在用户端提取氢气需要额外的处理设备。一些天然气管道用于运输液化石油气并在跨式工厂（straddle plant）进行提取，这项工作是通过冷却气流来冷凝液化石油气完成的。对于氢气而言，这是不可能的，但使用变压吸附、低温或膜分离器提取氢气是可行的，众所周知，这些分离器可用于过程工业从炼油厂废气中回收氢气[15]。

然而，界定氢气掺入天然气的上限的最大问题可能是掺入量对气体规格的影响。对于可能连接许多天然气生产商和用户的公共输送管道网络来说，特别关注这一问题。输送管道系统有严格的气体规格和规定，具体情况取决于地点和管辖范围。这些规定将最大氢含量限制在 20%左右，许多系统都低于这一水平。

气体管道规格包括一系列参数，但我们主要关注的是热值和沃泊指数。另外，要考虑的是气体的甲烷数。气体管道系统中通常没有规定甲烷数，但对于使用气体驱动发动机发电的客户来说，甲烷数是值得关注的。表 5.5 比较了管道输送氢和甲烷的一些相关值。

表 5.5 氢和甲烷的相关性质

属性	氢	甲烷
高热值(HHV)/(MJ/m^3)	12.1	37.7
低热值(LHV)/(MJ/m^3)	10.2	34.0
相对密度(空气密度为 1)	0.0696	0.5539
高沃泊指数	45.9	50.7
低沃泊指数	38.7	45.7
甲烷数	0	100

(1) 热值

我们主要关注用体积表示的热值。氢气存在的问题是，用体积表示的热值不到甲烷的三分之一。

天然气的销售普遍以高热值(HHV)为基础，大多数地区使用 HHV 作为天然气管道规范。有时一条给定线路有多个规格，例如运输液化石油气时。

甲烷是天然气的主要成分，在 15℃下，其 HHV 为 37.7MJ/m^3，相比之下，氢气仅为 12.1MJ/m^3。高于甲烷的碳氢化合物组分具有更高的热值(体积)，例如乙烷为 66.7MJ/m^3，丙烷为 93.9MJ/m^3。有时，这些天然气组分会留在气体中，使气体总热值提高到 40MJ/m^3 以上，这种情况在亚太地区很常见。而在其他地区，具有较高热值的成分被从天然气中剥离出来，天然气的热值相应地较低，接近甲烷的热值。然而，在天然气网络中掺入大量氢气会降低热值。

(2) 沃泊指数

在一些地区，质量规范通常由沃泊指数(WI)来确定。WI 用于确定两种不同成分的气体是否可以用于相同的燃烧负荷。

WI 定义为：

$$WI = 热值/\sqrt{相对密度}$$

可以根据热值是基于 HHV 还是基于 LHV 来定义两种 WI。甲烷和氢气在相对密度和热值上有显著差异：氢气相对密度为 0.0696，甲烷相对密度为 0.5539。氢的高沃泊指数为 45.9，而甲烷的高沃泊指数为 50.7。

若一种气体被用于特定用途，则用另一种更高 WI 的气体替代该气体可能会导致燃烧器过热、一氧化碳生成、碳烟积聚，并可能导致爆炸。如果替代气体具有较低的 WI，则可能会导致燃烧器回火、火焰不稳定，并且在点燃系统时可能会有困难。

在天然气网络中掺入氢气会扰乱气体的 WI，并可能对下游用户造成严重后果。如果用户很少，并且氢在被分配到许多用户之前被除去，换句话说，如果管道是一条长距离管道，沿途几乎没有天然气用户，则使用天然气管道运输氢可能不是问题。

(3) 甲烷数

天然气的甲烷数特别适用于天然气在燃气发动机中的使用。甲烷数被燃气发动机制造商广泛使用。在撰写本书时，没有统一的测量方法，不同发动机制造商的测定也不同。通常甲烷数是由气体的 H/C 摩尔比计算出来的。甲烷数与辛烷值类似(辛烷值是在特定的汽油发动机中测量的)，是在每个制造商的特定发动机上测量的。

一种气体的甲烷数等于使用甲烷和氢气混合物运行的发动机的性能。甲烷的甲烷数为100，氢的甲烷数为零。含有 80%甲烷和 20%氢气的气体，其甲烷数为80。

燃气发动机供应商规定了用于其发动机最佳性能气体的最小甲烷数。显然，在天然气管道系统中加入氢气可降低天然气中的甲烷含量，从而降低伴生气发动机的性能。对于穿越偏远地区的长距离管道来说，这个问题变得更明显，因为管线通常将天然气输送到依赖燃气发动机发电的偏远地区、设施或城镇。将甲烷数降低到发动机制造商的规格以下将需要降低发动机的等级率。

5.6.2 管道成本

建造管道的成本是管道材料、安装管道的人工、其他材料和获得管道地役权(ROW)[16]的费用总和。图 5.9 展示了陆上管道的成本细目。

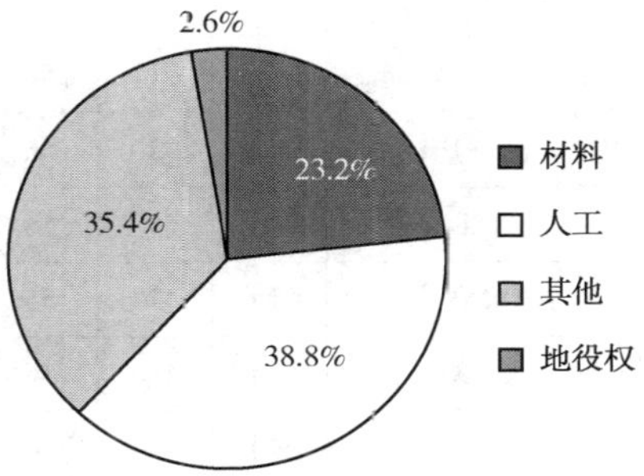

图 5.9 陆上管道的成本细目

带有 ROW 的管道本身成本仅占最终安装成本的 26%左右。ROW 因地点不同而有很大差异。对于穿过开阔地区的管道，成本可能相当低，但对于穿过城市地区的管道，成本可能相当高。对于穿过多个管辖区(国家边界)的管道，可能会产生额外的地役权费用，例如计量站，对流经相关管辖区的流量收取特许权使用费。管道的材料成本与管径(通常以 in 为单位)和长度(以 mile 或 km 为单位)成比例。对于使用昂贵钢材的氢气管道，材料成本会更高。

其他费用平均约占最终成本的 35%。其包括阀门和配件、用于检查和清洗的发射站、管道支架等的费用。对于长管道系统，其他费用还包括压缩站。对于完全压缩的管道(最大流量)，大约每 60km 可设有压缩站。在其他费用中的主要额外费用就是过河费。通常过河管道必须单独设计，成本显然取决于河流的大小和流量。每条过河管道的成本很少低于 200 万美元，因为一些长距离管道可能要穿越许多河流。

人工成本约占总成本的 39%，包括铺设管道和安装杂项配件、压缩站、过河通道等所有费用。

图 5.9 是美国典型陆上的管道费用平均值。大多数管道建设公司都有估算管道成本的通用公式，通常以货币/[in(直径)·km(长度)]为单位。例如，据报道[17]，欧洲陆上管道的成本为 35000~45000 欧元/(in·km)。海上管道的成本约为陆上管道的两倍。按 2018 年成本基准计算，美国管道平均成本为 3.2 百万美元/km。

欧洲一些长距离输送天然气管道的估算成本见表 5.6[17]，陆上管道为压缩管道，海上管道为非压缩管道。

表 5.6　欧洲一些长距离天然气输送管道的预估费用

管道类型	位置	长度/km	直径/in	流量/(亿 m^3/a)	资本支出/亿欧元	百万欧元/km	百万美元/km	成本/[美元/(in·km)]
Nord Stream 1	海上	1224	48	550	88	3.59	4.03	83878.0
Nord Stream 2	海上	1230	48	550	100	4.07	4.55	94850.9
Gryazovets-Vyborg	陆上	917	56	550	45	4.91	5.50	98146.1
Gryazovets-Ust Luga	陆上	920	56	550	32	3.48	3.90	69565.2
NEL	陆上	440	56	200	10	2.27	2.55	45454.5
OPAL	陆上	470	55	350	10	2.13	2.38	43326.9
EUGAL	陆上	480	56	550	40	8.33	9.33	166666.7
Gazelle	陆上	166	56	330	4	2.41	2.70	48192.8
GIPL	陆上	562	28	23	6	1.07	1.20	42704.6
GIPS	陆上	164	39	57	3	1.83	2.05	52532.8
Baltic Pipe	海上	275	36	100	4	1.45	1.63	45252.5

注：1 欧元=1.12 美元(2019 年平均值)。

同样值得注意的是，据报道，典型的管道费率为 15 美元/(1000m^3·1000km)。在许多地区，管道收费受到严格管制，许多地区使用气体(即天然气)的热值而不是体积作为收费的标准。管道所有者将如何对输送的氢气收费是有争议的。

对于一些国家，如澳大利亚，天然气管道的成本远低于所报道的美国和欧洲的平均水平。较低成本的实现得益于管道长距离穿过空旷的国家，几乎没有河流、过境点等类似障碍。

5.7　氢气储运成本

Amos[18]对氢的储存和运输进行了全面分析，包括美国中央设施所储运的大量氢。尽管数据有些过时(1998 年)，但其综合性质和分析在本工作中可用于建立当前的储存和运输估计。1998 年，使用金属氢化物是储氢、输氢和车辆用氢的一项积极建议。从那时起，金属氢化物的使用就不再适合于大规模的车辆运输，本节对此不作讨论。

5.7.1　储氢成本

储存考虑了三种情况——压缩气体、液氢和盐穴。预估的资本成本包括压缩氢气的成本，通常是将氢气从 0.1MPa 压缩到 20MPa。所需储存的氢气量为 30 天内生产的氢气量。

(1) 压缩气体

该案例的数据见表 5.7。表中的上半部分报告了根据需要转换为国际单位制单位的原始数据。这个案例是关于将氢气作为压缩气体储存在适当的压力容器或 20MPa 压力容器中的费用，可以容纳 30 天生产的氢气量。

表 5.7　氢作为压缩气体储存在储罐中的成本(在 1998 年之后)

制氢速率	45359kg/h	*ROC*(20 年寿命，1 年建成，10% *DCF*)/%	12.92
	370.1kt/a		
	1.08kt/d	*ROC*/(百万美元/ε)	573.06
储存/d	30	所需电力/MW	101.03
方法	储罐	电力价格	50.00 美元/(MW·h)
压力	20MPa		41.22 百万美元/a
资本成本(1998)/百万美元	2270	冷却水	0.02 美元/m^3
压缩功率/kW	100000		0.37 百万美元/a
冷却水	2271240L/h	储氢总成本	614.65 百万美元/a
	2271.24m^3/h		1643.71 美元/t
中央设施(尺寸比)	1.01		13.75 美元/GJ(LHV)
资本成本(2018)/百万美元	4435.22		

表 5.7 的下半部分将数据对应到集中式制氢设施，并将成本换算为 2018 年年中时的值。然后用本书中的方法估算了储氢的单位成本。假设储罐 1 年建成，使用寿命 20 年，贴现现金流 10%。

分析表明，按较低的热值计算，储氢成本为 1643.7 美元/t 或 13.76 美元/GJ。该成本中的大部分是资本费用(capital charges)，这对于这种储存方法来说是非常高的。

(2) 液氢

液氢和压缩氢气采用相同的储存成本估算方法。液态储存氢的成本主要在于其需要大量增加压缩功率。对于这种情况，假设 2 年的建设周期是必要的。

成本估算见表 5.8。成本估算是针对需要储存液氢 30 天的中央制氢设施。对于液氢，蒸发(损失)率可为每天储存液氢的 0.1%或更低。

表 5.8　氢作为液体储存的成本(在 1998 年之后)

<table>
<tr><td>制氢速率/(kg/h)</td><td>45359</td><td>资本成本(2018)/百万美元</td><td>1259.58</td></tr>
<tr><td rowspan="3">实际速率(蒸发)</td><td>46700kg/h</td><td rowspan="2">ROC(20 年寿命，2 年建成，10% DCF)/%</td><td rowspan="2">13.57</td></tr>
<tr><td>381.07kt/a</td></tr>
<tr><td>1.1208kt/d</td><td>ROC/(百万美元/a)</td><td>170.88</td></tr>
<tr><td>储存/d</td><td>30</td><td>所需电力/MW</td><td>454.63</td></tr>
<tr><td>方法</td><td>低温储罐</td><td rowspan="2">电力价格</td><td>50.00 美元/(MW·h)</td></tr>
<tr><td>蒸发速度</td><td>0.1%/d</td><td>185.49 百万美元/a</td></tr>
<tr><td>资本成本(1998)/百万美元</td><td>663.73</td><td rowspan="2">冷却水</td><td>0.02 美元/m^3</td></tr>
<tr><td>压缩功率/kW</td><td>463300</td><td>4.68 百万美元/a</td></tr>
<tr><td rowspan="2">冷却水</td><td>29229566L/h</td><td rowspan="3">储氢总成本</td><td>361.05 百万美元/a</td></tr>
<tr><td>29229.6m^3/h</td><td>965.53 美元/t</td></tr>
<tr><td>中央设施(尺寸比)</td><td>0.98</td><td>8.08 美元/GJ(LHV)</td></tr>
</table>

估算方法与上述相同，因此储存费用估计为 965.5 美元/t 或 8.08 美元/GJ (LHV)。请注意，由于储存 30 天量的储存容器的资本成本较低，使得液氢储存成本大大低于压缩氢气储存成本。

注意，第 6 章对液氢的生产进行了更全面的讨论，这可能说明上述估算的成本很低。

(3) 盐穴

盐穴储氢的估算成本见表 5.9。地下盐穴储存可提供更低的成本和类似于地面储存压力容器的压缩功率。建造一个盐穴大概需要两年，其寿命约为 20 年，需要提供10%的贴现现金流。此选项假定没有损失。这种盐穴储氢成本较低，为352.6美元/t或2.94美元/GJ(LHV)，主要是节省了资本成本。

表5.9 地下盐穴储氢成本(在1998年之后)

<table>
<tr><td>制氢速率/(kg/h)</td><td>45359</td><td>资本成本(2018)/百万美元</td><td>665.34</td></tr>
<tr><td rowspan="3">实际速率</td><td>45359kg/h</td><td rowspan="2">ROC(20年寿命，2年建成，10% DCF)/%</td><td rowspan="2">13.57</td></tr>
<tr><td>370.13kt/a</td></tr>
<tr><td>1.089kt/d</td><td rowspan="2">ROC(20年寿命，2年建成)/(百万美元/a)</td><td rowspan="2">90.26</td></tr>
<tr><td>储存/d</td><td>30</td></tr>
<tr><td>方法</td><td>盐穴</td><td>所需电力/MW</td><td>101.03</td></tr>
<tr><td>损耗</td><td>0</td><td>电力价格/[美元/(MW·h)]</td><td>50.00</td></tr>
<tr><td>资本成本(1998)/百万美元</td><td>340.53</td><td rowspan="2">冷却水</td><td>0.02美元/m^3</td></tr>
<tr><td>压缩功率/kW</td><td>100000</td><td>0.37百万美元/a</td></tr>
<tr><td rowspan="2">冷却水</td><td>2271240L/h</td><td rowspan="3">总计</td><td>131.86百万美元/a</td></tr>
<tr><td>2271.2m^3/h</td><td>352.62美元/t</td></tr>
<tr><td>中央设施(尺寸比)</td><td>1.01</td><td>2.94美元/GJ(LHV)</td></tr>
</table>

5.7.2 总结

综上，储氢成本为：

① 用压力容器储存压缩气体：1643.7美元/t(13.76美元/GJ，LHV)。

② 以液氢形式储存：965.5美元/t(8.08美元/GJ，LHV)。

③ 在地下盐穴中以压缩气体形式储存：352.6美元/t(2.94美元/GJ，LHV)。

对于大量天然气的长期储存，盐穴是迄今为止最便宜的方法。对于在低电力成本地区或需要液氢作为产品的地区，选择液态储氢是可行的。注意，这种估算成本可能相对实际情况来说是较低的。以压缩气体的形式储存对于较短储存时间的少量气体是可行的。

Amos[18]还开发了用于储存氢的氢化物。但该方法成本较高，适合小型应用场景。

5.7.3 氢运输成本

Amos介绍了氢通过各种方式运输的案例。上述和这里提出的数据已经更新。关注重点仍是需要大规模输氢的中央生产设施(每年373ktH_2)。

(1) 用卡车运输压缩氢气的成本

这种方法设想氢在卡车和拖车上的压力容器(气瓶)中运输。该方法被广泛使用。不考虑压缩成本，并假设在足够的压力下填充钢瓶。该方法适用于从1609km(1000mile)到80km的单程距离，数据见表5.10。

表5.10 压缩氢在钢瓶中运输的成本(在1998年之后)

卡车输气距离/km	1609	805	322	80
制氢速率	45359kg/h	45359kg/h	45359kg/h	45359kg/h
	370.12kt/a	370.12kt/a	370.12kt/a	370.12kt/a
	1.088kt/d	1.088kt/d	1.088kt/d	1.088kt/d
方法	卡车	卡车	卡车	卡车
距离/km	1609	805	322	80
容载量/(kg/车)	181	181	181	181
次数	2100000次/a	2100000次/a	2100000次/a	2100000次/a
	6.76×10^9km/a	3.38×10^9km/a	1.35×10^9km/a	3.38×10^8km/a
每次时间/h	40	20	8	2
总驾驶时间/(h/a)	84000000	42000000	16800000	4200000
车辆/辆	10500	5500	2500	1000
司机/名	21000	11000	5000	2000
燃料/(ML/a)	2649.79	1324.89	529.96	132.49
资本成本(1998)/百万美元	2625	1375	625	250
中央设施(尺寸比)	1.01	1.01	1.01	1.01
资本成本(2018)/百万美元	5128.84	2686.53	1221.15	488.46
ROC(10年寿命，1年建成，10% *DCF*)/%	17.90	17.90	17.90	17.90
资本回报/(百万美元/a)	918.16	480.94	218.61	87.44
燃料/(ML/a)	2649.79	1324.89	529.96	132.49
燃料价格	1.00美元/L	1.00美元/L	1.00美元/L	1.00美元/L
	2649.79百万美元/a	1324.89百万美元/a	529.96百万美元/a	132.49百万美元/a
司机费用	120000美元/a	120000美元/a	120000美元/a	120000美元/a
	2520.00百万美元/a	1320.00百万美元/a	600.00百万美元/a	240.00百万美元/a

续表

总计	6087.95 百万美元/a	3125.84 百万美元/a	1348.57 百万美元/a	459.93 百万美元/a
	16280.55 美元/t	8359.19 美元/t	3606.37 美元/t	1229.96 美元/t
	136.27 美元/GJ (LHV)	69.97 美元/GJ (LHV)	30.19 美元/GJ (LHV)	10.29 美元/GJ (LHV)

输氢数据呈现方式与储氢相同。表的上半部分为原始数据，下半部分更新为2018 年的成本。

运输成本是基于 1609km(1000mile)到 80km 的几个距离评估的。假设每辆卡车/拖车携带 181kg 氢气。若从中央设施输送 370 万 t 天然气，每年需要 210 万次运输。以 1609km 的单程计算，总共行驶了 6.76×10^9km。这将需要 10500 辆卡车/拖车和 21000 名司机。相比之下，将同样体积的气体运送 80km 的单程距离只需要 1000 辆卡车和 2000 名司机。

假设每辆卡车成本为 459000 美元，寿命为 10 年，建造需要 1 年时间，资本支出的贴现现金流回报率为 10%，燃料价格为 1 美元/L，司机成本(包括管理费用)为 12 万美元/a。这使得 1609km 以上的氢运输成本为 16280 美元/t，而不超过 80km 的氢运输成本则降至 1230 美元/t 或 10.29 美元/GJ(LHV)。显然，使用卡车/拖车运输将限于相对较短的距离。

(2) 卡车运输液氢的费用

以类似的方式，在表 5.11 中估算了用卡车运输液氢的费用，估算中未考虑液化的成本。

表 5.11 用卡车运输液氢的估计费用(在 1998 年之后)

卡车输送液氢距离/km	1609	805	322	80
制氢速率	45359kg/h	45359kg/h	45359kg/h	45359kg/h
	370.13kt/a	370.13kt/a	370.13kt/a	370.13kt/a
	1.088kt/d	1.088kt/d	1.088kt/d	1.088kt/d
方法	卡车	卡车	卡车	卡车
距离/km	1609	805	322	80
容载量/(kg/车)	4082	4082	4082	4082
次数	93333 次/年	93333 次/年	93333 次/年	93333 次/年
	1.87×10^8km/a	9.33×10^7km/a	3.73×10^7km/a	9.33×10^6km/a

续表

每次时间/h	42	22	10	4
总驾驶时间/(h/a)	8.40×10^7	4.20×10^7	1.68×10^7	4.20×10^7
氢气蒸发速率/(%/d)	0.30	0.30	0.30	0.30
输送/(kt/a)	368.19	369.11	369.67	369.94
车辆/辆	467	245	112	45
司机/名	934	489	223	89
燃料/(ML/a)	117.77	58.88	23.55	5.89
资本成本(1998)/百万美元	233.5	122.5	56	22.5
中央设施(尺寸比)	1.02	1.02	1.02	1.02
资本成本(2018)/百万美元	458.63	240.61	109.99	44.19
ROC(10年寿命，1年建成，10% *DCF*)/%	17.90	17.90	17.90	17.90
资本回报/(百万美元/a)	82.10	43.07	19.69	7.91
燃料/(ML/a)	117.77	58.88	23.55	5.89
燃料价格	1.00美元/L	1.00美元/L	1.00美元/L	1.00美元/L
	117.77百万美元/a	58.88百万美元/a	23.55百万美元/a	5.89百万美元/a
司机费用	120000美元/a	120000美元/a	120000美元/a	120000美元/a
	112.08百万美元/a	58.68百万美元/a	26.76百万美元/a	10.68百万美元/a
总计	311.95百万美元/a	160.64百万美元/a	70.00百万美元/a	24.48百万美元/a
	834.23美元/t	429.58美元/t	187.20美元/t	65.46美元/t
	6.98美元/GJ(LHV)	3.60美元/GJ(LHV)	1.57美元/GJ(LHV)	0.55美元/GJ(LHV)

对于液氢的运输，卡车需要一个低温储存容器(杜瓦瓶)，从所需的绝热材料的数量和质量来看，该容器的成本很高。运输车辆的成本是压缩氢气成本的两倍，因此液氢有一些蒸发是允许的。每个容器携带4t氢气。

假设每辆卡车成本为980000美元，使用寿命为10年，建造时间为1年，资本成本的贴现现金流回报率为10%，燃料价格为1美元/L，司机成本(包括管理费用)为 120000 美元/a。

卡车运输车队需要的较高成本被每次运输更多的氢所抵消。对于 1609km 的单程距离，液氢运输的费用估计为 834 美元/t 或 6.98 美元/GJ(LHV)；对于 80km 的单程距离，用卡车运输液氢的费用估计为 65.5 美元/t 或 0.55 美元/GJ(LHV)。显然，和使用压缩气瓶相比卡车运输液氢费用要少很多。

(3) 船舶运输液氢的费用

Amos 还考虑了将液氢杜瓦瓶安装在运输船上的情况。这里介绍的情况是 1609km 的单程运输，对于跨洋运输来说较短，可以在美国墨西哥湾或北海和相关的大型河流系统中运行。该案例将液氢输入大型杜瓦式容器中，放置在船舶上。在第 6 章中考虑了用专门建造的船只在跨洋距离上运输大量液氢。这里考虑的情况详见表 5.12。

表 5.12 液氢的船舶运输(在 1998 年之后)

制氢速率	45359kg/h	储罐成本/美元	350000
	370.13kt/a	资本成本/百万美元	1120.00
	1.08kt/d	运输成本/(美元/罐)	3000
方法	船舶	中央设施(尺寸比)	1.042
距离/km	1609	资本成本(2018)/百万美元	2255.98
容载量/(kg/罐)	4082	*ROC*(15 年寿命，2 年建成，10% *DCF*)/%	15.66
储罐	93333 个/a		
	187×10^6km/a	资本回报/(百万美元/a)	353.31
储罐数量	3200	运输成本	5801.80 美元/罐
时间/h	240		541.50 百万美元/a
蒸发率/(%/d)	0.30	总计	894.81 百万美元/a
输送/(kt/a)	359.03		2492.34 美元/t
储罐/个	3200		20.86 美元/GJ(LHV)

本案例考虑将杜瓦瓶安置在一艘船或驳船上，并支付适当的运输费用，在最初的文件中，运输费用估计为 3000 美元/罐，2018 年增加到 5800 美元/罐。对于 1609km 的行程，需要 3200 个储罐，此外考虑到装卸船只的周转时间和较慢的航行速度(16km/h，典型的河流速度)，这导致该方案的资本成本很高。估计氢气运输成本为 2492 美元/t 或 20.86 美元/GJ(LHV)。

(4) 管道输氢

表 5.13 给出了 1609km 以上的专用管道输送氢气的成本。

表 5.13　管道输送氢气(在 1998 年之后)

制氢速率	45359kg/h	中央设施(尺寸比)	1.010
	370.13kt/a	资本成本(2018)/百万美元	2040.22
	1.088kt/d	*ROC*(20 年寿命，2 年建成，7.5%*DCF*)/%	10.94
方法	管道		
距离/km	1609	资本回报/(百万美元/a)	223.21
直径/m	0.25	运营成本(2%资金成本)/(百万美元/a)	40.80
进口压力/MPa	20		
压缩机功率/kW	73744	电力成本	50.00 美元/(MW·h)
所需电力/(kW·h/a)	619450278		30.97 百万美元/a
压缩机成本/百万美元	54.96	总计	294.98 百万美元/a
管道/百万美元	1000.00		788.85 美元/t
资本成本(1998)/百万美元	1054.96		6.60 美元/GJ(LHV)

模拟的管道直径为 0.91m(36in)，进口压力为 20MPa，出口压力为 14MPa。氢压缩在管道开始时是必需的，但中间没有使用再压缩站。将资本成本换算到 2018 年的值，总资本支出略高于 20 亿美元(见上文对管道成本的讨论)。管道的资本回报率(*ROC*)通常受到监管，尤其是在允许第三方进入(公共运营商)的情况下。因此，资本回报贴现现金流所需的年利率为 7.5%，而非通常的 10%。因此，通过管道输送氢气的估计成本为 788.85 美元/t 或 6.60 美元/GJ。

5.7.4　总结

对于偏远的中央制氢设施的大规模输氢，用卡车运输压缩气体的成本为 16280 美元/t(136.27 美元/GJ，LHV)，卡车运输液氢的成本为 834 美元/t(6.98 美元/GJ，LHV)，在船或驳船上的杜瓦瓶的成本为 2492 美元/t(20.86 美元/GJ，LHV)，管道运输成本为 789 美元/t(6.60 美元/GJ，LHV)。

Amos 关于这一主题的全面工作还考虑和评价了许多其他变量，如：

① 铁路运输；

② 以金属氢化物的形式运输；

③ 不同的生产速度，可降至非常小的规模；

④ 不同的距离。

对于这些场景，应该参考原始工作。

参 考 文 献

[1] BOC website: https: //www. boconline. co. uk/en/health-and-safety/gas-safety/cylinder-weights-sizes/cylinder-weights-size/index. html

[2] Sirosh N. (2002) Hydrogen Composite Tank Program. In: Procs. 2002 U. S. DOE Hydrogen Prog Rev NREL/CP-610-32405; and see also Steelhead Composites: https: //steelheadcomposites. com/wp-content/uploads/2018/04/Hydrogen-Brochure. pdf

[3] Timmerhaus C, Flynn TM. (1989) Cryogenic Engineering. Plenum Press, New York, NY.

[4] NASA: https: //www. nasa. gov/content/liquid-hydrogen-the-fuel-of-choice-for-space- exploration

[5] Hevin G. (2019) Underground storage of Hydrogen in salt caverns. In: European Workshop on Underground Energy Storage, Paris, France (7-8 November 2019).

[6] von Colbe JB, Ares J-R, Barale J, et al. (March 2019) Application of hydrides in hydro-gen storage and compression: Achievements, outlook and perspectives. Int J Hydrogen Energy 22: 7780.

[7] Lototskyy MV, Tolj I, Pickering L, Sita C, Barbir F, Yartys V. (2017) The use of metal hydrides in fuel cell applications. Prog Nat Sci Mater Int 27: 3-20.

[8] Schlapbach L, Zuttel A. (2002) Hydrogen-storage materials for mobile applications. Nature 414: 353; Song Z, et al. (2 July 2020) Enhancing Hydrogen Storage Properties of MgH2 by Transition Metals and Carbon Materials: A Brief Review. Front Chem.

[9] From https: //en. wikipedia. org/wiki/Energy_ density

[10] Makrides SS. (1976) Encyclopedie de Gaz, Air Liquide, Division Scientifique. Elsevier, Amsterdam, Netherlands.

[11] Adapted from Makrides quoting Bossel U, Eliasson B, Energy and the hydrogen economy. US DoE Office of Energy Efficiency and Renewable Energy (EERE). http: //www. afdc. energy. gov/pdfs/hyd_ economy_ bossel_ eliasson. pdf

[12] AirLiquide, US DoE Hydrogen Pipeline Working Group Meeting, 31 August 2005.

[13] Anon. www. h2tools. org. 'Hydrogen Pipelines September 2016. xlsx': this spreadsheet details a large number of the world's hydrogen pipelines.

[14] The detail of the construction of hydrogen pipelines including the materials of construc-tion are given in European Industrial Gases Association, Hydrogen Transportation Pipelines, IGC Doc 121/04/E.

[15] Faraji S, Sotudeh-Gharebagh S, Mostoufi N. (2005) Hydrogen Recovery from Refinery Off-gases. J Appl Sci 5: 459.

[16] The breakdown of US pipeline costs is reported annually by the Oil & Gas Journal.

[17] Przybylo P. (4 May 2020) Nord Stream 2 project advanced despite weak economics. Oil Gas J 46.

[18] Amos WA. (November 1998) Cost of Storing and Transporting Hydrogen. NREL/TP-570-25106.

第 6 章　氢气的大规模运输

本书讨论氢经济的主要目标是解决发达经济体大量氢气生产和分配的问题。如果该目标能实现，许多因各种原因无法在其境内生产足够氢的经济体，可能成为氢的主要进口国。对大陆地区来说，通过管道进口氢气可能是可行的，但对许多国家来说，这是不可能的，因此有必要通过船舶进口氢气。这就提出了进口方式的问题，是作为气体(压缩气体)、液氢进口，还是通过载氢流体进口。在最后提到的运输方式中，在氢可用的地方合成载氢流体，并用船将其运送到进口地区，在该地从载氢流体中提取氢。有两种主要的载氢流体氨或环烷(环烃)。本章将讨论以上技术并估计将其应用于各种替代场景下的运输成本。

6.1　船舶运输成本

6.1.1　船队

在能源燃料和化学品市场上，存在着专门运输这些商品的大型商船。船队分为专用船队和许多不同类型和运载能力的大型合同船队。合同船队由第三方拥有，他们以短期或长期的方式将个别船只承包出去。专用船队由一个船主拥有和经营，在特定的路线上通常运输特定材料。液化天然气(LNG)的生产和出口，是理解专用船队的最好案例。专用船队一般由液化天然气生产设施方拥有并经营。很久之前，专用船队在石油行业很常见，主要石油公司拥有自己的船队，为炼油厂提供原油。尽管一些石油巨头仍有自己的专用航运业务(如 Shell、BP 等公司)，但这些专用船队已在很大程度上被合同船队所取代。

能源燃料和化学品运输船队概况见表 6.1。该表根据船队的特点列出了装运的产品类型。

液化天然气是装在低温储罐中通过大型船舶来运输的，低温储罐内液态甲烷的温度为 -165℃[1]。目前使用的储罐有几种类型，如球型或薄膜型，尺寸从 50000m^3 到 200000m^3 以上不等，一般为 50000～100000 DWT(载重吨)。在过去的几十年里，随着液化天然气作为基础负荷发电燃料越来越受到人们的关注，液化天然气船队迅速发展。液化天然气业务涉及大量的资本投资，其中很大一部分投资流向专门的液化天然气运输船队，或者在某些情况下是有长期合同的合同船队。液化天然气储罐也可用于运输乙烷，这种类型的容器可能用于运输液氢（-253℃）。目前的液化天然气运输船只是否可以用来运输液氢还不清楚，但在这种类型的船只中放置大型球形液氢容器应该是可行的。

表 6.1 能源燃料和化学品运输船队概况

产品	液化天然气	液化丙烷气	化学品	清洁燃料	垃圾燃料
装运的产品	液化天然气和乙烷	液化石油气、氨、化学品	液体化学品	石脑油、汽油、柴油	原油、燃料油
规模(DWT)	50000~100000	10000~75000	10000~40000	60000~120000	120000 至 >250000
船型	低温	加压低温	密封油箱	密封油箱	密封油箱
船队	专用	合同	合同	合同和专用	合同和专用
成本变动	固定	季节性	商业周期	商业周期	商业周期

LPG(液化石油气，主要是丙烷和丁烷)，通常由大型合同船队提供服务，该船队通常由 10000~75000 DWT 的小型船只组成。这些船一般携带压力容器或者低温容器，在某些情况下是两种类型的组合(加压和低温)。这些船只也可以运载其他被归类为液化石油气的化学品，如氨、丙烯和氯乙烯。液化石油气贸易和氨贸易是季节性的，并不一致。LPG 贸易的高峰在北半球的秋冬季，氨贸易高峰出现在北半球春季。这种季节性影响了液化石油气和氨气的运输成本。特别令人感兴趣的是国际化肥贸易的液氨运输，主要是大型(75000DWT)船只。作为中间体的氨，被认为是全球运输氢气的手段之一，液化石油气船队可以被用于运输氨。

液体化学品用大约 10000~40000DWT 的船只装运。这些船是多舱的，使一艘船能够运载不同的货物。一些化学品运输供应商为主要的工业化学品市场提供服务，即北海及其周边地区、地中海、美国海湾和亚洲沿海。除了这些地区，船队还服务于大西洋和太平洋的跨洋航运。运输成本取决于商业周期。船队可以用来运输环烷，环烷被吹捧为运输氢的一种手段。小型货物的运输有助于业务发展。

清洁燃料(石脑油、汽油、柴油等)被大量使用，专门运输这些燃料的船队有较大的船只，通常为 60000~120000DWT。尽管主要石油公司有专门的船只运送他们的产品，但船队主要是根据合同运营。船队可以用来运输环烷(类似于石脑油)，并将从较大船只带来的规模经济中受益。

通常被称为脏货的原油(和燃料油)由特定的船只(船队)运输。这是因为清洁油罐使清洁燃料运输成本高，而且清洁困难。由于对原油的需求，这些船只的大小从大约 12 万 DWT 到超过 25 万 DWT 不等。对于更大载重吨的船只，船队通过苏伊士运河和巴拿马运河存在一个问题，船队分为可以和不能通过这些海域的船只。这种规模的船可能用于氢气中间体(如环烷)的大量运输，并从超大型原油船(VLCC)提供的显著规模经济中获益。

(1) 合同船队运输费用

Platts、Petroleum Argus 和 Waterborne LPG 等机构会定期报告各种形状和大小的合同船只运送液体燃料货物的成本。价格是根据标准制定的，最常见的两种指数是 Baltic Exchange[2] 和 Worldscale[3] 编制的波罗的海干散货指数。

Baltic Exchange 声明：

“作为世界领先的独立海运市场数据来源，我们的信息被船舶经纪人、船东和运营商、贸易商、金融家和租船人用作干散货、油轮、天然气和集装箱市场的可靠和独立的支撑观点。”

Worldscale 指出：

① 标准货运量表可适用于海上散装油品的运输。

② 国际油轮运价指数提供了一种计算运费的方法，适用于从一个或几个装货港到一个或几个卸货港的标准船(容量 75000t)的往返航程运输石油。

③ 根据与港口有关的费用、过境费、港口、航程时间和以世界标准船舶计算的船舶燃料费用，计算每吨多少美元的相对货运量。它的原则是每天提供相同的净收益，不考虑执行世界规模标准船舶在 WS100 的航程。

但是，应该注意的是，实际收取的运费受到航程和商业周期具体情况的影响。折扣和保费可酌情适用。该方法的全部细节载于 Worldscale 网站。

(2) 运输费用累计

由于报价略有不同，所以用先验方法计算运费是有用的。美国能源部(DOE)制定了一种方法，用于估计替代燃料(如甲醇)大规模运往加利福尼亚市场的成本[4]。本书对此进行了调整，并按表 6.2 中的现值进行了缩放。

介绍了四个案例，前两个关于甲醇的案例取自美国能源部的论文，后两个关于 LNG 和压缩天然气(CNG)的案例是在相同的基础上根据 LNG 和 CNG 船的资本成本公布的数据发展而来。

表 6.2 甲醇、LNG 和 CNG 长途跨洋航行运输费用估计数值

<table>
<tr><th colspan="2">项目</th><th>甲醇</th><th>甲醇</th><th>LNG</th><th>CNG</th></tr>
<tr><td colspan="2" rowspan="4">船舶容量</td><td></td><td></td><td></td><td>345MMscf</td></tr>
<tr><td></td><td></td><td>142500m³</td><td>9750362m³</td></tr>
<tr><td>40000DWT</td><td>250000DWT</td><td>65550DWT</td><td>7476.69DWT</td></tr>
<tr><td>0.908PJ</td><td>5.675PJ</td><td>3566PJ</td><td>0.406PJ</td></tr>
<tr><td colspan="2">资本成本/百万美元</td><td>51.29</td><td>144.54</td><td>266.50</td><td>171.43</td></tr>
<tr><td rowspan="6">运营成本</td><td rowspan="2">人工</td><td>11073.72 美元/d</td><td>14570.68 美元/d</td><td>11073.72 美元/d</td><td>11073.72 美元/d</td></tr>
<tr><td>3.88 百万美元/a</td><td>5.10 百万美元/a</td><td>3.88 百万美元/a</td><td>3.88 百万美元/a</td></tr>
<tr><td rowspan="3">所用燃料</td><td>20t/d</td><td>30t/d</td><td>蒸发</td><td>20t/d</td></tr>
<tr><td>150 美元/t</td><td>150 美元/t</td><td>150 美元/t</td><td>150 美元/t</td></tr>
<tr><td>3000 美元/d</td><td>4500 美元/d</td><td>0</td><td>3000 美元/d</td></tr>
<tr><td>港口费用(站)/美元</td><td>60000</td><td>80000</td><td>80000</td><td>60000</td></tr>
<tr><td rowspan="10">物流</td><td>天数/a</td><td>350</td><td>350</td><td>350</td><td>350</td></tr>
<tr><td>单向距离/km</td><td>6700</td><td>6700</td><td>6700</td><td>6700</td></tr>
<tr><td rowspan="2">速度</td><td>12 节</td><td>12 节</td><td>18 节</td><td>18 节</td></tr>
<tr><td>22.224km/h</td><td>22.224km/h</td><td>33.33km/h</td><td>33.33km/h</td></tr>
<tr><td>开航时间/d</td><td>12.56</td><td>12.56</td><td>8.37</td><td>8.37</td></tr>
<tr><td>周转时间/h</td><td>24</td><td>24</td><td>36</td><td>18</td></tr>
<tr><td>单程旅行/(d/a)</td><td>25.81</td><td>25.81</td><td>35.45</td><td>38.36</td></tr>
<tr><td>航行天数/(d/a)</td><td>324.19</td><td>324.19</td><td>296.83</td><td>321.23</td></tr>
<tr><td>港口停靠/(d/a)</td><td>25.81</td><td>25.81</td><td>35.45</td><td>38.36</td></tr>
<tr><td>在港天数/(d/a)</td><td>25.81</td><td>25.81</td><td>53.17</td><td>28.77</td></tr>
<tr><td colspan="2">ROC(15 年寿命，2 年建成，10% DCF)/%</td><td>15.19</td><td>15.19</td><td>15.19</td><td>15.19</td></tr>
<tr><td colspan="2">资本回报/(百万美元/a)</td><td>7.79</td><td>21.95</td><td>40.47</td><td>26.03</td></tr>
<tr><td colspan="2" rowspan="2">维护</td><td>4%</td><td>4%</td><td>4%</td><td>4%</td></tr>
<tr><td>2.05 百万美元/a</td><td>5.78 百万美元/a</td><td>10.66 百万美元/a</td><td>6.86 百万美元/a</td></tr>
<tr><td colspan="2">人工/(百万美元/a)</td><td>3.88</td><td>5.10</td><td>3.88</td><td>3.88</td></tr>
<tr><td colspan="2">燃料费用/(百万美元/a)</td><td>0.97</td><td>1.46</td><td>0.00</td><td>0.96</td></tr>
</table>

续表

项目	甲醇	甲醇	LNG	CNG
港口费用/（百万美元/a）	1. 55	2. 06	2. 84	2. 30
保险	15%	15%	15%	15%
	1. 27 百万美元/a	2. 16 百万美元/a	2. 61 百万美元/a	1. 40 百万美元/a
杂项（食品等）	10%	10%	10%	10%
	0. 84 百万美元/a	1. 44 百万美元/a	1. 74 百万美元/a	2. 10 百万美元/a
总运营支出（OPEX）/（百万美元/a）	10. 56	18. 01	21. 71	17. 50
总成本/（百万美元/a）	18. 35	39. 96	62. 18	43. 53
发运数量	516167. 3t/a	3226045t/a	1161724t/a	143399t/a
	11. 72PJ/a	73. 23PJ/a	63. 89PJ/a	7. 89PJ/a
运输费用	35. 55 美元/t	12. 39 美元/t	53. 53 美元/t	298. 68 美元/t
	1. 57 美元/GJ（HHV）	0. 55 美元/GJ（HHV）	0. 96 美元/GJ（HHV）	5. 46 美元/GJ（HHV）

注：1 节 = 1 海里/h。

关于甲醇的案例，第一种是典型的 40000DWT 的船舶运输 0. 908PJ（HHV）的甲醇能源。第二种情况考虑甲醇在 250000DWT 的 VLCC 中运输。它以甲醇的形式输送 5. 675PJ（HHV）。资本成本分别为 51. 29 百万美元及 144. 54 百万美元。下一节给出了运营成本、燃料使用量和成本以及港口费用。这个数目统计是基于 350d/a 的运营，以 12 节的速度单程航行 6700km。资本回报率（*ROC*）是基于船舶在 2 年内建造，使用寿命为 15 年，并提供 10%的贴现现金流估算的。除此之外，每年还要付出占资本成本 4%的维护费用，加上食物成本，这两个案例的总运营成本分别为 10. 56 百万美元和 18. 01 百万美元。40000DWT 的船运费用为 35. 55 美元/t 或 1. 57 美元/GJ（HHV），VLCC 的船运费用为 12. 39 美元/t 或 0. 55 美元/GJ（HHV），表明大件货物运输具有较大的规模经济性。

对 LNG 运输的估计也是以类似的方式进行的。一艘 15 万 m^3 的船只的资本成本[5]估计为 2. 665 亿美元。运载量根据运输过程中原料的蒸发已经调整。现代液化天然气船的速度为 18 节，这减少了长途目的地之间的航行时间。按照甲醇船的方法，液化天然气运输的估计费用为 53. 5 美元/t 或 0. 96 美元/GJ（HHV），这是典型的长途海洋航行费用[6]。运输成本是运输距离的函数，液化天然气运输成本与单程距离的关系如图 6.1 所示。

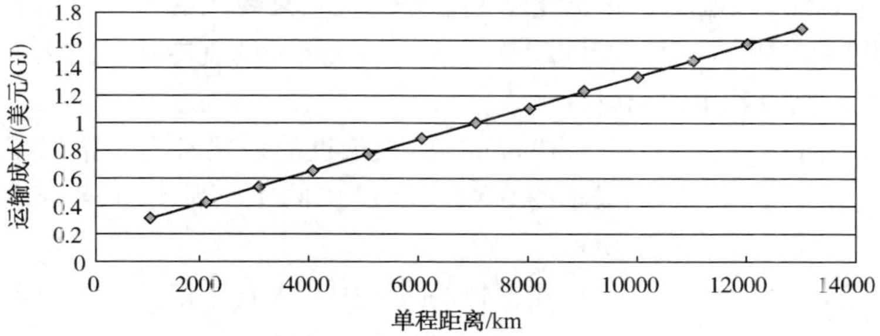

图 6.1　液化天然气运输成本与单程距离的关系

图 6.1 表明，对于 6700km 的旅程（例如澳大利亚 NWS 到日本），液化天然气的运输成本约为 1 美元/GJ，但对于超过 17000km 的运输距离（澳大利亚 NWS 到英国），运输成本将翻倍。

压缩天然气被吹捧为液化天然气的替代品，从而节省了液化工厂的大量资本成本[7]。基于 Coselle 系统的船舶资本成本估计为 1.71 亿美元。估算方法遵循 LNG 的估算方法，这种估算方法的保险费用较低。天然气运输的估算成本为 298.7 美元/t 或 5.46 美元/GJ（HHV），远远高于长航程的 LNG 估算成本。该系统有可能用于氢气运输，节省较大的氢气液化成本，本章后面将进行更全面的讨论。

6.1.2　运输液氢成本

我们考虑的是液氢跨洋运输的成本，以连接廉价产氢地区与遥远的市场。为了帮助确定运输液氢将遇到的阻碍和成本，我们考虑从澳大利亚西北部（液化天然气生产的主要地区）向日本东京湾供应氢气，日本东京湾是一个潜在的主要氢气市场，两者相距 3622 海里或 6700km。

我们认为液氢运输的组织工作包括：

① 制氢（方法未确定）；

② 液化氢气并就地储存；

③ 转移到与液化天然气船尺寸相似的大型跨洋船只；

④ 在接收港卸货和再汽化。

（1）氢气液化

为了向遥远的市场提供跨洋氢气，需要关心的是大规模液氢的生产。我们以 LNG 的生产成本为指导，将其应用于天然气蒸汽重整/汽化制氢。根据此分析，氢液化成本非常高（例如超过 4000 美元/t）。这主要是因为 LNG 工厂的资本成本非常高，通常建造在偏远和复杂的地形上。例如，年产 6Mt 液化天然气的运营成本通常超过 14000 美元。尚不清楚这些公布的支出是否包括开发气田和运输液化天然气船队的费用[8]。另一个问题是，液化氢气所需的制冷功率约为液化同等质量天然气所需制冷功率的 10 倍。

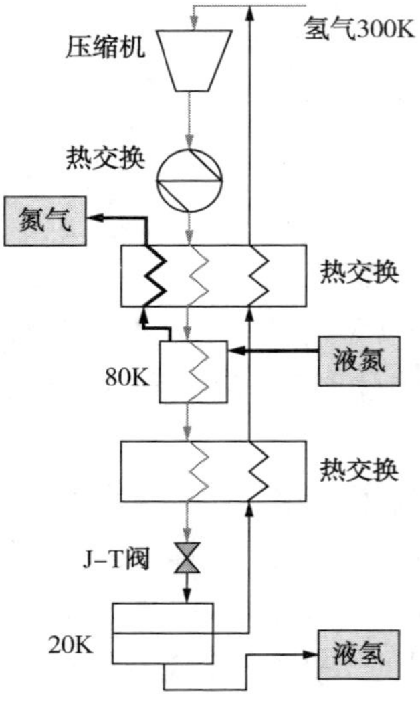

图 6.2　工厂液化工艺流程

Connelly 等人最近的一项研究[9]给出了液化工厂成本的介绍。所建立的工厂液化工艺流程如图 6.2 所示。

在模拟的过程中，来自甲烷蒸汽重整器的氢气在室温和 2MPa 压力下被进一步压缩，通过换热器进行（换热器包括液氮浴），液氮浴的作用是将氢气温度降至 80K，远低于 J-T 转化温度。在通过 J-T 阀膨胀产生液氢之前，额外的热交换进一步降低了氢的温度。

该工艺的理想能耗为 2.88kW · h/kg 液氢，但实际中的典型能耗为 10~20kW · h/kg 液氢。

在撰写本书时，这种方法的问题是目前的液氢化工厂相对较小，通常为 6~70t/d。虽然其显示了良好的规模经济，但尚不清楚是否存在工艺装置规模的上限。Connelly 报告的 200t/d 产能的规模经济是针对加利福尼亚的一个地点：

$$资本成本(百万美元) = 5.6\times[氢容量(t/d)]^{0.8} \tag{6.1}$$

以此为基础，并假设大型工厂包含多个容量为 200t/d 的装置，表 6.3 列出了中央设施（1100t/d）的液化估计成本。

表 6.3　氢液化估计费用（美国海湾）

制氢速率/(t/d)		1100	
资本成本（加利福尼亚）/百万美元		2755	
区位因子（加利福尼亚至美国海湾）		0.862	
2018 年美国海湾资本成本/百万美元		2611.5	
ROC（20 年寿命，2 年建成，10%*DCF*）/%		13.84	
资本回报/（百万美元/a）		361.3	
运营成本	人工	1.00%（资本成本）	26.12 百万美元
	维护	3.00%（资本成本）	78.35 百万美元

续表

运营成本	催化剂和化学品	1.00%(资本成本)	26.12 百万美元
	保险等	1.50%(资本成本)	39.17 百万美元
	总计	169.75 百万美元	
电力		10kW·h/kg	
		3739400MW·h/a	
		50 美元/(MW·h)	
		186.97 百万美元/a	
总成本		718.11 百万美元/a	
		1920.40 美元/t	
		16.02 美元/GJ(LHV)	

5 个 200t/d 的工厂和 1 个 100t/d 的工厂可以产生 1100t/d 的氢气，在加利福尼亚的资本成本为 2755 百万美元。使用区位因子 0.862 将其换算为美国海湾地区，资本成本为 2611 百万美元。2 年的建设、20 年的使用寿命和 10%的贴现现金流的资本回报为 361.3 百万美元/a。运营成本(人工、维护等)为 169.75 百万美元/a。

假定以最低耗电量 10kW·h/kg 计算，电力成本为 50 美元/(MW·h)，这使得制氢成本为 1920 美元/t 或 16.02 美元/GJ(LHV)。

第 5 章介绍了 Amos[10] 对氢的液化和储存成本的研究。基于类似统计数据的这一估计给出了包括储存容器在内的氢液化估计约为 1000 美元/t，为近期美国能源部类似研究成本的一半。这在很大程度上可以解释为 Amos 工作的资本成本较低，如果该研究充分考虑到氢液化过程工艺(包括氮气液化装置)，资金成本将是一个有争议的问题。

液化成本与工艺效率(具体用电量)和电力成本成正比。氢液化成本与用电量的关系如图 6.3 所示。

理想的电力消耗为 2.88kW·h/kg，这将使液化成本低于 1600 美元/t。可以看出，在所有其他参数相同的情况下，使用 12kW·h/kg(MW·h/t)以上的电力，液化成本将超过 2000 美元/t。

氢液化成本与电力成本的关系如图 6.4 所示。可以看出，在低电力成本[20 美元/(MW·h)]下，在所有其他变量相同的情况下，氢液化的成本可以低于 1600 美元/t。一般能够持续利用水力发电的地区，可达到这样的低电力成本。若电力成本在 50 美元/(MW·h)范围内，液化成本比较低。但如果电力成本超过 60 美元/(MW·h)，氢液化的成本将上升到 2000 美元/t 以上。

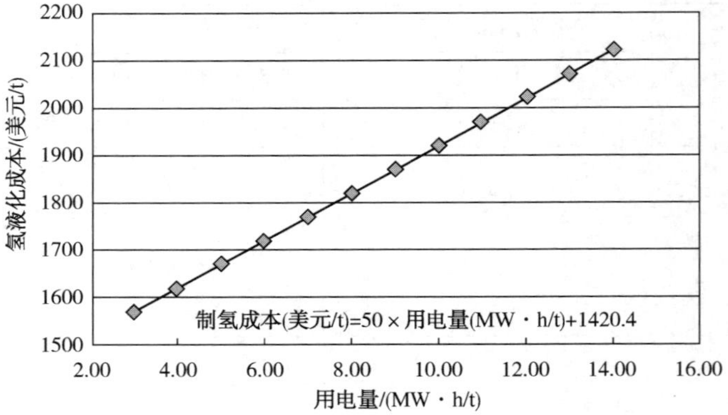

图 6.3　氢液化成本与用电量的关系

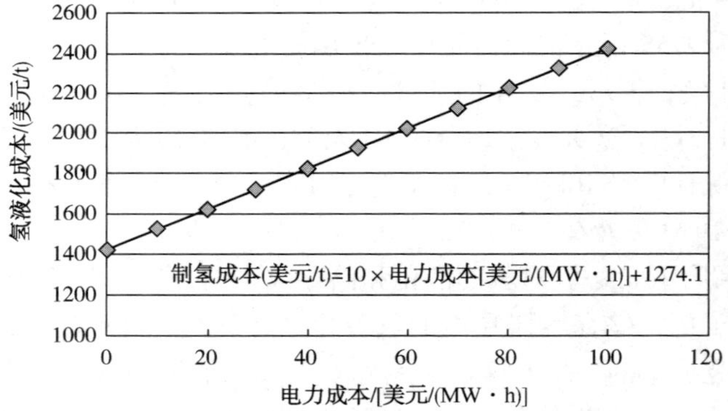

图 6.4　氢液化成本与电力成本的关系

（2）船舶运输液氢

为了预估大规模液氢运输的成本，假设液氢运输可以使用与液化天然气贸易中尺寸和成本都相似的船只。采用表 6.2 的估算方法，表 6.4 给出了运输液氢的成本估算数值。为了便于比较，表 6.4 还简要概述了液化天然气的案例。但能源方面的最终成本估计是在液氢和液化天然气的 LHV 基础之上进行的。

由表 6.4 可知，液氢的运输费用总计为 347 美元/t 或 2.91 美元/GJ(LHV)；相比之下，液化天然气的运输成本为 55.5 美元/t 或 1.07 美元/GJ(LHV)。

分析表明，每艘船最多可运输约 18 万 t/a。这表明，一个中央设施至少需要两艘或三艘船，才能将液氢从一个中央设施规模的系统运送到距离 6700km 的目的地。

表 6.4 与液化天然气相比，运输液氢的成本估算

项目		液化天然气	液氢
船舶容量		142500m^3	142500m^3
		65550DWT	10096DWT
		3565806GJ	1431545GJ
资本成本/百万美元		266.50	266.50
运营费用	人工	11073.72 美元/d	11073.72 美元/d
		3.88 百万美元/a	3.88 百万美元/a
	燃料	蒸发	蒸发
		150 美元/t	150 美元/t
港口费用(站)/美元		80000	80000
物流	时长/(d/a)	350	350
	单程距离/km	6700	6700
	速度	18 节	18 节
		33.33km/h	33.33km/h
	开航时间/d	8.37	8.37
	周转时间/h	36	36
	单程旅行/(d/a)	35.45	35.45
	航行天数/(d/a)	296.83	296.83
	港口停靠/(d/a)	35.45	35.45
	在港天数/(d/a)	53.17	53.17
ROC(15 年寿命，2 年建成，10%*DCF*)/%		15.19	15.19
资本回报/(百万美元/a)		40.47	40.47
维护		4%(资本成本)	4%(资本成本)
		10.66 百万美元/a	10.66 百万美元/a
人工/(百万美元/a)		3.88	3.88
燃料费/(百万美元/a)		0.00	0.00
港口费用/(百万美元/a)		2.84	2.84
保险		15%(资本成本)	15%(资本成本)
		2.61 百万美元/a	2.61 百万美元/a
杂项(食品等)		10%(资本成本)	10%(资本成本)
		1.74 百万美元/a	1.74 百万美元/a

续表

项目	液化天然气	液氢
总运营成本/(百万美元/a)	21.71	21.71
总成本/(百万美元/a)	62.18	62.18
发运数量	1161724t/a	178930t/a
	63.89PJ/a	25.37PJ/a
运输费用	53.53 美元/t	347.52 美元/t
	1.07 美元/GJ(LHV)	2.91 美元/GJ(LHV)

6.1.3 液氢再汽化

液氢在接收站交付后，使用前还需要进行储存和再汽化。储氢在第 5 章中已经讨论过。液氢再汽化类似于液化天然气再汽化，具体如下所述。

开架式汽化器是再汽化最早的方法之一，目前仍在使用。在这种方法中，液化天然气进入一个管道网络。室温下，喷射海水对管道进行加热，并将产生的热量传递给管道内的液化天然气，使其再汽化。冷却的海水流入集水池，最终被排放回大海。这是一种相对简单和廉价的再汽化方法。主要的运营成本是抽取海水的成本。主要的问题是冷水回流大海可能会对环境造成影响。

一种更为紧凑的再汽化方法是浸没燃烧式汽化器，如图 6.5 所示。在这种方法中，要汽化的液化天然气通过水浴内的管道系统。浴槽通过燃烧室加热，燃烧室基本上浸没在电浴槽的水中。燃烧室由燃气(或部分天然气)和空气作为燃料。燃烧室加热使水温升高，产生的热量被传递到管道，使液化天然气再汽化。燃烧产生的烟气喷入罐中，并从水中向上移动，确保高效地将燃烧热输送到水中。

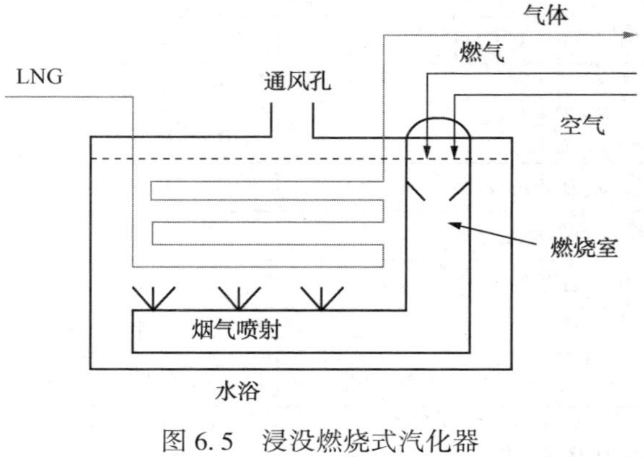

图 6.5 浸没燃烧式汽化器

这种方法的优点是装置紧凑，可以在船体内建造浮式储存和再汽化装置(FSRU)，跨洋油轮将其货物排放到FSRU(见后文)。这种方法的缺点是污染物如氮氧化物(NO_x)最终通过水浴排放到大气中。

另一种方法是使用中间介质汽化器，如图6.6所示。在压力容器的顶部附近有一个负责汽化液化天然气的管道网络。容器的底部含有一种作为传热剂的介质，通常是丙烷。中间介质由海水煮沸然后由天然气加热器按要求加热，再排放回大海。汽化的液化天然气流也被传递到加热器，以完成蒸发，并使气体接近环境温度。沸腾的流体在液化天然气管道上凝结，传递热量并将液体汽化为气体。

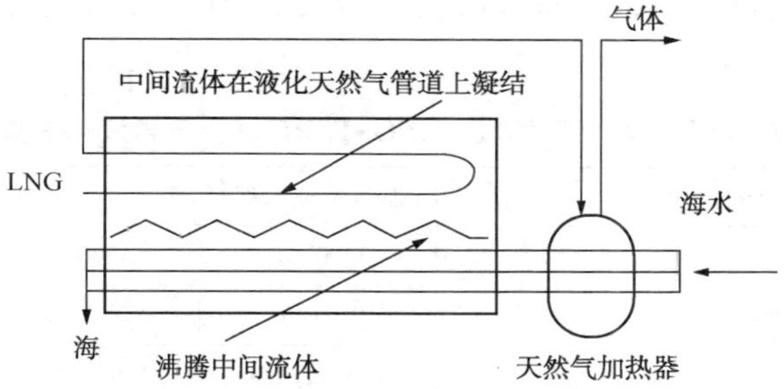

图6.6 中间介质汽化器

该系统结构紧凑，在设计上类似于大型热交换器。因为非常高效，经常用于FSRU操作。

(1) 再汽化设施的增值

值得关注的一点是在许多再汽化设施中，再汽化设施对液化天然气(潜在的液氢)进行输送时产生的制冷作用有很大的增值。液化天然气的输送温度为-165℃，因此再汽化过程可用于制冷的操作。这种做法在日本再汽化设施中很常见。液化天然气从输送到船舶再到陆地储罐，在最终再汽化之前，可以供制冷使用。有几种选择，例如：

① 与空分设备集成以降低压缩机功率成本；

② 制造干冰(固体二氧化碳)；

③ 利用液气转换的体积膨胀进行发电；

④ 食品加工——食品冷冻。

这适用于陆地再汽化设施，但在FSRU中可能难以使用。

(2) 再汽化成本

贸易杂志(如*Argus*)对不同地点的液化天然气的再汽化成本进行了报道。《IGU世界天然气液化天然气》报告中讨论了液化天然气再汽化成本[11]。Uemura和Ishigami也对成本进行了全面的评估[12]。《IGU 2018年世界报告》介绍的陆地再汽化终端的资本成本为 285 美元/t，浮式储存和再汽化装置的成本为 158 美元/t。

目前没有大规模的液氢再汽化装置。还不清楚这些数据与液化天然气再汽化有何实质性区别，也不清楚液化天然气数据是否可作为估算液氢再汽化成本的指导依据。在理论基础上，再汽化氢所需的热量约为 8.73kJ/mol，而甲烷(液化天然气的主要成分)所需的热量为 5.66kJ/mol。然而，以质量计算，这分别是 4.33kJ/kg 和 0.511kJ/kg。在这一估算中，我们假设整个过程是根据特定的能源需求进行比较的，即对于相似结构和规模的工厂，氢气的生产量仅为液化天然气再汽化量的 9%(按质量计算)。

使用前面描述的方法，岸基式液化天然气、FSRU 和氢气再汽化的估算数值详见表 6.5。

表 6.5　岸基式液化天然气、LNG-FSRU 和氢气再汽化估算数值

项目	岸基式液化天然气	FSRU	氢气
标准容量	3300kt/a	3300kt/a	298.05kt/a
	9.71t/d	9.71t/d	0.88t/d
	179.51PJ/a	179.51PJ/a	35.47PJ/a
ROC(20 年寿命，2 年建成，10%*DCF*)/%	13.57	13.57	13.57
基准资本成本/百万美元	940.50	521.40	
基准年	2018	2018	
区位因子	1.000	1.000	
NF 指数	1.0000	1.0000	
最终资本支出/百万美元	940.50	521.40	940.50
资本支出(资本成本)/(百万美元/a)	127.59	70.74	127.59
营运资金(资本成本)/百万美元	96.09	96.09	78.90
营运资本回报/(百万美元/a)	9.61	9.61	7.89
资本费用/(百万美元/a)	137.20	80.35	135.48
人工(1.44%最终资本支出)/(百万美元/a)	13.54	7.51	13.54
维护(1.73%最终资本支出)/(百万美元/a)	16.27	9.02	16.27
保险(1.50%最终资本支出)/(百万美元/a)	14.11	7.82	14.11
催化剂和化学品/(百万美元/a)	1.00	1.00	1.00
非原料运营成本/(百万美元/a)	59.03	33.17	59.03
采暖用气/(kt/a)	36.04	36.04	12.81

续表

项目	岸基式液化天然气	FSRU	氢气
天然气氢气(天然气 8 美元/GJ，氢气 3000 美元/t)/(美元/t)	440.00	440.00	3000.00
煤气再加热费用/(百万美元/a)	15.86	15.86	38.43
非原料运营成本总计/(百万美元/a)	197.98	121.55	218.84
气体输出量/(PJ/a)	177.53	177.53	33.94
再汽化成本/(美元/t)	60.22	36.97	767.35
液化天然气高热值，氢气低热值/(美元/GJ)	1.12	0.68	6.45

以上统计数据是基于一个 3300kt/a 液化天然气再汽化厂，使用 IGU 对资本成本的估计。所有的工艺装置都假定在 2 年内建成，有 20 年的使用寿命，并根据所使用的资本提供 10%的贴现现金流，终端储存产品 30d。这就需要对储存的营运资本进行评估，液化天然气的营运资本为 440 美元/t，氢气的营运资本为 3000 美元/t。营运资本所需的回报率为 10%。

该操作需要能量使低温液体再汽化。这项估算的数值是通过假设产品需要重新汽化，并且该过程的热效率为 85%来计算的。假定天然气按 8 美元/GJ(140 美元/t)收费，氢气按 3000 美元/t 收费，氢气的再汽化成本是液化天然气的两倍多。

据统计，新的岸基式液化天然气操作的再汽化成本约为 60 美元/t[1.12 美元/GJ(HHV)]，而相同容量的 FSRU 的再汽化成本约为 37 美元/t[0.68 美元/GJ(HHV)]。这些值高于通常报告的值，但这只是对新工厂和供暖成本的保守计算，例如，现有的设施已经投入资金，可能会使用燃料油等更便宜的能源。

岸基式设施上液氢再汽化的费用估计为 767 美元/t[6.45 美元/GJ(LHV)]，远远高于液化天然气再汽化的成本。

6.1.4　总结

跨洋运输液态氢的成本总结如下：液化和储存(表 6.3)，1920 美元/t 或 16.02 美元/GJ(LHV)；运输(表 6.4)，347 美元/t 或 2.91 美元/GJ(LHV)；再汽化(表 6.5)，767 美元/t或 6.45 美元/GJ(LHV)；总计，3034 美元/t 或 25/38 美元/GJ(LHV)。

从上述数据很容易看出，液化运输和再汽化的高成本促生了远程输氢替代方案。

6.1.5　以压缩气体形式输送氢气

将天然气作为 CNG 输送到遥远的跨洋市场，已被认为是液化天然气的替代方案。氢气也可以用类似的方式输送。将氢气作为压缩气体输送的目的是：

① 输送氢气不需要高昂的液化成本；

② 消除了储存成本(船舶被用作储存)；

③ 由于不需要进行低温提纯，降低了氢气工厂的成本；

④ 消除了再汽化成本。

对于压缩气体的输送，其经济性主要取决于运输成本(通常约占成本的90%)。目前建造 CNG 船有三种方法：

① Coselle[13]：在这个系统中，一根长 10km、直径 6in 的管道被盘绕成一个 Coselle。Coselle 的容量为 3.2MMscf。一艘 60000DWT 的油轮可以装载 108 个 Coselle，运输约 345MMscf(9.75Mm^3)的气体。

② VOTRANS[14]：这是一种变体，其中较大直径的管道被保存在绝热的冷藏单元中。在较低温度下携带的气体可以实现较低的操作压力。

③ 气体输送模块(GTM)：在该系统中，由包裹的复合材料高强度合金(HSL)钢管制成的增强压力容器，大约比钢罐轻 20%。可用于车辆储氢，尽管规模要大得多。

该提案的经济性是 Mokhatab 和 Economides[15] 为了卡塔尔和 Jamnagar(印度古吉拉特邦)之间的 CNG 运营发展起来的。表 6.6 中的数据已更新为 2018 年的数据，并用表 6.4 中报告的液化天然气和液氢运输方式海上航行 6700km 进行了数据汇总。相比之下，相同的体积下，一艘船可以运输的氢气量要少得多，这导致氢气的单位运输成本更高。由此估算出 CNG 的运输成本为 303 美元/t 或 5.46 美元/GJ(HHV)，而氢气的运输成本为 2750 美元/t 或 22.93 美元/GJ(LHV)。这些运输成本远远高于液化天然气和液氢的估计成本，表明氢气作为压缩气体运输在经济上不适合长途跨洋贸易。这对于 CNG 来说是众所周知的，开发 CNG 的主要目标是缩短运输距离。短途运输与成本的关系如图 6.7 所示。这说明了在 2000km 以内的距离运输压缩气体成本可能更低。

表 6.6 长距离运输压缩天然气和氢气的经济性

项目	压缩天然气	氢气
船舶容量	345MMscf	345MMscf
	9750362m^3	9750362m^3
	7476.69DWT	825.24DWT
	406718.95GJ	117012.32GJ
资本成本/百万美元	171.43	171.43

续表

项目		压缩天然气	氢气
运营成本	人工	11073.72 美元/d	11073.72 美元/d
		3.88 百万美元/a	3.88 百万美元/a
	燃料	20t/d	20t/d
		150 美元/t	150 美元/t
		3000 美元/d	3000 美元/d
	港口费用(站)/美元	60000	60000
物流	时长/(d/a)	350	350
	单程距离/km	6700	6700
	速度	18 节	18 节
		33.336km/h	33.336km/h
	开航时间/d	8.37	8.37
	周转时间/h	18	18
	单程旅行/(d/a)	38.36	38.36
	航行天数/(d/a)	321.23	321.23
	港口停靠/(d/a)	38.36	38.36
	在港天数/(d/a)	28.77	28.77
ROC(15 年寿命，2 年建成，10% *DCF*)/%		15.19	15.19
资本成本/百万美元		26.03	26.03
维护		4%(资本成本)	4%(资本成本)
		6.86 百万美元/a	6.86 百万美元/a
人工/(百万美元/a)		3.88	3.88
燃料费/(百万美元/a)		0.96	0.96
港口费用/(百万美元/a)		2.30	2.30
保险		15%(资本成本)	15%(资本成本)
		2.10 百万美元/a	2.10 百万美元/a
杂项(食品等)		10%(资本成本)	10%(资本成本)
		1.40 百万美元/a	1.40 百万美元/a
总运营成本/(百万美元/a)		16.80	16.80
费用共计/(百万美元/a)		43.53	43.53

续表

项目	压缩天然气	氢气
发运数量	143399t/a	15827t/a
	7.89PJ/a	2.24PJ/a
运输费用	303.56 美元/t	2750.22 美元/t
	5.46 美元/GJ(HHV)	22.93 美元/GJ(LHV)

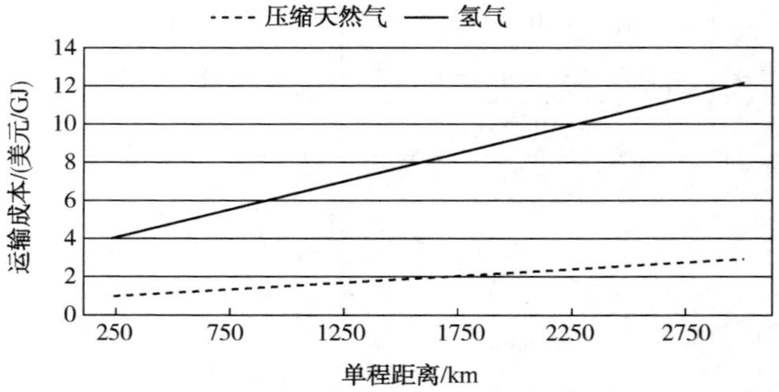

图 6.7　运输 CNG 和氢气的单程长度与运输成本的关系
(CNG 以 HHV 为基准，氢气以 LHV 为基准)

6.2　以氢中间体的形式运输

跨洋运输氢气的困难和高成本激发了人们对实现这一目标的替代方案的兴趣。一种方法是考虑通过中间化合物来运输氢。对于这种方法，所选择的中间化合物必须符合以下条件：

① 能够含有大量的氢气；

② 易于在有氢气的地方制造；

③ 易于运输；

④ 易于在接收端分解以释放氢气。

根据这些要求，出现了两种替代品：环烷和氨。

6.2.1　以环烷的方式运输氢(Spera 过程)

环烷是环烷烃的通称，原油中含有大量环烷。值得注意的是含有六个以上碳原子的环烷(环烷烃)。对于这些化合物，使用适当的催化剂，可以将其转化为芳香化合物，从而释放出三个氢分子。该反应是可逆的。环中含有 10 个碳原子的环烷烃也可以考虑(例如十氢萘)。这些化合物可以携带更多的氢，但所得产物 C_{10}芳香族，如萘，在室温下是固体，而单环化合物(除了一些例外)在环境温度下，环烷烃和芳烃都是液态。

特别值得注意的是甲基环己烷（MCH）和甲苯，这是 Chiyoda 公司[16]推动的 Spera 过程的基础。甲基环己烷含有 6%的可用氢（按质量计）用作载体分子。这个系统如图 6.8所示。

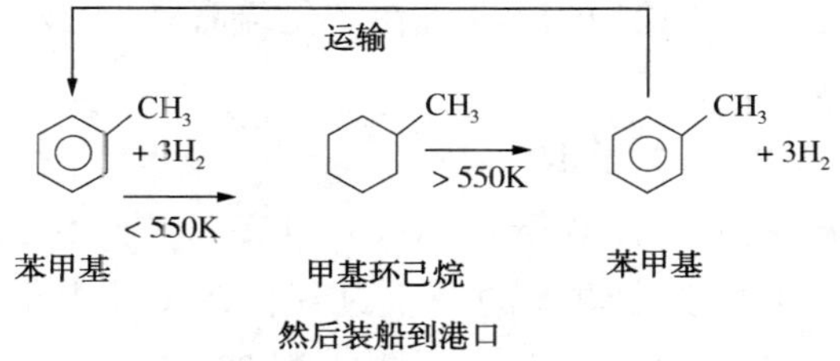

图 6.8　Spera 过程

在这个过程中：

① 氢气可以通过任何方式在偏远地点生产；

② 氢气可用于将甲苯还原为 MCH；

③ MCH 可运往遥远的市场；

④ MCH 可脱氢为甲苯，释放氢气；

⑤ 甲苯被运回氢气生产现场再利用。

使用苯/环己烷体系代替甲苯/MCH 体系是可行的。将苯还原成环己烷在石油化工中被广泛应用，这是生产尼龙的一个重要过程。这样做的优点是可携带更多的氢，因为环己烷含有 7%以上的可用氢，但缺点是需要生产和运输剧毒的苯。

（1）过程热力学

环烷转化为芳烃过程的细节取决于反应的热力学。

$$\text{MCH} \rightleftharpoons \text{甲苯} + 3H_2$$

整个过程的自由能变化如图 6.9 所示。

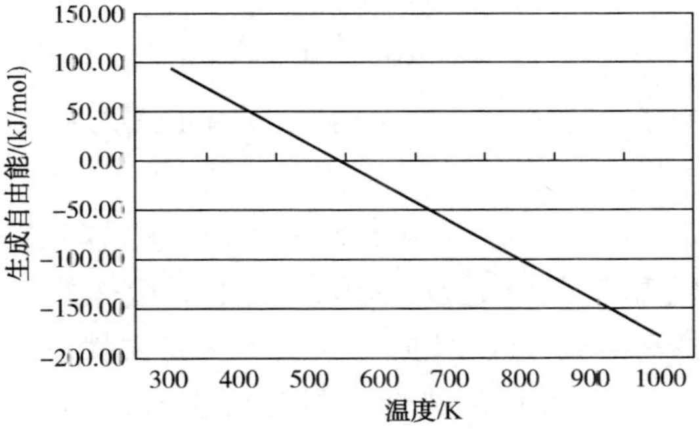

图 6.9　MCH 转化为甲苯时自由能变化

为了得到反应的实际产物收率，自由能必须接近并最好低于零。图 6.9 表明，将 MCH 转化为甲苯并释放氢气的实际温度必须超过 550K，反之，甲苯转化为 MCH 的最佳温度为 550K 以下，反应平衡受系统压力影响。高氢分压有利于甲苯转化为 MCH，低氢分压有利于 MCH 转化为甲苯。

此外，将甲苯转化为 MCH 的反应将在产氢端释放 205kJ/mol 的能量，因此需要在接收端提供这一能量。

（2）甲苯制取 MCH 工艺流程

该过程的基本流程如图 6.10 所示。这一过程与苯转化为环己烷非常相似，环己烷制取是石油化工中非常重要的一个过程，在文献中也有广泛的描述[17]。甲苯从储罐中进料，加热到反应温度后再进料到反应器顶部。温度通常低于 200℃，与压缩氢混合（通常约 3.5MPa）。反应器内装有催化剂（常见的如氧化铝负载镍），然后发生甲苯转化反应。从反应器出来的产物被送入精馏塔，精馏塔将未反应的甲苯（沸点 110℃）与 MCH（沸点 101℃）以及多余的氢气和尾气分离，后者来自裂解反应。分离系统（如膜）从尾气中分离多余的氢气并循环使用。MCH 流到储罐中进行运输。具体工艺可能有许多变化，例如使用溶剂萃取技术从环烷中分离芳烃。

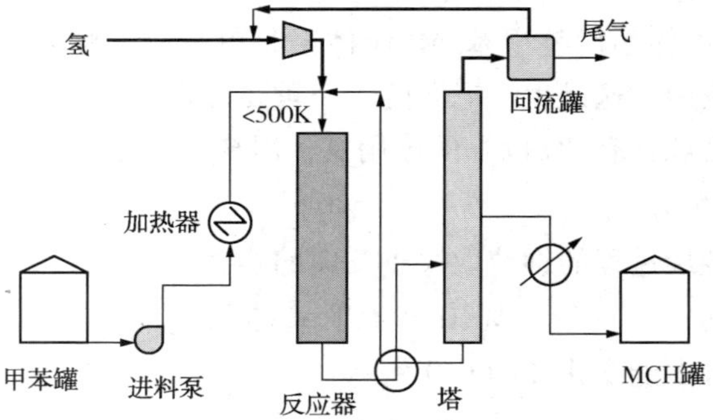

图 6.10　甲苯加氢制取 MCH 的基本工艺流程

如上所述，这个过程是放热的（产生热量），因此需要通过热交换来除去热能。

（3）MCH 制取甲苯工艺流程

将 MCH 转化为甲苯，在反应末端制取氢气的工艺流程如图 6.11 所示。如上所述，该反应需要较高的温度（超过 550K），并且是吸热的。该反应类似于炼油厂的石脑油重整生产高辛烷值汽油的操作，已有大量文献报道。

在此流程中，MCH 将通过加热器进料到反应器顶部。进料通常被加热到 500℃（超过 750K），以满足反应所需的反应热。在这个温度下，副反应会发生更多的裂解，这将导致产生更多种类的尾气。为了抑制这种情况，将少量的氢气与 MCH 进料混合。

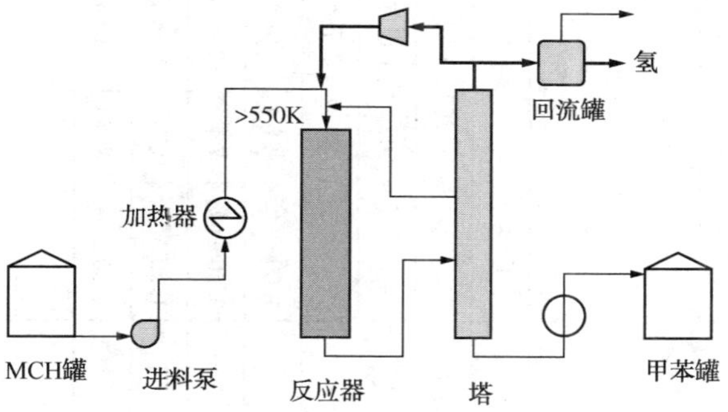

图 6.11 MCH 转化为甲苯和氢气的基本工艺流程

进入反应器顶部的反应物将通过催化剂，该催化剂通常是将铂负载在氧化铝上并以铼为助剂(石脑油重整催化剂)。MCH 等纯原料的转化比石脑油重整要简单，但过程大致相似。反应的吸热性质会迅速冷却进料，不需要的裂化反应会污染催化剂，这将需要再生。石脑油重整过程表明，该问题有多种优化方法，如多层床、流化床等。

产物将离开反应器底部，进入精馏塔，从甲苯、氢气和裂解气中分离未转化的 MCH。甲苯将被转移到一个罐中准备重新运到 MCH 设施中。未转化的 MCH 将被回收。产物氢将从气流中分离出来，其中一小部分被运回反应器。

6.2.2 过程经济学

甲苯制取 MCH 步骤和 MCH 制取甲苯步骤的工艺经济性如表 6.7 所示，适用于一个 373kt/a 制氢装置。本书的经济学依据是 Maples[18] 给出的 30000bbl/d 产能重整装置的石脑油重整经济学；对石脑油重整装置的技术和经济也有其他说明[19]。

在分析这种输氢方法时，一个关键因素是要充分考虑甲苯制取 MCH 的步骤和 MCH 的工艺效率。由于甲苯是有效的氢载体，因此在每一步骤尾端的甲苯损失需要用新鲜的甲苯来弥补。

甲苯制取 MCH 的第一步是一个众所周知的低温过程，它可能是一个高效的过程。如果这个过程能有 99%的选择率，则考虑到循环，总效率可能超过 98%。在此分析中，假定损失为 1.5%(总选择率为 98.5%)，所有的损失皆为尾气。

表 6.7　甲苯转化为 MCH 和 MCH 转化为甲苯的经济性

甲苯制取 MCH				MCH 制取甲苯			
甲苯密度/(g/L)		870		MCH 密度/(g/L)		770	
氢气/(kt/a)		373		氢气/(kt/a)		373	
所需甲苯		5728.04kt/a		所需 MCH		6092.33kt/a	
		121805bbl/d				146376bbl/d	
重整/(bbl/d)		30000		重整/(bbl/d)		30000	
1991 年费用/百万美元		37.5		1991 年费用/百万美元		37.5	
2018 年费用/百万美元		85.53		2018 年费用/百万美元		85.53	
增加容量(n=0.8)/百万美元		262.39		增加容量(n=0.8)/百万美元		303.94	
ROC(3 年建设期，20 年寿命，10% *DCF*)		14.60%(资本成本)		*ROC*(3 年建设期，20 年寿命，10% *DCF*)		14.60%(资本成本)	
		38.32 百万美元/a				44.38 百万美元/a	
运营成本	人工	1.00%(资本成本)	2.62 百万美元/a	运营成本	人工	1.00%(资本成本)	3.04 百万美元/a
	维护	3.50%(资本成本)	9.18 百万美元/a		维护	3.50%(资本成本)	10.64 百万美元/a
	保险	1.50%(资本成本)	3.94 百万美元/a		保险	1.50%(资本成本)	4.56 百万美元/a
	催化剂和化学品	1.00%(资本成本)	2.62 百万美元/a		催化剂和化学品	1.00%(资本成本)	3.04 百万美元/a
	总计/(百万美元/a)	18.37			总计/(百万美元/a)	21.28	
所需电力		1kW·h/bbl		所需电力		1kW·h/bbl	
		41413.70MW·h/a				49768.03MW·h/a	
		50 美元/(MW·h)				50 美元/(MW·h)	
		2.07 百万美元/a				2.49 百万美元/a	

续表

甲苯制取 MCH		MCH 制取甲苯	
所需燃料	300000BTU/bbl	所需燃料	300000BTU/bbl
	0.317GJ/bbl		0.317GJ/bbl
	13.11PJ/a		15.753PJ/a
尾气/(PJ/a)	4.30	尾气/(PJ/a)	13.60
所需燃料净额/(PJ/a)	8.8	所需燃料净额/(PJ/a)	2.15
燃料成本/(美元/GJ)	6	燃料成本/(美元/GJ)	6
非原料运营成本总计/(百万美元/a)	111.63	非原料运营成本总计/(百万美元/a)	81.04
补充甲苯量/(t/a)	85920.55	补充甲苯量/(t/a)	272081.74
甲苯价格	800 美元/t	甲苯价格	800 美元/t
	68.74 百万美元/a		217.67 百万美元/a
氢气成本(SMR/CCS)/(美元/t)	1151.0		
过程效率/%	98		
所需氢气/(kt/a)	380.6		
氢气成本/(百万美元/a)	438.1		
费用共计/(百万美元/a)	618.45	费用共计/(百万美元/a)	298.70
MCH 费用/(美元/t)	101.4		
H_2 当量成本/(美元/t)	1658.1	H_2 当量成本/(美元/t)	800.82

然而，对于 MCH 制取甲苯的第二步，预计会有显著的损失，这是由于较高的操作温度、催化剂载体的酸性性质以及反应的吸热性质而导致的进料冷却时中间再加热带来的损失所导致的。对重整器数据[19]的分析表明，进料的损失高达5%或6%。由于 MCH 脱氢反应比石脑油重整反应简单，在本分析中，假定第二步的损失总体为4.5%，考虑回收未转化的 MCH，反应的选择率为96.5%。

如果这两个步骤产生的损失作为尾气流回收，并将其放置在燃料气体系统中，会降低对进口燃料的需求。这在第二步中更为重要。然而，工艺损失的主要后果(成本)是，将6%(1.5%+4.5%)的甲苯工艺损失加在一起，需要在每个循环通过进口甲苯来弥补。

在本次分析中，选择甲苯作为进口材料，而不是 MCH，这是因为甲苯有广阔而明确的贸易市场。甲苯主要用作车用汽油的辛烷值增强剂，石油报告机构报道了大量的甲苯贸易。由于其用途、价值和交易价格与汽油的交易价格成正比，因此其随现行石油价格变化而变化。在本次分析中，为了弥补工艺损失而补充甲苯的成本为800美元/t。

表6.7给出了甲苯制取 MCH 和 MCH 制取甲苯的工艺经济性分析。携带373kt/a 氢气所需的甲苯量超过5.7Mt/a。这是用来估计为弥补系统损失所需购买的甲苯数量，而不是甲苯库存，这是因为该系统是一个循环系统，94%的甲苯被回收。已使用以 bbl/d 为单位的日流量来调整工艺装置的两个步骤。

假设每个工艺装置在3年内建成，寿命为20年，并提供10%的贴现现金流。第一步(甲苯制取 MCH)的资本成本估计为2.62亿美元，第二步为3.03亿美元。

根据本书所用方法估算，第一步生产 MCH 的成本为101.4美元/t，对应的载氢成本为438美元/t；第二步 MCH 制取甲苯的氢气成本为800美元/t。

假定运输方面的损失为零，从这些数据中可以清楚地看出工艺选择性的重要性。

6.2.3 运输甲苯和 MCH

MCH 的运输和回运甲苯的费用估算数值如上文所述，详见表6.8。根据美国能源部早期的甲醇运输研究，开发了两个案例，一艘使用标准的40000DWT 油轮，另一艘使用250000DWT 的 VLCC 型船只。这些船只的运载能力已调整为可适应较低的 MCH 密度。相对于甲苯，MCH 的密度较低，因此用 MCH 来确定船舶的容量。MCH 的运费约为40000DWT 42.88美元/t，VLCC 14.94美元/t。由于 MCH 的每个分子含有6个可用氢原子，这相当于较小船只的氢运输成本为700.4美元/t 或5.86美元/GJ(LHV)，而 VLCC 的氢运输成本为244美元/t 或2.04美元/GJ(LHV)。

表 6.8 MCH 运输成本

项目		MCH	MCH
船舶容量/DWT		33158.21	207238.8
资本成本/百万美元		51.29	144.54
运营成本	人工	11073.72 美元/d	14570.68 美元/d
		3.88 百万美元/a	5.10 百万美元/a
	燃料	20t/d	30t/d
		150 美元/t	150 美元/t
		3000 美元/d	4500 美元/d
	港口费用(站)/美元	60000	80000
物流	时长/(d/a)	350	350
	单程距离/km	6700	6700
	速度	12 节	12 节
		22.224km/h	22.224km/h
	开航时间/d	12.56	12.56
	周转时间/h	24	24
	单程旅行/(d/a)	25.81	25.81
	航行天数/(d/a)	324.19	324.19
	港口停靠/(d/a)	25.81	25.81
	在港天数/(d/a)	25.81	25.81
ROC(15 年寿命，2 年建成，10% *DCF*)/%		15.19	15.19
资本成本/(百万美元/a)		7.79	21.95
运营成本	维护	4%(资本成本)	4%(资本成本)
		2.05 百万美元/a	5.78 百万美元/a
	人工/(百万美元/a)	3.88	5.10
	燃料费/(百万美元/a)	0.97	1.46
	港口费用/(百万美元/a)	1.55	2.06
	保险	15%(资本成本)	15%(资本成本)
		1.27 百万美元/a	2.16 百万美元/a
	杂项(食品等)	10%(资本成本)	10%(资本成本)
		0.84 百万美元/a	1.44 百万美元/a
	总运营成本/(百万美元/a)	10.56	18.01

续表

项目	MCH	MCH
总成本/(百万美元/a)	18.35	39.96
发运数量/(t/a)	427879.6	2674248
运输成本(MCH)/(美元/t)	42.88	14.94
氢当量	700.43 美元/t	244.03 美元/t
	5.86 美元/GJ(LHV)	2.04 美元/GJ(LHV)

6.2.4 总结

总之，这种氢气输送方法的结果如下：

① 制氢成本(甲烷蒸汽重整)包括 CCS：1151 美元/t 或 9.63 美元/GJ(LHV)；

② 甲苯加氢制取 MCH(表 6.7，1151~1658 美元)：507 美元/t 或 4.24 美元/GJ(LHV)；

③ 运费(表 6.8)：700.4 美元/t 或 5.86 美元/GJ(LHV)；

④ MCH 脱氢制取甲苯(表 6.7)：800.8 美元/t 或 5.86 美元/GJ(LHV)；

⑤ 总计：3159 美元/t 或 26.44 美元/GJ(LHV)。

考虑到制氢成本，该路线大大低于液化路线的成本，并避免了氢气液化的巨大资本成本。

6.2.5 氢作为氨的传输

氨(除非另有说明，氨是指无水氨)含有 17.6%的氢气，这引起了人们对氢运输替代方法的关注。氨作为船舶的替代燃料[20]，可由天然气、空气和水合成。完善的制造过程(见第 2 章)避免了氢的产生，将提高生产的经济性。或者，氨可以使用通过电解产生的氢和从大气中提取的氮来合成。不管氨是怎么产生的，它都要用油轮运到所需的港口，然后分解成氢和氮。氨中的氮组分会被排放到大气中，而不会返回到合成点。该系统受益于化肥工业中已知的大量生产氨的方法以及广泛和大规模的跨洋液氨贸易。该系统在商业上未经证实的部分是将氨分解成氢和氮，但这应该是一个简单的操作。

使用氨作为生产氢的中间手段已经研究和发展了几十年。在这项工作中，我们专注于大规模生产和交付用于车辆加油的氢气，其中，重点讨论了氨的使用。尽管已经提出，非常小规模地使用氨作为汽车燃料可能是可行的，但笔者认为，使用氨作为汽车燃料用于车载制氢将面临严重的健康和安全问题。近年来，氨已被提出作为船舶燃料替代燃料油和柴油。这可能是可行的，但安全问题将是一个主要障碍。

无水氨具有很强的腐蚀性和毒性[21]，在低浓度下具有强烈的刺激性气味，起警示作用，但在长时间暴露下，气味就不那么有用了。虽然，氨比空气轻，但它极易溶于水，在潮湿的空气中会形成比空气重的蒸气。氨的逸出或意外排放会在地面附近形成蒸气云。这种云的大部分是肉眼看不见的。进入云中的生物易窒息而死。且蒸气是易燃的。在可能发生氨排放的大型生产和使用场景中，所有工人，包括办公室工作人员，都需接受培训，并定期接受再培训和测试，能使用全套呼吸器。零售车辆加油现场相关人员也需要接受培训。

6.2.6 合成氨经济性

前面已经描述了氨的制造方法(见第2章)。天然气重整和水电解生产的工艺流程如图6.12所示。

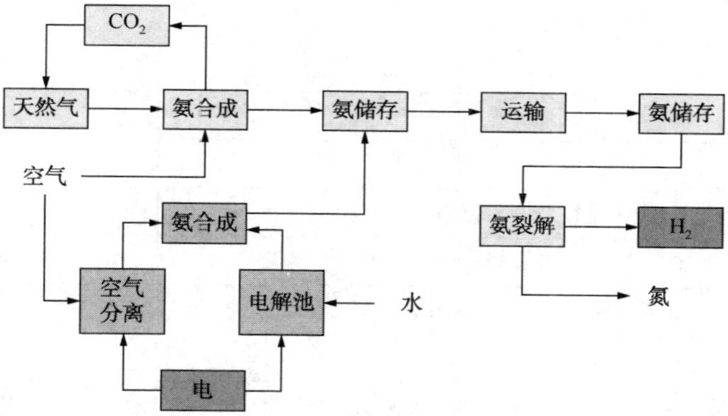

图6.12 天然气重整和水电解生产的工艺流程(以氨形式运输氢的情景)[22]

在第一种方法中，氨是由天然气通过常规蒸汽甲烷重整(SMR)或气化合成的。在二次重整过程中，氮气作为空气进入系统(这一步可以是煤气化合成氨)。这条路线的一个优点是，天然气中的大部分(约三分之二)碳成为提纯的二氧化碳流，可被压缩并送回气田进行地质封存。如果采用气化法而不是SMR法生产氨合成气，则可将95%以上的碳全部封存。另一个优点是，用于该过程的电力可以从复合体内的废热回收产生；可能有一些多余的电力可以输出。合成氨经过储存后装运。这种方案生产的氢通常被称为“蓝氢”。

另一种方法需要电解制氢。用于合成的氮气将由空分设备提供。这两个单元的运作都需要相当大的功率和成本，这影响到这条路线的经济性。经过常规合成后，氨进入储存库，准备装运。这种方案生产的氢通常被称为“绿氢”。

(1) 水蒸气甲烷重整/气化制氨的经济性

氨生产的经济性见表6.9。这一数据是基于1990年，生产能力为85万t/a的一个氨装置统计的。该装置是一个典型的世界级装置。有些企业的产能是该装置的两倍。如附录所述，使用该方法，建设 3 年，使用寿命 20 年，并提供资本成本 10%的贴现现金流，估计为 9.32 亿美元(2018 年)。营运资本假定为 30 天存货的价值，为 300 美元/t。

表 6.9 蒸汽甲烷重整制氨的经济性

<table>
<tr><th colspan="2">氨</th><th>SMR</th></tr>
<tr><td colspan="2" rowspan="4">标准容量</td><td>850kt/a</td></tr>
<tr><td>2.50kt/d</td></tr>
<tr><td>19.13PJ/a</td></tr>
<tr><td>150kt/aH_2</td></tr>
<tr><td colspan="2">基准资本成本/百万美元</td><td>400</td></tr>
<tr><td colspan="2">基准年</td><td>1990</td></tr>
<tr><td colspan="2">区位因子</td><td>1</td></tr>
<tr><td colspan="2">NF 指数</td><td>2.33</td></tr>
<tr><td colspan="2">最终资本支出/百万美元</td><td>932.52</td></tr>
<tr><td colspan="2">ROC(20 年寿命，3 年建成，10% DCF)/%</td><td>14.60</td></tr>
<tr><td colspan="2">资本回报/(百万美元/a)</td><td>136.17</td></tr>
<tr><td colspan="2">标准值/(美元/t)</td><td>300.00</td></tr>
<tr><td colspan="2">营运资金(30 天，300 美元/t)/(百万美元)</td><td>22.50</td></tr>
<tr><td colspan="2">营运资金回报/(百万美元/a)</td><td>2.25</td></tr>
<tr><td colspan="2">资本费用/(百万美元/a)</td><td>138.42</td></tr>
<tr><td rowspan="5">运营成本/
(百万美元/a)</td><td>人工(1%最终资本支出)</td><td>9.33</td></tr>
<tr><td>维护(3%最终资本支出)</td><td>27.98</td></tr>
<tr><td>保险(1.5%最终资本支出)</td><td>13.99</td></tr>
<tr><td>催化剂和化学品(1%最终资本支出)</td><td>9.33</td></tr>
<tr><td>非原料运营成本</td><td>60.61</td></tr>
<tr><td colspan="2">非原料运营成本总计/(百万美元/a)</td><td>199.03</td></tr>
<tr><td colspan="2">原料(气体)/(PJ/a)</td><td>29.62</td></tr>
<tr><td colspan="2">热效率/%</td><td>64.58</td></tr>
<tr><td colspan="2">原料价格/(美元/GJ)</td><td>2.00</td></tr>
<tr><td colspan="2">原料成本/(百万美元/a)</td><td>59.23</td></tr>
<tr><td colspan="2">总成本/(百万美元/a)</td><td>258.27</td></tr>
</table>

续表

氨	SMR
副产品信贷	0
净成本/(百万美元/a)	258.27
单位氨生产成本/(美元/t)	303.84
制氢成本/(美元/t)	1721.77

假定天然气原料的价格为 2 美元/GJ，这意味着氨生产成本为 304 美元/t。这与 400~600 美元/t 的典型氨交易价格相当。氢当量价格为 1722 美元/t。

氨生产成本和氢当量成本(氨价×17/3)与天然气价格的关系如图 6.13 所示。

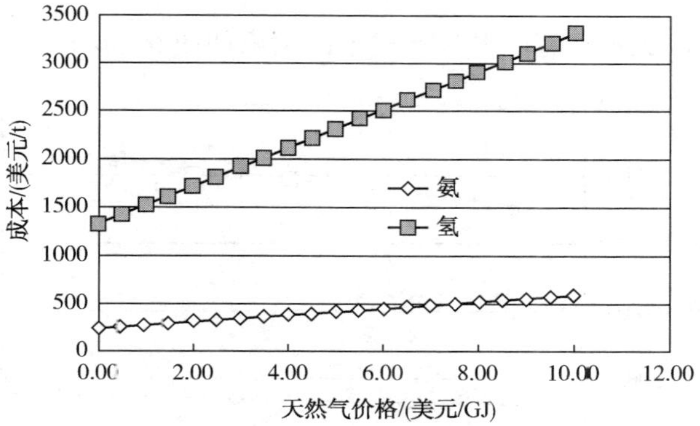

图 6.13 氨生产成本和氢当量成本与天然气价格(HHV)的关系

氢经济的主要推动力之一是消除二氧化碳排放。如上所述，大部分二氧化碳可以很容易地被压缩和封存。来自 SMR 中的烟气(大约三分之一)，如果使用气化法，可以消除。如果后者(烟气)的碳排放没有被捕集，则可以通过其他地方的碳捕集项目或购买碳排放信用额来抵消。如果二氧化碳地质封存和碳排放信用额的成本为 50 美元/t(假设)，则对氨生产成本的影响见表 6.10。这将氨生产的成本提高到 391 美元/t，相当于氢的成本为 2215 美元/t。

表 6.10 二氧化碳排放成本对氨生产成本的影响

所用气体/(PJ/a)	29.62
热效率/%	64.6
用作燃料的气体/(PJ/a)	10.49
燃料排放的二氧化碳/($MtCO_2$/a)	0.525

续表

提取和排放的二氧化碳/($MtCO_2$/a)	0.956
排放总量/($MtCO_2$/a)	1.481
二氧化碳成本(50美元/t)/(百万美元/a)	74.04
非温室气体生产成本/(百万美元/a)	258.27
温室气体生产成本/(百万美元/a)	332.31
单位生产成本(氨)	17.38美元/GJ
	390.95美元/t
氢气成本/(美元/t)	2215.4

二氧化碳排放成本与氨、氢生产成本的关系如图6.14所示。

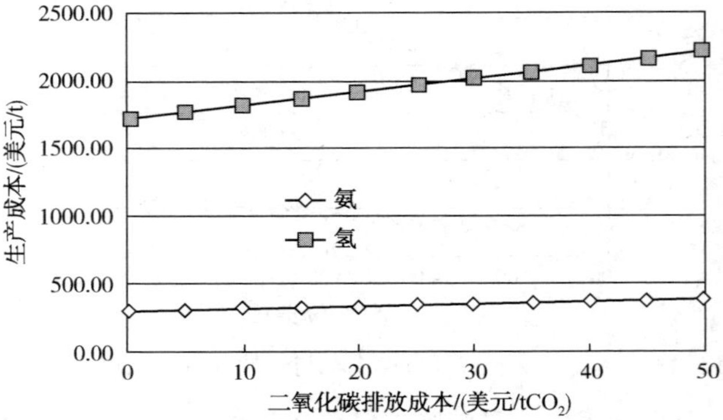

图6.14 二氧化碳排放成本与氨、氢生产成本的关系

(2) 电解水制氢的经济性

如果氢气可以从其他来源获得，如水电解，那么氨合成过程工业的成本将比SMR的成本低一些。它将不需要有一次蒸汽转化或二次蒸汽转化(部分氧化转化炉)。但需要通过空气分离装置(ASU)提供氮气。ASU的主要问题是需要大量的电力。

最近，Yara和BASF[23]宣布在得克萨斯州自由港开设了一个750kt/a的氨设施，该设施使用该地区各种石化工业的氢气，而不是天然气。据说，该设施在2017年耗资6亿美元。假设这一成本涵盖了包括ASU和储存以及氨合成单元在内的所有工艺设备，这些数据可被用作电解制氢生产氨成本的指导。第4章讨论了电解制氢的成本，并将此数据作为投入的氢成本。表6.11给出了这条路线的估计值。

该路线的资本成本已调整为850kt/a，并按2018年的物价水平进行了调整。据估计，该路线的资本成本为6.96亿美元，略低于SMR路线的9.36亿美元。该路线假定氢气效率为98%。

表6.11　以电解制氢成本估算氨生产成本

<table>
<tr><td colspan="2" rowspan="4">氨标准容量</td><td>850kt/a</td></tr>
<tr><td>2.50kt/d</td></tr>
<tr><td>19.13PJ/a</td></tr>
<tr><td>150kt/aH$_2$</td></tr>
<tr><td colspan="2">施工工期/a</td><td>3</td></tr>
<tr><td colspan="2">必要报酬率/%</td><td>10.00</td></tr>
<tr><td colspan="2">运营期/a</td><td>20</td></tr>
<tr><td colspan="2">资本回报率/%</td><td>14.60</td></tr>
<tr><td colspan="2">基准资本成本/百万美元</td><td>600</td></tr>
<tr><td colspan="2">基准年</td><td>2017</td></tr>
<tr><td colspan="2">区位因子</td><td>1.092</td></tr>
<tr><td colspan="2">NF指数</td><td>1.06</td></tr>
<tr><td colspan="2">最终资本成本/百万美元</td><td>696.03</td></tr>
<tr><td colspan="2">资本费用/(百万美元/a)</td><td>101.64</td></tr>
<tr><td colspan="2">标准值/(美元/t)</td><td>300.00</td></tr>
<tr><td colspan="2">营运资金(39天，300美元/t)/百万美元</td><td>22.50</td></tr>
<tr><td colspan="2">营运资金回报(10%)/(百万美元/a)</td><td>2.25</td></tr>
<tr><td colspan="2">资本费用/(百万美元/a)</td><td>103.89</td></tr>
<tr><td rowspan="5">运营成本/(百万美元/a)</td><td>人工(1%最终资本成本)</td><td>6.96</td></tr>
<tr><td>维护(3%最终资本成本)</td><td>20.88</td></tr>
<tr><td>保险(1.5%最终资本成本)</td><td>10.44</td></tr>
<tr><td>催化剂和化学品(1%最终资本成本)</td><td>6.96</td></tr>
<tr><td>非原料运营成本</td><td>45.24</td></tr>
<tr><td colspan="2">非原料运营成本总计/(百万美元/a)</td><td>149.13</td></tr>
<tr><td colspan="2">气体使用量(氢)/(PJ/a)</td><td>17.93</td></tr>
<tr><td colspan="2">效率/%</td><td>98.00</td></tr>
<tr><td colspan="2">氢价格/(美元/GJ)</td><td>30.76</td></tr>
<tr><td colspan="2">氢气成本/(百万美元/a)</td><td>562.62</td></tr>
<tr><td colspan="2">总成本/(百万美元/a)</td><td>711.74</td></tr>
</table>

续表

副产品信贷(B)/(百万美元/a)	0
净成本/(百万美元/a)	711.74
单位氨生产成本/(美元/t)	837.34
氢当量成本/(美元/t)	4744.95

上述制氢成本对应的电力成本为 50 美元/(MW・h)，氢原料成本为 30.76 美元/GJ(LHV)。氨生产成本为 837 美元/t 或 4745 美元/t 的氢当量成本，远远高于 SMR/气化路线。氨生产成本与氢气成本的关系如图 6.15 所示。

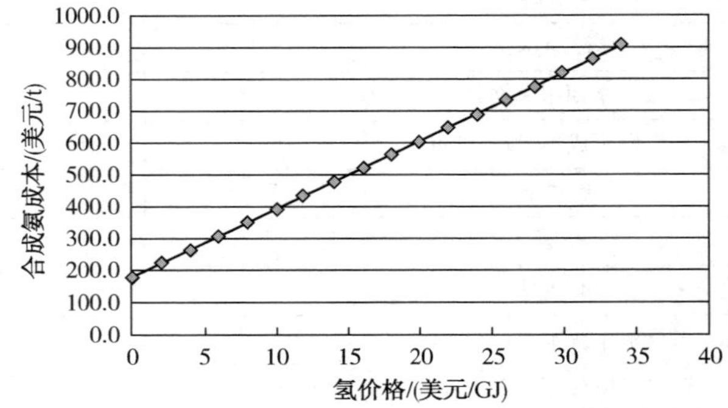

图 6.15　氨生产成本与氢气成本的关系

应该注意的是，YARA-BASF 操作收集、使用了来自几个工艺操作的氢气。据推测，在相关设施中，这种氢源是过剩的，在这种情况下，我们可以假设氢具有燃料的价值，在那儿由 Henry Hub 天然气的价格确定。在撰写本书时，该值约为 2~3 美元/GJ。以这个价格制氢，自由港工厂生产的氨将远低于典型的交易价格(500 美元/t)。

对于电解制氢，主要需要关注的参数是可用电力的成本。在这项工作中，假设电力成本在 50 美元/MW 附近，这是许多工业化经济体的常见价格。许多“绿色”可再生能源的支持者认为，电力价格为 20 美元/MW 时，将能适用于大型水力发电计划，但不太可能适用于风能和太阳能，尤其是在需要大型电池或开式循环燃气轮机作为备用的情况下。即便如此，以 20 美元/MW 计算，电解制氢的成本估计为 16.36 美元/GJ，则制氨的成本为 527 美元/t，仍然高于包含碳捕集与封存的 SMR 路线。

6.2.7　氨运输费用

无水氨在环境温度下很容易被压缩成液体。因此，它的运输与 LPG(丙烷和丁烷)的运输非常相似，船队可以很容易地进行氨和 LPG 的运输。一些用于氨贸易的船只可以装载 75000m³ 的液氨。

氨肥贸易受美国需求的影响。尤其是在美国玉米的主要产区，美国的氨肥需求又反过来由这些州的天气条件决定。氨的国际航运贸易以黑海乌克兰 Yuzhny 的氨价格为标志。这是历史上苏联主导跨洋氨贸易的结果。中央集权的国家将其在俄罗斯的大量天然气储备货币化，通过管道将天然气输送到乌克兰，在那里将其转化为氨，并通过大型苏联商船将氨运往世界各地。直到 1991 年苏联解体之前，氨通常都是以不变的价格(通常是 100 美元/t)供应的。自那以后，由于乌克兰和俄罗斯的关系，市场变得更加开放和复杂，这可能会影响黑海氨的供应和价格。

液化石油气和氨气运输费用由适当的报告机构广泛报告。费用与航行的距离成正比；图 6.16 表明了 2005 年丁烷运输的成本(来自各种来源的数据表明船舶容量为 75000m³)，从图中可以看出数据的分散度较大。由于物流的影响，运输氨的成本大约是液化石油气的两倍。据报道，2018 年 9 月，在 3500 海里(6482km)的行程中，氨气的运输成本约为 50 美元/t[24]。在 6700km 的行程中，氨气的运输成本为 60 美元/t，相当于氢气的运输成本为 340 美元/t。

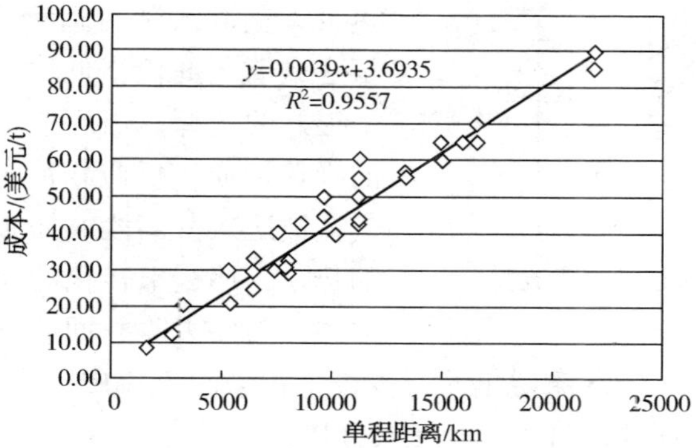

图 6.16　丁烷运输成本随单程距离的典型变化

6.2.8　氨裂解制氮气和氢气

氨裂解是氨合成反应的过程。氨裂解的热力学如图 6.17 所示。

氨裂解为氮气和氢气的自由能表明，在 400K(130℃)以上的温度下，该反应是可行的。这是一个适宜的工作温度，然而主要的问题是，需要大量的能量注入系统中，裂解焓为 50kJ/mol，约为 3kJ/g。除此之外，还必须加上蒸发氨所需的热量(23.3kJ/mol)和热损失量，例如，总共要提供大约 80kJ/mol 的热量。

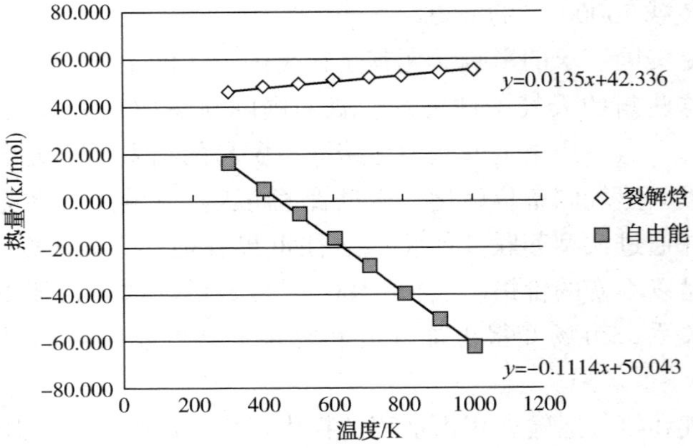

图 6.17　氨裂解热力学

氨裂解的简化流程如图 6.18 所示。

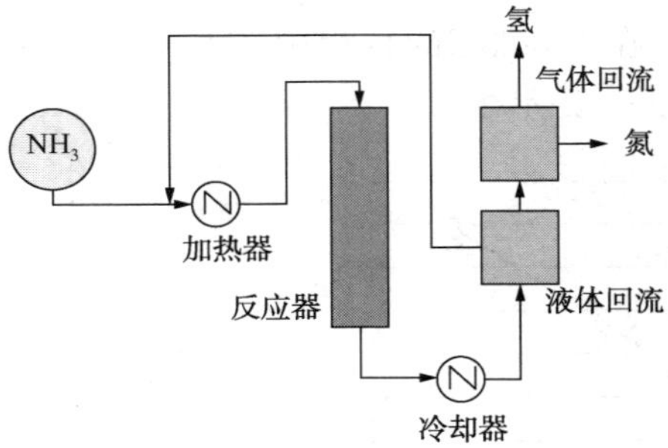

图 6.18　氨裂解的简化流程

在裂解过程中，从储存容器中取出液氨并加热到反应温度。加热器的作用是蒸发氨并提供足够的热量以满足反应所需的热量。氨进入装有适当催化剂的反应器。氨合成催化剂价格低廉，性能稳定，是一个很好的选择。当反应进行时，由于过程的吸热性质，反应物冷却。冷却后，裂解气体被送入分离段。如果系统中没有足够的热量，那么未转化的氨将存在于出口气体中，需要去除并回收至反应器，可能需增加一个分离塔和一个洗涤器单元，以进一步去除气流中的未转化氨进行回收。下一步是气体分离部分，将氢气与氮气分离。

氨裂解制氢有几种备选方案。Equinor[25]提出了一种方案，通过从氨气蒸发时的体积膨胀过程中获取能量用于提高工艺效率。Haldor Topsoe[26]提出了一种自热式反应器，在该反应器中，氧气被引入反应器顶部，部分氨被燃烧以提供反应热。后一概念的优点是不需要进口大量燃料(燃料油或天然气)，然而，如果所有的热量都是通过燃烧氨来投入的，它将消耗 20%的氨原料。

对于氨裂解生产 373kt/a 氢气的操作，没有经济统计数据，因此通过表 6.12 中的先验方法进行了估计。

表 6.12 终端和氨裂解装置的参数

氨储罐/百万美元		137.63	
氨裂解装置/百万美元		100.00	
小计/百万美元		237.63	
装置外(15%)/百万美元		35.64	
辅助(10%)/百万美元		23.76	
工程(15%)/百万美元		35.64	
资本成本/百万美元		332.68	
ROC(20 年寿命，2 年建成，10% *DCF*)		13.84%	
		46.04 百万美元/a	
营运资金(30 天，500 美元/t)/百万美元		88.07	
营运资金回报(10%)/(百万美元/a)		8.81	
资本成本/(百万美元/a)		54.84	
运营成本	人工	1.00%(资本成本)	0.55 百万美元/a
	维护	3.50%(资本成本)	1.92 百万美元/a
	保险	1.50%(资本成本)	0.82 百万美元/a
	催化剂和化学品	1.00%(资本成本)	0.55 百万美元/a
	小计/(百万美元/a)	3.84	
其他变量	电力/(百万美元/a)	2.00	
	燃料成本(燃油 4 美元/GJ)/(百万美元/a)	49.67	
	总生产成本/(百万美元/a)	110.35	
	氢	295.85 美元/t	
		2.48 美元/GJ	

主要项目的总成本估计为 2.37 亿美元，加上场外、辅助设施和工程津贴，最终资本成本估计为 3.32 亿美元。营运资金以储存 30d 为基础，氨价值为 500 美元/t(典型贸易价值)。项目燃料油费用为 4.0 美元/GJ。如果燃料由氨提供，燃料成本约为 1.33 亿美元/a。结果表明，制氢成本估算值为 295.85 美元/t 或 2.48 美元/GJ(LHV)。

6.2.9 总结

下面总结了氨法运输氢气的生产成本：

① 包括 CCS 在内的 SMR 制氢合成氨(表 6.10)2215.4 美元/t 或 18.5 美元/

GJ(LHV)；

② 氨的运输(图 6. 15 和讨论)340 美元/t 或 2. 85 美元/GJ；

③ 氨分解制氢(表 6. 12)295. 85 美元/t 或 2. 48 美元/GJ；

④ 总计 2850. 4 美元/t 或 23. 85 美元/GJ。

这种使用氨作为载体的 SMR/CCS 路线与甲苯/MCH 方法相比具有优势。这主要是因为天然气中的氢被转化成氨，而不是在单独的步骤中作为氢产生。然而，如果选择电解氢气，并且系统的裂解部分由氨燃烧驱动，则甲苯/MCH 路线将具有更低的成本。

参 考 文 献

[1] GIIGNL (The International Group of Liquid Natural Gas Importers), LNG Information paper No 3.

[2] The Baltic Exchange: www. balticexchange. com.

[3] Worldscale Association (London) Ltd & Worldscale Association (NYC): www. worldscale. co. uk.

[4] US Department of Energy. (November 1989) Assessment of Costs and Benefits of Flexible and Alternative Fuel Use in the U. S. Transportation Sector – Technical Report 3: Methanol Production and Transportation Costs. DOE/PE-0093.

[5] Developed from Oil & Gas Journal LNG chart quoting Cotton & Co. LNG ship cost of $1200/m³ 2003-2007.

[6] Timera Energy: https: //timera-energy. com/deconstructing-lng-shipping-costs/

[7] Wagner JV, van Wagensveld S. (8 – 10 October 2002) Marine transportation of com-pressed natural gas: A viable alternative to pipeline or LNG. In: The 2002 SPE Asia Pacific Oil and Gas Conf and Exhibition, Melbourne, Australia (8-10 October 2002), SPE Technical Paper 77925.

[8] Yost C, DiNapoli R. (2003) Benchmarking study compares LNG plant costs. Oil Gas J 101: 56-59.

[9] Connelly E, Penev M, Elgowainy A, Hunter C. (9 September 2019) US DOE Hydrogen and Fuel Cells Program Record, No. 19001, Current Status of Hydrogen Liquefaction Costs.

[10] Amos WA. (November 1998) Cost of Storing and Transporting Hydrogen. NREL/TP-570-25106.

[11] International Gas Union: www. igu. org.

[12] ERIA.(2018) Investment in LNG supply chain infrastructure estimation. In: Uemura T, Ishigami K, (eds), Formulating Policy Options for Promoting Natural Gas Utilization in the East Asia Summit Region Volume II: Supply Side Analysis. ERIA Research Project Report 2016-07b. ERIA, Jakarta, Indonesia, pp. 67-80.

[13] Wartsila Encyclopedia of Marine Technology: www. wartsila. com, www. coselle. com and

www. gev. com.

[14] Enersea Transport Inc. www. enersea. com.

[15] Mokhatab S, Economides MJ. (January 2007) Compressed natural gas – Another solution to monetize stranded gas. Hydrocarbon Processing, p. 59.

[16] Chiyoda Corporation. The Spera Hydrogen System. www. chiyodacorp. com.

[17] For example, see Sanderson JR, Renken TL, McKinney MW. (June 15, 2004) US Patent 6, 750, 374 to Huntsman Petrochemical Corporation.

[18] Maples RE. (1993) Petroleum Refinery Process Economics. PennWell Books, Tulsa, OK.

[19] For example Oil & Gas Journal, Refinery Process Handbook.

[20] Gallucci M. (23 February 2021) IEEE Spectrum. https://spectrum. ieee. org.

[21] Material Safely Data Sheets (MSDS) for anhydrous ammonia from the producers and sellers of ammonia give extensive descriptions on the hazards of ammonia use.

[22] Figure courtesy of Mike Clarke at METTS P/L.

[23] Yara and BASF open world – scale ammonia plant in Freeport, Texas, Press Release, 11 April 2018.

[24] Argus Ammonia, September 2018.

[25] Andersen HS, Ingvar Asen K. (21 March 2019) US Patent Application 2019/0084831, to Equinor Energy AS.

[26] Speth CH, Wind TL, Dahl PJ. (23 April 2020) US Patent Application 2020/0123006, to Haldor Topsoe A/S.

第 7 章　氢与化石燃料的竞争地位

发展氢经济主要是为了消除碳排放。为实现该目标，需要用氢气代替目前的化石燃料产品，这涵盖了所有的供应燃料。其中备受关注的是在车辆中使用氢燃料电池替代传统燃料，尤其是汽油和柴油。

用氢替代传统汽车燃料的问题之一是税收。大多数情况下(即使不是全部)，行政辖区都会从目前的传统燃料中获得大量税收。短期内当氢经济规模较小且正处于发展阶段时，该问题基本上可以被忽略，但从长远来看，必须解决收入损失的问题。氢经济在何时征税以及征收多少税仍是一个有争议的问题。

本章主要分析氢与传统化石燃料的竞争地位，特别是汽车中氢燃料电池与传统运输燃料的竞争地位。为了分析这一点，本章首先讨论了燃料电池的现状、运行情况及效率，以估算氢燃料电池在各种情况下相对于传统燃料的成本优势。

7.1　燃料电池

燃料电池的原理是利用燃料(例如氢气)和氧气(通常是空气)，通过电化学反应氧化燃料并发电。传统燃料燃烧产生水和二氧化碳，而氢燃料仅产生水。电解池中的化学反应并不理想，能量损失导致系统产生热量。对于一些大规模应用情况，这种副产热量可以被捕集并用在他处，类似于联合循环操作一样。但对于车辆来说，必须通过传统散热处理热量。

燃料电池在结构上与电解池非常相似，仅工作状况反向运行。如图 7.1 所示，氢气(或其他燃料)进入燃料电池的阳极侧，产生氢离子(质子)和电子：

$$H_2 = 2H^+ + 2e^- \quad (7.1)$$

这是一个简单过程，通常为理想效率。质子穿过电解质到达阴极。

空气中的氧气在电池阴极侧被还原为水。阴极侧电池反应为：

$$4H^+ + O_2 + 4e^- = 2H_2O \quad (7.2)$$

与阳极侧相比，阴极反应很复杂，效率低的情况主要发生在阴极侧。与电解池相同，研究人员对该电极的组成进行了广泛的研究，旨在提高系统的效率。

电子通过外电路从阳极到达阴极，产生直流电压。

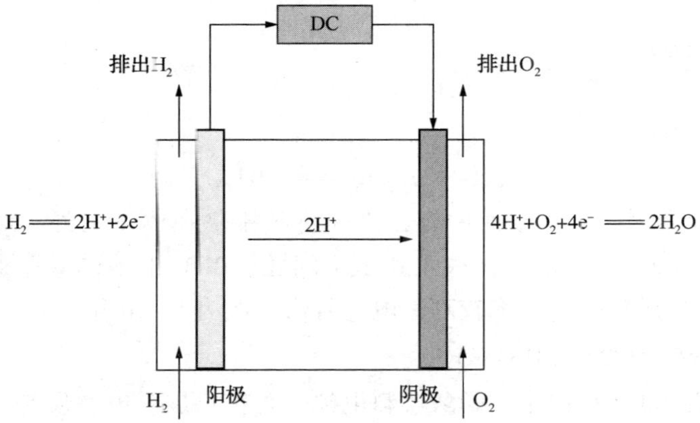

图 7.1 氢燃料电池的工作原理

电解池有几种类型，通常按照可在较低或适中温度下运行和高温运行来划分。

7.1.1 低温至中温燃料电池(环境温度 200℃)

(1) 碱性燃料电池

通常在常温下操作。碱性燃料电池自 1838 年就被人们广泛得知，因其经久耐用，被用于阿波罗太空任务。电解质为氢氧化钾溶液，电极由多孔碳负载催化剂(通常是铂)组成。

阳极反应为：

$$2H_2+4HO^- = 4H_2O+4e^- \tag{7.3}$$

阴极反应为：

$$O_2+2H_2O+4e^- = 4HO^- \tag{7.4}$$

该体系在太空中应用的优势是反应产生的水可以提取并用于其他地方。缺点是电池会被二氧化碳毒化，通过形成碳酸盐而耗尽电解质，因此必须将二氧化碳排除在体系之外。据称，当使用氢气作为燃料时，其效率可超过 60%。然而，该装置的使用寿命约为 2 年，但近期的发展可能使其连续运行 4 年[1]。

(2) 质子交换膜燃料电池

质子交换膜燃料电池(proton exchange membrane fuel cells)通常缩写为 PEM 或 PEFC，一般在 60～80℃ 的范围内运行，有些设计在更高温度下运行(140～200℃)。PEM 自 20 世纪 60 年代以来一直处于开发阶段，由于其可快速启动和低温运行，在车辆交通领域已很大程度上取代了碱性燃料电池。电解质是一种带有磺酸基团的氟碳聚合物。电极通常是多孔石墨纸，用聚四氟乙烯防湿，铂黑作催化剂。

阳极反应为：

$$H_2 \longrightarrow 2H^+ + 2e^- \tag{7.5}$$

阴极反应为：

$$4H^+ + O_2 + 4e^- \longrightarrow 2H_2O \tag{7.6}$$

PEM 电池会因一氧化碳而中毒，必须将其排除在体系之外。对于不纯的氢或碳基燃料(例如甲烷)来说，这尤其是个问题。PEM 电池的效率通常在 50%~60%[2]，使用氢燃料时的效率较高，电池寿命一般为 5~10 年[3]。

(3) 磷酸燃料电池(PAFC)

自 20 世纪 60 年代以来，磷酸燃料电池一直在发展。电解质是磷酸，储存在碳化硅基质中。电极包括多孔碳上负载铂。阳极和阴极反应与上述 PEM 燃料电池相同。

磷酸燃料电池主要针对固定应用和超大型车辆，工作温度通常在 140~210℃。通常使用天然气作为燃料，对二氧化碳和一氧化碳杂质的容忍度高。由于需要使用大量铂作为催化剂，因此价格昂贵。该类燃料电池的效率较低，在 37%~45%，但由于高温运行有利于热量回收，因此整体效率可达 85%，据称其使用寿命为 10 年[4]。

7.1.2 高温燃料电池(650~1000℃)

高温燃料电池的主要目标是使用天然气作为燃料而不是氢气。预计，氢的使用将提高其效率。

(1) 固体氧化物燃料电池(SOFC)

电解质是一种基于氧化锆并用氧化钇稳定的固体陶瓷膜。阳极通常由沉积在氧化锆上的多孔镍涂层组成，阴极是掺杂镁的锰酸镧。这种燃料电池需要至少 500℃的温度才能运行，更典型的是在 800~1000℃范围内运行。

阳极反应适用于氢燃料：

$$H_2 + O^{2-} \longrightarrow H_2O + 2e^- \tag{7.7}$$

或以一氧化碳为燃料：

$$CO + O^{2-} \longrightarrow CO_2 + 2e^- \tag{7.8}$$

以天然气为燃料：

$$CH_4 + 4O^{2-} \longrightarrow 2H_2O + CO_2 + 8e^- \tag{7.9}$$

阴极反应为：

$$O_2 + 4e^- \longrightarrow 2O^{2-} \tag{7.10}$$

SOFC 通常针对大规模的电力公用事业和分布式发电应用，其使用燃料较灵活，且电极中不需要铂或其他贵金属。SOFC 存在高温腐蚀问题，需要较长的启动时间，此外陶瓷膜上会产生应力，冷启动次数可能会受到限制，最好连续使用。SOFC 的效率约为 50%，随时间缓慢衰减，通常每运行 1000h 衰减 4%。

（2）熔融碳酸盐燃料电池（MCFC）

MCFC 的电解质是在惰性陶瓷基体中的熔盐混合物，通常是碳酸锂和碳酸钾。由于熔融电解质的要求，使得 MCFC 通常的工作温度在 600~700℃。阳极是铬合金化的多孔镍粉。阴极是掺杂锂的多孔氧化镍。

氢燃料的阳极反应为：

$$H_2+CO_3^{2-} = H_2O+CO_2+2e^- \tag{7.11}$$

以一氧化碳为燃料：

$$CO+CO_3^{2-} = 2CO_2+2e^- \tag{7.12}$$

阴极反应为：

$$O_2+2CO_2+4e^- = 2CO_3^{2-} \tag{7.13}$$

MCFC 通常应用于分布式发电，并被广泛应用。MCFC 在燃料灵活性方面具有优势，但存在启动时间长和功率密度低的问题。通常，MCFC 的容量约为 2MW，但也有人提议提高至 100MW，发电效率约为 60%，但通过热回收，效率可达到 85%。MCFC 的衰减率较低，通常小于 0.5%/1000h[5]。

注意，在这些化学式中，二氧化碳在阳极排放，需要在阴极中再循环。由于 MCFC 产生二氧化碳后转化为碳酸盐，因此引起了人们对其从烟气中捕集二氧化碳的关注[6]。

7.2 燃料电池应用

本书不会详细回顾燃料电池的应用。通过任何适当的搜索都可以轻松地找到目前已经举行和未来继续举行的许多有关氢经济的评论和会议[7]。在不同的位置指出了燃料电池的一些主要参与者和推动者，并参考了他们的网站。这篇简短的综述旨在概述燃料电池的主要应用，以帮助了解氢与目前使用的化石燃料的竞争地位。

7.2.1 目前化石燃料在燃料电池中的使用

除了在小型电子设备中的使用以外，我们主要关注的是固定式应用和车辆方面的消耗大量氢的场景。

对于固定式应用，大多数燃料电池都是针对特定应用而制造的，可以非常大，主要用于电力供应和备用电源。由于这些应用通常是连续的，且功率要求很高，因此高温燃料电池（SOFC、MCFC）通常是首选，但并非普遍如此。高温燃料电池的优势在于，如果应用场景可利用副产热量，则可以实现非常高的效率。此外，这些高温燃料电池能够使用从天然气到石脑油以及氢气在内的各种燃料，并且对燃料中的大多数常见杂质都很耐受。在这方面，氢将直接与天然气等化石燃料竞争。氢燃料可能比天然气具有一些效率优势，但考虑到整体设施，该优势将很小。

固定式应用的优势得到了广泛的证明，并且大多数都处于商业开发阶段，并有许多实用案例。其中涵盖了：

① 私人住宅的应急备用电源，特别是在缺少电网的地区，作为柴油发电机的备用电源。

② 作为 24 小时供电设施的备用电源装置（每天 24 小时、每周 7 天），例如医院、数据中心、警察局和消防部门、杂货店和零售店。一个典型机组将在 2 小时内提供 25kW 功率电力。

③ 为现有电网提供补充电力。可实现相当于 1MW 或以上的大型机组。

④ 为未并网的住宅区供电。

⑤ 满足现有机构（例如军事基地、医院和银行）的所有电力需求。燃料电池单元按比例缩小，以供相关机构使用。

⑥ 结合风力发电或太阳能发电提供初级电力。

⑦ 为工业运营和现场提供热量和电力。

对于车辆来说，选择的燃料电池类型通常是较小的 AFC、PEM 或 PAFC。较大的车辆倾向于使用较大的 PAFC 类型。对于这些类型的燃料电池，碳氢化合物燃料通常是装在传统车辆油箱中的低沸点石油馏分（例如液化石油气或石脑油），为了最有效地利用，这些气体在车载装置中被转化为氢气、一氧化碳和二氧化碳，该装置就像小型化的蒸汽甲烷重整器（SMR），并可以有多种设计。大多数情况下，碳氧化物对燃料电池的运行有害，必须在进入燃料电池之前从原始的重整气中选择性地去除（例如使用膜分离器）。

如果忽略碳排放问题，使用石油馏分的方法一直受到青睐，因为它使用了现有燃料的物流和基础设施，因此可以低成本地将氢燃料输送到燃料电池中。与传统车用燃料相比，氢燃料电池的优势在于：

① 排放更清洁，二氧化碳排放比内燃机低 90%。

② 低噪声，虽然在某些情况下可能太低，需要添加设备以警示车辆靠近。

③ 提高燃油效率，据称油耗超过 100mpg（英里/加仑）。

④ 冷启动能力，可以-40℃冷启动。

⑤ 可以很容易与电池结合，制造混合动力汽车。

⑥ 制氢燃料灵活性，用其他燃料在船上制出氢气。

⑦ 减少对进口石油的依赖。

⑧ 吸引政府支持和补助。

燃料电池汽车的主要缺点是：

① 燃料物流和基础设施既复杂又昂贵，尤其是氢燃料。

② 燃料电池汽车价格昂贵。

③ 需要进一步开发来提高效率。

④ 与传统燃料(尤其是柴油)相比，这些车辆的续航里程有限。

为替代目前碳基燃料系统，氢将与传统的运输燃料——汽油、柴油和燃料油竞争。

自20世纪90年代以来，燃料电池汽车一直作为概念示范车生产。大多数(即使不是全部)世界主要汽车制造商都生产了概念车(维基百科列出了超过25家制造商的70多款概念车)。一些制造商生产了量产车型。

氢燃料电池汽车的总体布局如图7.2所示。典型的乘用燃料电池汽车布局有多种设计。在图7.2所示的版本中，燃料电池位于底盘中央，后面有储氢罐和电动机。氢气被传递到产生电能的燃料电池，为电机提供动力并为电池充电，以便在需要时提供额外的电力。图中未显示将电源校正到所需电压的逆变器单元和用于从燃料电池中去除多余热量的冷却系统。

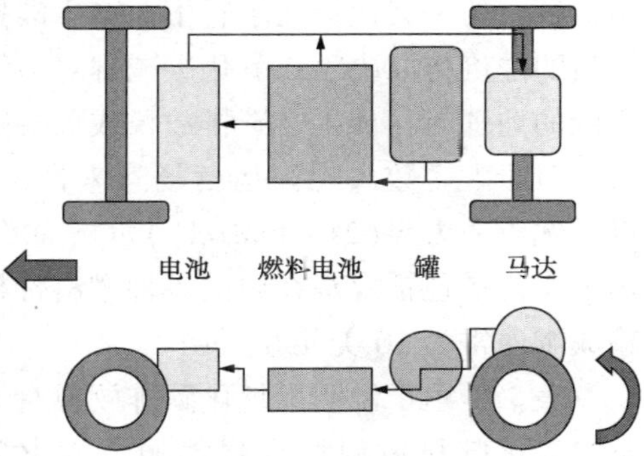

图7.2　氢燃料电池汽车的总体布局
(根据BMW图片)

除了乘用车，常见的还有比公共汽车这种更大的示范车辆。公共汽车可以在车顶的储气罐中携带氢燃料，以延长公共汽车和类似车辆的行驶里程。储氢对于火车来说不是问题，Alstrom[8]已经在荷兰建造了相应的火车。

2008年，波音公司展示了一架由氢燃料电池驱动的小型电动飞机。最近(2019年)美国能源部宣布了一项使用燃料电池的飞机研究项目并投资5500万美元。

7.2.2　固定式应用的竞争

本质上，不同类型传统燃料之间的竞争是基于在单位能源成本(例如美元/GJ)上加上交付客户的一些保险和折扣，以帮助客户解决一些问题。在许多情况下，设施的具体要求决定了在没有大量资本支出下适用燃料的选择，这在电力行业中有很多例子。

曾几何时，煤炭是许多地区首选的发电燃料。煤炭遍布世界各地(有趣的是，除了中东石油省份)，并且可以从本地产生电力，从而节省进口成本。在世界的一些地方，燃料油是首选，因为它更容易储存和供给大型锅炉。一些设施既可使用煤炭也可使用燃料油，因此在这些市场上，煤炭和燃料油在单位能源价格上正面竞争。然而，煤和燃料油都含有硫，为了限制硫排放(酸雨)，天然气或液化天然气作为替代品出现。由于天然气减少了硫排放，发电商愿意为其支付溢价，因此从能源角度看，液化天然气的价格高于煤炭或燃料油。这导致使用比先进的蒸汽锅炉具有更高效率的燃气轮机联合循环(GTCC)技术建造的提供基本负载电力的大型燃气发电机，只能使用燃气或低沸点(通常更昂贵)的液体燃料，例如LPG或石脑油。

在引入氢经济时，氢必须在这个可能的替代品网络中找到自己的位置。当然，氢气的一大优势在于它不会产生碳排放，因此从广义上讲，氢气相对于传统燃料的溢价将取决于二氧化碳减排对最终用户的价值。在许多情况下，这将取决于碳的地理封存成本、碳排放税或需要购买的碳补偿价格。

对于大多数大规模运营场景来说，氢气将替代煤炭、燃料油或重柴油。最近，优质动力煤(25~30MJ/kg)价格通常在50~100美元/t之间(澳大利亚纽卡斯尔离岸价；包括煤炭在内的各种燃料价格，请参阅欧佩克月度报告)，煤炭的运输成本通常为10美元/t。

表7.1用于说明二氧化碳排放税对煤炭能源成本的影响。这给出了煤炭成本与二氧化碳排放税对煤炭能源成本之间的关系。假定煤为优质煤，比能量为30MJ/kg，含碳量为78%。

表7.1　二氧化碳排放税对煤炭能源成本的影响　　美元/GJ

煤炭价格	CO_2排放税					
	0美元/t	20美元/t	40美元/t	60美元/t	80美元/t	100美元/t
50美元/t	1.67	3.57	5.48	7.39	9.29	11.20
75美元/t	2.50	4.41	6.31	8.22	10.13	12.03
100美元/t	3.33	5.24	7.15	9.05	10.96	12.87
125美元/t	4.17	6.07	7.98	9.89	11.79	13.70

如果煤炭价格为50美元/t且没有二氧化碳排放税，则煤炭能源成本为1.67美元/GJ(回想一下煤炭的HHV和LHV非常相似)。如果每排放一吨二氧化碳征

收 100 美元的税，能源成本将上升至 11.20 美元/GJ。现在回忆一下第 4 章中的制氢成本：

① 使用 CCS(蓝氢)以 2 美元/GJ 的价格从天然气中获取——9.63 美元/GJ；

② 通过电解水，能量为 50 美元/(MW・h)——30.64 美元/GJ；

③ 通过电解水，能量为 25 美元/(MW・h)——18.68 美元/GJ。

在高煤价和高碳排放成本(煤价>125 美元/t，碳排放税>60 美元/t)的情况下，直接用氢替代煤而不增加发电成本对于蓝氢是可行的。此外，如果不征收高额的二氧化碳排放税，绿氢就无法替代煤炭。

发达国家的许多地区都制定了到 2050 年管辖范围内消除碳排放的目标。很少有国家制定了如何实现这一目标的路线图，也没有预测会产生的一些不可避免的后果，例如能源和电力价格上涨、粮食安全状况不佳以及在土地转为生产可再生燃料时而对森林的砍伐。

除了生物燃料，被认为可实现 2050 年目标的两个领域是工业和车辆的大规模电气化以及氢经济的快速引入。另一种被提议的方法是从目前的运营中大规模引入碳捕集与封存。后一种方法遭到部分公众的强烈反对。如上所述，用氢气替代燃煤发电机需要提高的碳排放税远远超出目前正在考虑的方法，例如碳排放税远超过 100 美元/tCO_2。

还应该指出的是，除非氢是蓝氢，否则用 SOFC 燃料电池等氢发电机取代目前的电网发电机组不太可能产生有竞争力的电价，因为目前最好的燃料电池效率通常为 60%。这并不比现代高效低排放(HELE)燃煤电厂高多少，接近于使用整体气化联合循环(IGCC)电厂可以实现的能效。如果氢气通过电解生产，则氢气的基本成本太高。

综上，氢燃料电池在大规模固定式发电方面的应用仅限于小众市场，而不是大规模电力生产。

7.2.3 车辆应用的竞争

对于氢燃料汽车，有两种情况需要考虑：与传统燃料的竞争，以及与电池技术的竞争。在考虑相对竞争地位时，由于燃料在车辆中占据的体积是一个关键因素，因此要注意替代品的体积能量密度。这在图 7.3 中进行了说明，该图绘制了相关燃料的体积能量密度与比能量密度的关系。

图 7.3 显示出化石燃料(汽油、喷气燃料、柴油和燃料油)具有相对较高且大致相似的体积能量密度和比能量密度。相比之下，其他人们感兴趣的燃料(液氨、压缩甲烷等)的体积能量密度非常低。尽管氢的比能量密度非常高，但无论是液态还是压缩氢气(70MPa，700bar)都存在该问题。在所有其他条件相同的情况

下，以替代燃料代替化石燃料，对于给定的车载存储容量，化石燃料将提供更高的里程数。竞争地位的出现是因为一些替代品，如氢(和电池)提供零碳排放和提高发动机效率以部分抵消这个问题。

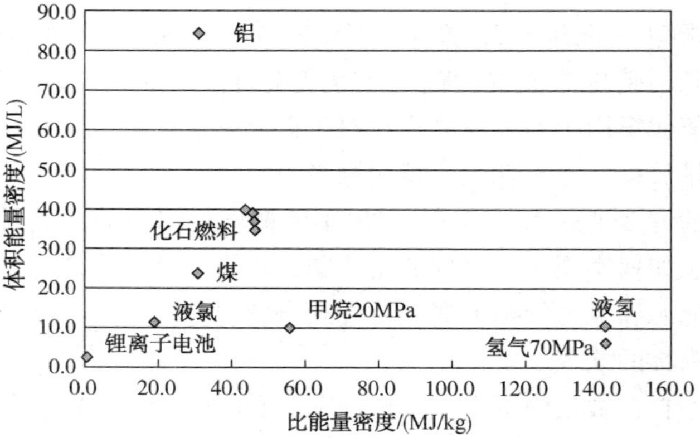

图 7.3　各种燃料的比能量密度和体积能量密度

值得注意的是，目前的锂离子电池能量密度非常低，这给电动汽车的行驶里程带来了挑战。为了提供与传统燃料相同的里程，电动汽车面临的挑战是大幅增加能量存储容量。此外，体积能量密度最高的燃料是铝，可用于火箭发动机。

7.3　车用氢和化石燃料的竞争地位

有三个考虑因素：化石燃料的价格，燃料电池汽车和传统发动机的相对效率，以及适用于燃料行业的税收。以相反的顺序进行讨论。

7.3.1　税收和地方保费

大多数石油进口国对传统燃料征税。对于许多地区而言，这些税收是政府可观的收入来源。此外，还可以抑制过度使用进口燃料，并鼓励继续开发和使用更高效的车辆。近年来，二氧化碳排放引起了人们的关注，这可能会变为额外的燃油税，而非碳燃料则免税，此外，车辆设计规则的变化，旨在通过持续提高效率来降低车辆的排放。对非化石燃料征收排放税可采取折扣或免除对传统燃料征税的形式。在许多地区，征收和豁免排放税似乎有些武断。

至于如何处理氢燃料尚无定论，并且每个地区可能会有所不同。由于氢经济处于发展的早期阶段，可能会出现税收减免情况。但是，如果氢燃料成为车辆的重要组成部分时，预计政府将寻求通过对氢燃料征收某种形式的税来支撑传统燃料日益减少的税收(通过增加使用显然不缴纳燃油税的电动汽车来增加收入的方法。几个地区现在正在积极考虑)。

参考澳大利亚和日本设定汽油价格的做法来说明对传统燃料征税和基本燃料价格的确定。

澳大利亚有一些相对较小的炼油厂，约占石油产品市场需求的一半，其余来自进口。从澳大利亚有汽车制造业开始，汽油市场就以 91 辛烷值(91RON)的无铅汽油为基准。91RON 汽油的零售价以新加坡市场上的 95RON(所谓的 95MOPS)为基准。使用 95RON 作为基准有利于当地炼油厂差异化。此基本价格加上码头费(根据目的港的不同而有所差异)及分销津贴和零售利润。然后加上消费税，包括消费税在内的全部都要缴纳商品和服务税。总和就是 91RON 的零售价。炼油厂为 95RON 和 98RON 等级设定了溢价。忽略税收成分，这使本地相对于新加坡市场溢价约为 10 美元/bbl 或约 2 美元/GJ(LHV)。

国内生产的氢燃料可能会以 91RON 等级的批发进口平价价格为基准，并加上类似的分销津贴和零售利润。征税量(消费税及商品和服务税)是有争议的。

日本拥有一系列满足国内需求的大型炼油厂，并拥有大部分的汽车制造业，可生产需要 95RON 或更高汽油等级的汽车。日本 95RON 等级的零售价以新加坡 95RON 等级为基准。本地炼油厂没有溢价。除此之外，还增加了燃油税和进口税，再加上增值税(VAT)和零售利润津贴，可以确定 95RON 汽油在日本的零售价。

进口到日本的氢气价格以新加坡 95RON 加上运输成本为基准，后者相对较小，因此新加坡价格可能是最重要的。氢的燃料税和进口税以及增值税有多少将再次引起争论。

7.3.2 相对发动机效率

燃料电池汽车通常被认为具有 40%~60%的热效率。对于氢燃料，效率可能接近 60%，考虑传输损失应该略有折扣。

对于传统内燃机，效率要低得多，许多老式汽油发动机的效率通常为 25%。然而在过去 10 年左右的时间里，许多汽油发动机(奥托循环)的效率已经提高到 35%，这是现代柴油发动机的典型特征。然而应该注意的是，在一些汽油/电池混合动力汽车中，发动机以阿特金森循环运行，其效率为 38%，并声称已证明效率超过 40%。

基于这项工作的目的，假设氢燃料电池汽车将以 60%的效率运行，而传统燃料汽车将以 35%的效率运行。这使得氢燃料的能源价格相对于传统燃料的价格溢价 60/35=1.71。

7.3.3 传统化石燃料的价格

考虑到各种能源制氢成本与原油现行价格关系不大，而常规燃料的价格与原油的现行价格直接相关。简言之，石油和石油产品主要有三大交易区，它们相对于不同原油的基准价格——美湾（相对于 WTI）、北海（相对于布伦特，通常称为 ARA—阿姆斯特丹、鹿特丹和安特卫普）和新加坡（相对于 Tapis 或布伦特）。石油市场规模庞大、公开透明，一个地区短缺，其他地区可迅速供应。

图 7.4~图 7.6 说明了新加坡市场运输燃料的现行价格与作为当地标记原油的 Tapis 原油价格之间有高度相关性。图中给出的相关性可用于预测给定标记原油价格的运输燃料的交易价格，在本例中为 Tapis 原油。为了确定氢燃料相对于传统燃料的竞争地位，可以使用当地溢价和税收之前的原油现行价格合理预测运输燃料的价格。

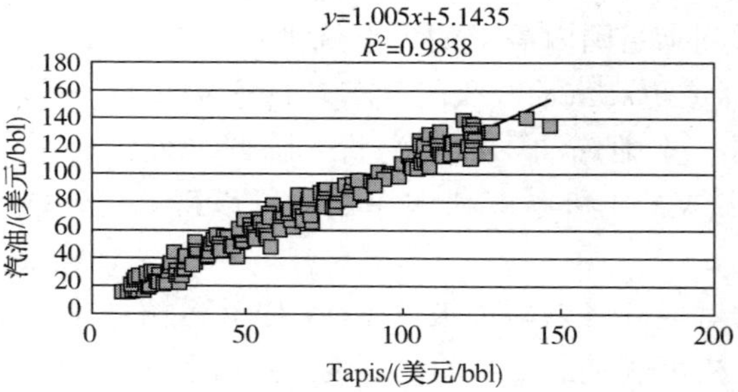

图 7.4 新加坡市场上汽油（95RON）与 Tapis 原油的相关性

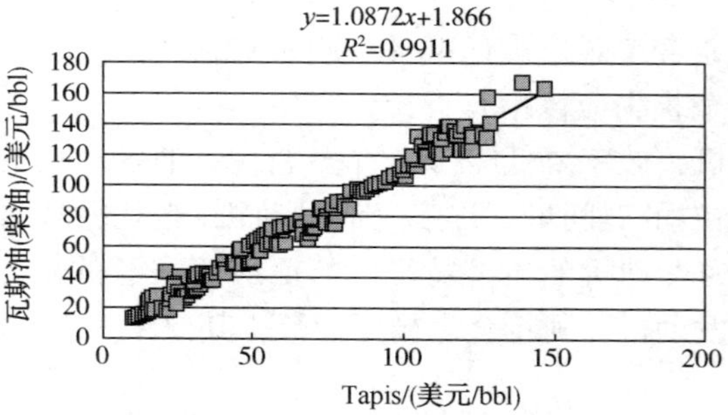

图 7.5 新加坡市场上瓦斯油（柴油）与 Tapis 原油的相关性

表 7.2 通过估计新加坡市场上汽油、瓦斯油（柴油）和燃料油的能源价格来说明这一点，Tapis 原油为 70 美元/bbl。

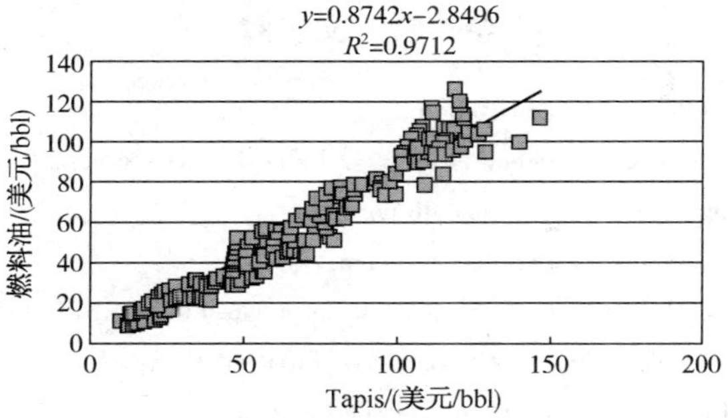

图 7.6 新加坡市场上燃料油与 Tapis 原油的相关性

表 7.2 汽油、瓦斯油(柴油)和燃料油的价格估算(Tapis 原油为 70 美元/bbl)

项目	汽油	瓦斯油(柴油)	燃料油
价格/(美元/bbl)	75.49	77.97	58.30
价格/(美元/t)	646.22	579.32	407.05
价格/(美元/GJ)(LHV)	15.21	13.47	9.47

如上所述，如果应用 1.71 的调整系数，燃料电池汽车比传统内燃机具有更高的效率，那么制氢成本：汽油为 26 美元/GJ(15.21×1.71)，柴油为 23.0 美元/GJ(13.47×1.71)，燃料油为 16.2 美元/GJ(9.47×1.71)。无碳排放氢的生产成本是：

① 使用 CCS(蓝氢)以 2 美元/GJ 的价格从天然气中获取——9.63 美元/GJ；

② 通过电解水，50 美元/(MW·h)，30.64 美元/GJ；

③ 通过电解水，25 美元/(MW·h)，18.68 美元/GJ；

④ 按 1 美元/GJ 的生物质——23.17 美元/GJ。

在油价为 70 美元/bbl 的情况下，氢气相比汽油、瓦斯油(柴油)以及低成本气体(包括碳捕集与封存)等具有竞争力，利用生物质制氢和低电价电解制氢成本为<25 美元/(MW·h)。

在动力应用、低速柴油船用发动机中，若要使氢气与燃料油相比具有竞争力，则氢气需由低成本气体或通过电解产生，其中电力的价格约为 20 美元/(MW·h)或更低。

考虑到分析中的误差，这些值表明当原油价格为 70 美元/bbl 或更高时，氢气与传统燃料相比具有相当的竞争力。这些比较并未考虑运输物流和运输成本。第 8 章将讨论考虑采用这些成本时的案例，以更现实地估计氢与传统燃料之间的竞争地位。

参考文献

[1] AFC Energy PLC.（2019）Annual Report.

[2] Wikipedia reports the ideal efficiency is 83%. 3 Ballard Power Systems.（2019）Annual Report.

[3] Ballard Power Systems.（2019）Annual Report.

[4] Doosan Corporation website：www. doosan. com.

[5] Maru HC，Farooque M.（March 2005）Molten Carbonate Fuel Cell Product Design Improvement. US DoE，Contract No. DE-FC21-95MC31184（FuelCell Energy Inc）.

[6] Fuel Cell Energy Inc website：www. fuelcellenergy. com.

[7] For instance Nuttall WJ，Bakenne AT.（2019）Fossil Fuel Hydrogen. Springer.

[8] Alstrom.（6 March 2020）Alstom's hydrogen train Coradia iLint Completes Successful Tests in the Netherlands. Press Release.

第 8 章　氢经济的案例研究

本章旨在使用第 3~6 章中的数据来评估各种情景中的氢经济并梳理出相关问题，这些问题将影响特定地点建立氢燃料解决方案的方法。

8.1　案例研究 1：氢气在家庭环境中的生产和使用

前几章的大部分工作都集中在氢的大规模生产上，以推动整个经济从传统燃料转向氢燃料。还有另一种侧重于小规模和本地制氢的情况。在极端情况下，家庭氢经济代表仅依赖于水和太阳能输入的一种独立运行机制。图 8.1[1] 给出了该场景的轮廓，是为作者所在地澳大利亚墨尔本制定的。

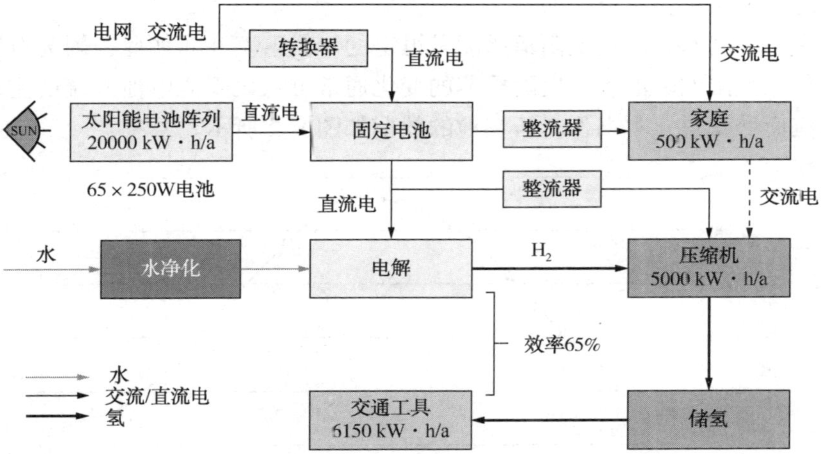

图 8.1　家庭氢经济

这个方案的能量输入是太阳辐射，基于太阳能电池阵列转化为电能，并可能连接电网用于备份或输出多余的电力。太阳能电池阵列馈电给储能电池系统储存多余的电力，并充当电源的调制器，同时储能电池系统也连接到电网。到目前为止，该系统在满足家庭用电需求方面越来越受欢迎。

在家庭氢经济中，太阳能电池系统还为产生氢气的电解装置供电。该电解装置的水源来自饮用水，但需要预处理以去除氯离子和类似阴离子，否则会干扰电解。此外根据水质判断，如果阳离子会干扰制氢，则可能需要去除阳离子。

氢气的主要用途是用于车辆运输。然而，另一种方法是使用更大的电解系统，并使用氢气为燃料电池提供动力，用于家庭发电。该选项未在图中显示。

对于车辆的运行，需要压缩氢气。虽然70MPa(700bar)是首选，但对于家庭需求，35MPa的较低压力可能就足够了。该图中使用压缩机，市场上也有隔膜压缩机，而未来可能使用膜式压缩机。

无论选择何种类型的压缩机，都不太可能达到大型往复式活塞压缩机的高效率，其对压缩机的功率需求非常高。经压缩之后，氢气将储存在气瓶中，并可用于填充车载燃料储存系统。

该图的估算是基于每周需要3.55kg氢气的车辆，理论上约为19000km/a(12000mile/a)，相当于6150kW·h/a，这意味着如果电解槽以65%的效率运行(碱性电解池)，则电解将消耗9461kW·h/a。此外还需包括5000kW·h/a的压缩用能和相近电量的家庭电力需求(如澳大利亚维多利亚州)，理论上太阳能电池阵列需要提供20000kW·h/a的电量。在撰写本书时，这可以通过65×250W太阳能电池实现。这对于家用太阳能电池阵列来说非常大，但对于偏远的农场或类似的地方来说可能是可行的。

其中一个基本假设是太阳辐照度是恒定的。但事实并非如此，因为有明显的季节变化。太阳能电池板输出随季节的变化通常可从太阳能电池系统的主要制造商和供应商处获得，本书作者所在地的数据如图8.2所示。

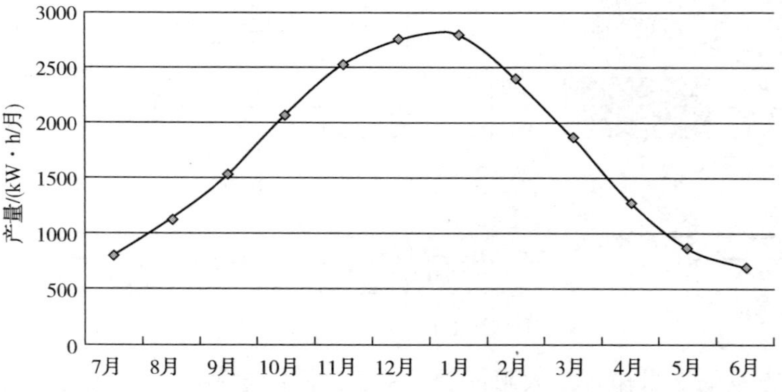

图8.2　年发电量为20000kW·h系统的月产量(澳大利亚墨尔本)

图8.2清晰地表明一个主要问题，尽管系统将提供20000kW·h/a或平均1667kW·h/月，但全年的输出有很大的波动，从低于1000kW·h/月(5月至8月)到超过2500kW·h/月(11月至2月)。对于家用氢气场景，存在三种可能的解决方案：①大量增加太阳能电池板的数量，以在太阳辐照度最低的时期提供所

需的电力，并适当扩大设备规模以应对高太阳辐照度时期；②氢气和/或电池的储存量大幅增加；③并网以输入或输出电力。前两种解决方案将提供离网的电力和氢气，但成本较高。第三种选择需要连接电网，以便在太阳能输出最小时提供电力，并可能吸纳夏季产生的多余电力。

考虑到这些想法和要点，这种氢经济解决方案很可能不会成为家庭电力和运输的低成本选择。

8.2 案例研究2：大规模太阳能制氢

绿色氢经济的概念是由某种可再生能源提供动力，通过电解法制氢。在世界上那些如挪威等低成本水力发电的地区，这种做法已经实践了很多年。最近，有人提议使用其他类型的可再生能源，例如风能或太阳能。有人提议在太阳辐照度高的地方，例如澳大利亚中部或中东，通过将电解与大型太阳能发电系统结合来制氢。其中一些方案使用不同形式的零碳排放电力，例如风力发电与水力发电互补，为电解槽提供恒定的电力。

本案例研究考虑了使用大规模太阳能的概念。这个想法是通过偏远地区的太阳能电池阵列发电，该地区具有高水平的太阳辐照度，并且土地相对便宜，以容纳大面积太阳能电池阵列，可能数百公顷土地上有数百万个太阳能电池板。该概念设想可为服务40000辆汽车的集中式设施提供足够的氢气，即约373kt/a的氢气产量。这里考虑了几种可能性：

① 在现场电解和压缩，并通过管道将氢气输送到城市加氢设施。

② 如上所述，但利用现有的天然气管道。

③ 如上所述，但将产生的电力通过高压电缆传输到城市，然后在城市周边生产氢气。

要解决的主要问题是在偏远地区大规模收集太阳能的成本。考察最近(2017—2020年)澳大利亚东部(南澳大利亚、新南威尔士和昆士兰)拟议公共领域的开发项目信息，可给出表8.1中的统计数据。

表8.1 澳大利亚大型太阳能的一些统计数据

审议的提案数量	18	最多太阳能电池板数量/个	1000000
最低容量/MW(AC)	133	平均资本成本/(万澳元/MW)	129
最高容量/MW	1500	电池的平均资本成本/(万澳元/MW)	210
最少太阳能电池板数量/个	500000	平均效率/%	24.2

这些设施的平均资本成本为129万澳元/MW。一些提案中也包含备用电池，

但这似乎主要是为了调节输出，而不是增强供电能力。但该提案会使资本成本增加一倍。各方案的平均效率为 24.2%。这是根据公布的每年发电量和理论上供应的家庭数量推断得出的——澳大利亚不同州的平均家庭用电量由政府监管机构报告——与宣称的兆瓦容量相比较，24.2%的效率对于太阳能发电来说似乎很高，但从分析的目的是可以接受的。

这些值已被用于大规模太阳能应用，为电解厂提供动力，使得电解厂能为中央燃料设施生产 373kt/a 的足量氢气。表 8.2 是针对使用以 58%效率运行的质子交换膜电解池系统统计的数据。

表 8.2　大型太阳能电池阵列的发电成本估算

<table>
<tr><td colspan="2">所需电源/MW</td><td>2628.72</td></tr>
<tr><td colspan="2">效率/%</td><td>24.2</td></tr>
<tr><td colspan="2">所需装机容量/MW</td><td>10871.776</td></tr>
<tr><td colspan="2">资本成本/百万美元</td><td>8851.2067</td></tr>
<tr><td colspan="2" rowspan="2">ROC(20 年寿命，2 年建成，10% DCF)</td><td>13.57%</td></tr>
<tr><td>1200.80 百万美元/a</td></tr>
<tr><td colspan="2">工作容量/(百万美元/a)</td><td>0</td></tr>
<tr><td rowspan="5">运营成本</td><td>人工/(百万美元/a)</td><td>2.00</td></tr>
<tr><td>维护(1%资本成本)/(百万美元/a)</td><td>88.51</td></tr>
<tr><td>化学品/(百万美元/a)</td><td>2.00</td></tr>
<tr><td>保险(1.5%资本成本)/(百万美元/a)</td><td>132.77</td></tr>
<tr><td>总运营成本/(百万美元/a)</td><td>225.28</td></tr>
<tr><td colspan="2">总成本/(百万美元/a)</td><td>1426.09</td></tr>
<tr><td colspan="2">输出/(MW·h)</td><td>2.15×10^7</td></tr>
<tr><td colspan="2">单位功率成本/[美元/(MW·h)]</td><td>66.48</td></tr>
</table>

生产 373kt/a 氢所需的功率为 2629MW。如果全部由太阳能电池阵列提供，那么在 24.2%的效率下，需要 10871MW 的装机容量。该阵列的资本成本是根据表 8.2 中的数据得出的，假设不需要通过逆变器将产生的 DC(直流电)转换为 AC(交流电)可以将成本降低 10%。这将使资本成本降低至 116 万澳元/MW，当澳元/美元=0.7，资本成本为 81.4 万美元/MW。

表 8.2 中的统计数据证明这是一个巨大的阵列，其规模与为新加坡供电的 Sun Cable 项目相近[2]。假设它可以在 2 年内建成，有 20 年的寿命并提供 10%的贴现现金流；资本回报率为 13.57%或 12 亿美元/a。一旦启动并运行，太阳能电

池板具有较低的运营和维护成本。

总成本为1426百万美元/a，相当于66.5美元/(MW·h)。该值接近文献中报道的大规模太阳能成本[3]。

使用之前估算电解制氢成本的方法，估算现场制氢成本对电力成本的敏感性，如图8.3所示。

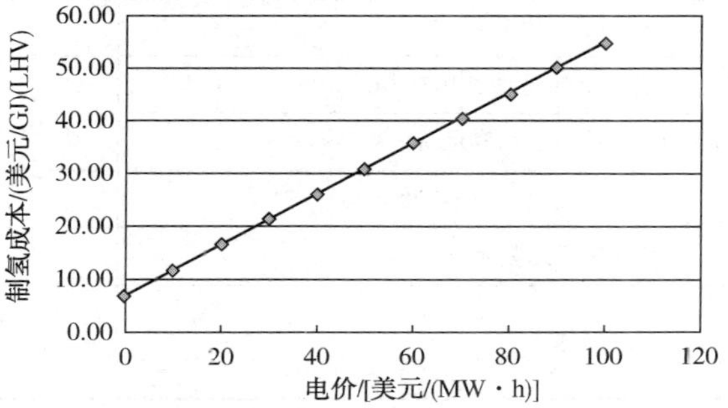

图8.3 制氢成本对电价的敏感性

在66.5美元/(MW·h)的情况下，包括资本部分在内的制氢成本估计为4625美元/t或38.7美元/GJ(LHV)。除去资本部分，制氢的现金成本估计为3906美元/t或32.7美元/GJ(LHV)，再次显示了将太阳能发电电价降至最低的重要性。

如果要通过管道输送氢气，则需要压缩。对于中央设施(373kt/aH_2)，表8.3估算了各种入口和出口压力下的压缩成本。压缩成本为7235美元/kW是基于假设2年建设周期、20年寿命和提供10%的资本回报率进行估算的。

表8.3 管道氢的压缩成本估算

项目	输入/bar	输出/bar	功率/MW	资本支出/百万美元	资本回报	
					百万美元/a	美元/GJ
电解后分配	1	200	352	2547.0	345.5	7.73
高压分配	200	800	37.8	273.5	37.1	0.83
通往高压加氢站的管道末端	100	800	65.4	473.2	64.13	1.44
低压分配	200	400	16.4	118.7	16.0	0.36
通往低压加氢站的管道末端	100	400	37.8	273.5	37.1	0.83

8.2.1 选项1：通过专用管道输送氢气

第一个选择是在距离中央分配设施1600km的偏远地点，通过太阳能生产氢气，然后通过管道压缩，运输到中央分配设施。表 8.4 给出了通过管线方案的统计概要数据。

表 8.4 输送 373kt/a 氢气的管道成本

距离/km	1600
成本/(百万美元/km)	1
总消耗/百万美元	1600
ROC(2 年建设期，20 年寿命，10% *DCF*)/%	13.57
资本回报率/(百万美元/a)	217.07
运营支出(2%资本支出)/(百万美元/a)	32.00
总成本/(百万美元/a)	249.07
氢	44.68PJ(LHV)
	5.57 美元/GJ(LHV)

设路线成本为 1 百万美元/km，这对于单一地区内的偏远地点和穿越开阔地区的国家来说是合理的，因此总成本为 16 亿美元。对于 2 年的建设期、20 年的使用寿命和提供 10%*DCF* 的资本回报为 2.1707 亿美元/a。假定管道不需要再压缩，并且在远程站点有 20MPa(200bar)压力，并在 10MPa(100bar)压力下输送到分配点。运营成本估计为资本成本的 2%。该方案的氢气输送管道部分为 5.57 美元/GJ(LHV)的成本。

可以通过将各个部分成本的估算相加，进一步估算通过中央设施输送氢气的总成本：

① 在偏远地区通过太阳能生产氢气的成本：38.7 美元/GJ；

② 压缩至 20MPa(200bar)：7.73 美元/GJ；

③ 管道运输成本：5.57 美元/GJ；

④ 从 10MPa 压缩到 80MPa(800bar)：1.44 美元/GJ；

⑤ 估计氢气总输送成本：53.44 美元/GJ。

8.2.2 选项 2：通过现有管道输送氢气

对于此选项，假定存在天然气管道并且可用于作为纯组分或作为天然气混合物的氢运输。对于该选项，需考虑分配系统中和在交付点提取氢气的氢气损失。

对于这一估算，假设氢气运输成本是基于天然气的运输成本(以运输量为基础)。如果天然气在 1600km 线路上的运输成本为 1.5 美元/GJ 或 1073 美元/Mm^3，则氢的关税为 0.12 美元/GJ。与通过专用管道(选项 1)的运输成本比较，清楚地说明了使用现有管道运输氢气是大有吸引力的——前提是，所有的其他条件应当都是相同的。此选项的成本估计为：

① 远程站点的生产成本：38.7 美元/GJ；

② 压缩至 20MPa(200bar)：7.73 美元/GJ；

③ 管道运输成本：0.12 美元/GJ；

④ 从 10MPa 压缩到 80MPa(800bar)：1.44 美元/GJ；

⑤ 损失成本：1.00 美元/GJ；

⑥ 总估计：48.99 美元/GJ。

尽管总成本主要由氢气生产成本决定，但使用现有管道相比氢气运输专用管道可显著节省成本。

8.2.3 选项 3：通过电缆将远程太阳能发电的电力输送到中央制氢设施

该选项设想一个远程太阳能发电设施产生的电力，通过高压(400V DC)电缆传输到中央配电设施，然后在中央设施制氢。该选项依赖于低成本建立电缆而不是专用氢气管道。假设将产生高压相关的成本包含在输电线路的成本中，表 8.5 给出了主要的统计数据。

表 8.5 从远程站点到中央制氢设施的电力传输成本

距离/km	1600	资本回报/(百万美元/a)	108.53
成本/(百万美元/km)	0.5	功率	2980.72MW
总成本/百万美元	800		26111068MW·h
ROC(2 年建设期，20 年寿命，10% *DCF*)/%	13.57	电力成本/[美元/(MW·h)]	4.16

假设传输线路的成本为 50 万美元/km[4]。假设没有传输损耗，终端电压变化纳入中央设施成本。电力传输成本为 4.16 美元/(MW·h)。如果将这笔成本应用到氢气的生产成本上，估计会导致氢气生产成本增加至 4863 美元/Mm^3 或 40.71 美元/GJ。

这个选项的总估计是：

① 使用远程站点供电的生产成本：40.41 美元/GJ；

② 压缩至 20MPa(200bar)的成本：7.73 美元/GJ；

③ 从 20MPa 压缩到 80MPa(800bar)的成本：0.83 美元/GJ；

④ 总估计：48.97 美元/GJ。

这一估算低于使用专用氢气管道的成本，相似于通过现有天然气管道运输氢气的成本。

考虑到资本成本，可以进一步增强此选择的优势。在偏远地区生产氢气的资本和运营成本预计将大大高于在城市中心附近生产氢气的成本。

8.2.4 与传统燃料的比较

第 7 章通过比较燃料电池汽车与传统汽车，讨论了燃料的成本差异，包括讨论当前原油价格对这些差异的影响，以及由于燃料电池相比内燃机效率更高给氢燃料带来的好处。当市场原油(如 Tapis 原油)价格为 70 美元/bbl 时，汽油和柴油的成本分别为 15.2 美元/GJ(LHV)和 13.5 美元/GJ(LHV)。考虑到澳大利亚的当地溢价(汽油 2 美元/GJ，柴油 1 美元/GJ)并考虑到燃料电池汽车的更高效率，在氢气免税的基础上，氢气相比汽油和柴油具有竞争力的价格分别为 29 美元/GJ 和 24.9 美元/GJ。

远程产氢的开发成本远高于这些水平，意味着在石油价格为 70 美元/bbl 的情况下，通过这些方式提供的氢燃料与传统运输燃料相比没有竞争力。为了使氢气具有竞争力，需要大幅提高汽油税、免除消费税、征收高碳税或补贴氢气生产，或所有这些措施的结合。

8.3 案例研究 3：远程生产的氢气运往东北亚

在撰写本书时，日本正在大力推动氢的经济使用。在本案例中，研究了澳大利亚西北部的氢气生产及其向日本的跨洋运输。该案例受益于澳大利亚西北部存在大型液化天然气设施以及配套基础设施，而这些基础设施又依赖于相对廉价且丰富的天然气储量。此外，从理论上讲，从这种方案产生的所有二氧化碳都可以基于地质隔离封存在枯竭的油气藏中(大型 Gorgon 二氧化碳地质封存项目位于该地区)。

尽管最近有人提出了相反的建议，但从上述案例研究的数据可以推断，太阳能发电不太可能是最佳的选择[5]。为提高其可行性，必须大幅降低太阳能发电成本并显著提高电解效率。因此，本案例研究集中于从天然气中生产氢气，及将氢气运往日本的替代方式，还考虑了将氢气作为液化天然气运输并在日本将液化天然气转化为氢气的可能性。

使用天然气作为氢气的原料，并将其副产物二氧化碳地质封存，通常被称为蓝氢，这与为荷兰鹿特丹地区提出的蓝氢项目类似[6]。

此估计方法如前几章所述。假设天然气的价格为 2 美元/GJ，要生产 373kt/a 的氢气，将需要两个大型甲烷蒸汽重整装置。假定副产电力的价值为 50 美元/(MW · h)。

在偏远地区建设设施也意味着更大的资本和运营成本。添加 50%的余量以弥补由于位置而增加的成本。因此，用蒸汽重整生产氢气的成本从第 4 章基本案例中的 584 美元/t 增加到 735 美元/t 或 6.12 美元/GJ(LHV)。

排放的二氧化碳（4.24Mt/a）需要进行地质封存。这与该地区现有的 Gorgon 项目规模相似。如果通过地质封存或购买碳信用额度的成本为 50 美元/t，这将使生产成本增加到 10.55 美元/GJ（LHV）。

8.3.1　选项 1：将氢气作为液体运输并再汽化

如前几章所述，以类似于液化天然气的方式大规模液化氢气涉及非常高的资本和运营成本。使用多个小型工厂可能会降低成本。使用美国能源部估算的液化成本，见表 8.6。

表 8.6　美国能源部计算的澳大利亚偏远西北部氢液化成本

<table>
<tr><td colspan="2">容量/（t/d）</td><td colspan="2">1100</td></tr>
<tr><td colspan="2">资本支出（见第 6 章）/百万美元</td><td colspan="2">2755</td></tr>
<tr><td colspan="2">区位因子</td><td colspan="2">1.5</td></tr>
<tr><td colspan="2">资本支出（在当地）/百万美元</td><td colspan="2">4544.1</td></tr>
<tr><td colspan="2">ROC（2 年建设期，20 年寿命，10% DCF）/%</td><td colspan="2">13.84</td></tr>
<tr><td colspan="2">资本回报/（百万美元/a）</td><td colspan="2">628.81</td></tr>
<tr><td rowspan="5">运营成本</td><td>人工</td><td>1.00%（资本支出）</td><td>45.44 百万美元/a</td></tr>
<tr><td>维护</td><td>3.00%（资本支出）</td><td>136.33 百万美元/a</td></tr>
<tr><td>催化剂和化学品</td><td>1.00%（资本支出）</td><td>45.44 百万美元/a</td></tr>
<tr><td>保险等</td><td>1.50%（资本支出）</td><td>68.16 百万美元/a</td></tr>
<tr><td>合计</td><td></td><td>295.37 百万美元/a</td></tr>
<tr><td colspan="2" rowspan="4">功率</td><td colspan="2">10kW·h/kg</td></tr>
<tr><td colspan="2">3739400MW·h/a</td></tr>
<tr><td colspan="2">50 美元/（MW·h）</td></tr>
<tr><td colspan="2">186.97 百万美元/a</td></tr>
<tr><td colspan="2" rowspan="3">总成本</td><td colspan="2">1111.16 百万美元/a</td></tr>
<tr><td colspan="2">2971.49 美元/t</td></tr>
<tr><td colspan="2">24.78 美元/GJ</td></tr>
</table>

运输和再汽化成本如前几章所述，有下列成本：

① 天然气制氢及碳捕集与封存（CCS）：10.55 美元/GJ；

② 液化：24.78 美元/GJ；

③ 运费（见第 5 章）：2.91 美元/GJ；

④ 再汽化（见第 6 章）：6.45 美元/GJ；

⑤ 总成本：44.69 美元/GJ。

该成本低于澳大利亚境内建造一个偏远的氢气设施并使用太阳能产氢的成本。这是由于与较低的大规模运输成本(航运与管道)相比，无压缩成本。如果添加压缩成本，即在压力下输送再汽化的氢气，成本估计将超过 45 美元/GJ。

8.3.2 选项 2：以液化天然气的形式运输

该方案考虑利用现有基础设施的优势，将氢气以液化天然气的形式运往日本，然后在日本将液化天然气转化为氢气。碳捕集与封存也将在东北亚进行。

进入东北亚的液化天然气到岸价格众所周知并被广泛报道。一般来说，液化天然气到岸价格取决于现行原油价格。由于石油市场价格波动，LNG 的到岸价格从大约 6 美元/GJ(HHV)到有时超过 14 美元/GJ(HHV)。对于此选项，假设 LNG 的到岸价格为 10 美元/GJ。此外，陆基再汽化方案的成本为 1.12 美元/GJ(HHV)。对于浮式储存和再汽化装置，成本可减少到 0.68 美元/GJ(HHV)(见第 6 章)。

东北亚拥有成熟高效的碳氢化合物加工业。如果假设制氢成本与美国海湾相似，那么制氢成本将是 2651 美元/t 或 22.10 美元/GJ(LHV)，气体输入成本为 11.12 美元/GJ(HHV)。

对于不含因生产而产生的二氧化碳的氢产品，在运输过程中应考虑二氧化碳排放问题。许多天然气中二氧化碳含量很低。在某些气田中，二氧化碳含量较高(例如澳大利亚西北大陆架的 Gorgon 项目)，将气体中的二氧化碳分离并重新注入地下，以实现碳捕集与封存。然而，液化天然气设施本身用于驱动制冷设备的能源会产生大量碳排放。在大多数情况下，通过输入气体来驱动燃气轮机发电，通常这是开式循环燃气轮机，其产生的尾气中二氧化碳含量很低，因此难以捕集和地质封存。为了实现零排放，必须通过碳排放信用或非化石燃料来源电力来抵消。

为了估算液化天然气生产的碳排放，假设整个设施的效率为 85%(液化天然气的运输效率通常超过 90%，但该数值通常只涉及制冷设备的效率，而不包括液体分离、气体设备和储存的效率)。该限额还应涵盖其他途径排放，例如运输液化天然气产生的碳排放。这会增加生产氢气所需的气体量，估计制氢成本为 3066 美元/t 或 25.56 美元/GJ(LHV)。

除此之外，还应加上在氢气生产过程中产生二氧化碳的地质封存成本。以每吨二氧化碳 50 美元计算，这使得制氢成本增加至 3733.1 美元/t 或 31.12 美元/GJ(LHV)。

在东北亚，首选的二氧化碳处理方案可能是利用在该地区发现的深海海沟。在这些地点的地质封存成本可能略高于传统的枯竭油气藏。如果这种处理成本是 100 美元/tCO_2，则制氢成本将上升到 4400 美元/t 或 36.68 美元/GJ（LHV）。

8.3.3 选项3：以氨的形式运输到日本

对于此选项，将天然气在现场转化为氨，然后使用氨运输船队运往东北亚。在接收端，使用储存和裂解设施将氨转化为氢气和氮气，后者被排放到大气中。第6章中描述的使用电解产生的氢气制造氨的工作表明，这将是一个高成本的选择；因此，该选项被发展为来自天然气的蓝氢，其产生的二氧化碳被捕集并封存。

如第7章所述，从价格为2美元/GJ(HHV)的天然气生产氨的成本约为304美元/t，这意味着氢气的生产成本为1722美元/t。对于远程站点的生产，这将增加50%的资本成本，并且由于运营成本被视为资本成本的函数，因此非原料运营成本也将增加。该产氨方案中的氨和氢成本分别为323.5美元/t和1833美元/t。

对于850kt/a的氨(150kt/a的氢)，将产生1.48Mt/a的二氧化碳，这些二氧化碳将被捕集并储存在地下。如果成本为50美元/t，这将使生产蓝氨的成本提高到410.6美元/t。如果运费为60美元/t，则到岸成本为470.6美元/t或氢成本2666美元/t。

再加上接收终端和氨裂解设施的成本，成本再增加295美元/t，该方案的总成本为2961美元/t或24.8美元/GJ。

正如第6章中所讨论的，使用环烷烃(Spera 工艺)作为运输介质也有望获得类似的经济效益。

8.3.4 总结

综上，这里考虑的三个选项如下：

① 利用 CCS 从天然气中生产氢气，并以液体形式运输：44.69 美元/GJ；

② 液化天然气运输、制氢和接收终端的 CCS：36.68 美元/GJ；

③ 合成氨生产与 CCS、航运和裂解：24.8 美元/GJ。

这清楚地展示了使用中间体输氢(氨或环烷烃)的好处。液化天然气的结果可能是保守的，因为以低于本分析中使用的到岸价格(10美元/GJ)的长期合同，购买液化天然气应该是可行的。

8.4 案例研究4：从维多利亚褐煤到东北亚的氢气

位于澳大利亚维多利亚州的拉特罗布山谷褐煤矿床是世界上最大的单点碳源之一。煤层广泛、深厚(有些地方达300m)并且覆盖层极少，生产成本很低。此外，它毗邻巴斯海峡油气区，该区如今包含可用于碳地质封存的大型枯竭油气储层[7]，该褐煤矿床的主要问题是水分含量很高。干燥后会变得易燃，如果不进行大量预处理，就很难出口。

可以利用该资源生产氢气并将氢气出口到东北亚，同时利用巴斯海峡枯竭的气井储存副产物二氧化碳。评估了两种选择：①生产氢气并液化，并以液体形式运输[8]；②生产液态氨并以氨形式运输，在目的地转化为氢气。

表 8.7 给出了拉特罗布山谷褐煤的典型元素分析。

表 8.7　拉特罗布山谷褐煤的典型元素分析　　%(质)

元素分析(干燥无灰基)		元素分析(干燥无灰基)	
碳	66.90	收到基	
氢	4.80	碳	18.67
氧	27.50	氢	1.34
氮	0.51	氧	7.67
硫	0.26	氮	0.14
合计	99.97	硫	0.07
灰烬(收到基)	7.40	灰烬(收到基)	7.40
水分(收到基)	64.70	水分(收到基)	64.70
		合计	99.99

从该分析显示的高含水量可以推断，在气化之前必须有大量煤炭处理和干燥设备。使用美国国家科学院(NAS)煤炭研究[9]给出的数据，表 8.8 对使用褐煤源的工厂进行了估算，表明褐煤原料的资本成本与黑煤相比高出 50%。

表 8.8　褐煤气化过程的资本成本估算(美国墨西哥湾地区，2004 年)　　美元

资本支出	黑煤	褐煤
煤炭处理	95.00	190.00
气化炉	173.00	346.00
空气分离	151.00	151.00
CO 分离等	208.00	249.60
Claus 工厂	40.00	40.00
合计	667.00	976.60
常规设施(30%)	200.10	292.98
工程/启动(10%)	66.70	97.66

续表

资本支出	黑煤	褐煤
突发事件(10%)	66.70	97.66
土地(7%)	46.69	68.36
合计	1047.19	1533.26

将资本估算进一步增加30%，为澳大利亚城市地区提供补贴。该项估算详见表8.9，其中还包括相比较的黑煤(NAS)。

表8.9　维多利亚褐煤制氢的成本估算

项目		黑煤	褐煤
标称产氢量		408.00kt/a	408.00kt/a
		1.200kt/d	1.200kt/d
		48.94PJ/a	48.94PJ/a
工期/a		4	4
必要报酬率/%		10	10
经营期/a		20	20
资本回报率/%		15.15	15.15
基准资本成本(调整后)/百万美元		1047.19	1533.26
基准年		2004	2004
区位因子		1	1.3
NF指数		1.558	1.558
最终资本支出/百万美元		1632.00	3106.37
资本费用/(百万美元/a)		247.23	470.58
运营成本	人工(1%资本支出)/(百万美元/a)	16.32	31.06
	维护(3%资本支出)/(百万美元/a)	48.96	93.19
	保险(1.5%资本支出)/(百万美元/a)	24.48	46.60
	催化剂和化学品(1%资本支出)/(百万美元/a)	16.32	31.06
非原料运营成本/(百万美元/a)		138.72	264.04
非天然气原料	电/(MW·h/a)	198300	198300
	非气体原料成本[电力50美元/(MW·h)]/(百万美元/a)	9.91	9.91
	非原料成本总额/(百万美元/a)	395.86	744.54

续表

项目		黑煤	褐煤
煤炭使用量/(PJ/a)		72.31	150.00
效率/%		67.68	32.63
煤炭价格/(美元/GJ)		1.00	1.00
煤炭成本/(百万美元/a)		72.31	150.00
单位生产成本计算	总成本/(百万美元/a)	468.17	894.54
	副产品信贷/(百万美元/a)	5.34	0.00
	净成本/(百万美元/a)	462.84	894.54
	单位制氢成本	1134.40 美元/t	2192.49 美元/t
		9.46 美元/GJ(LHV)	18.28 美元/GJ(LHV)

尽管在资本成本中保留了 Claus 工厂，但拉特罗布山谷褐煤几乎不含硫，因此不会产生大量副产品。假设产出来的氢气立即使用，营运资金可视为零，估计氢气生产成本为 2192 美元/t 或 18.28 美元/GJ(LHV)。

该项目将产生二氧化碳 23.5t/a。如果碳排放的处理成本为 50 美元/t，制氢成本将增加到 5073 美元/t 或 42.3 美元/GJ(LHV)。

对于制氢来说，这是非常高的成本。另一种选择可能是生产氨，估算值基于 1.205Mt/a 的氨产量，如表 8.10 所示。

表 8.10 拉特罗布山谷褐煤的氨产量

标称氨容量	1205.40kt/a
	3.55kt/a
	27.12PJ/a
工期/a	4
必要报酬率/%	10.00
经营期/a	20
资本回报率/%	15.15
基准资本成本/百万美元	1677.54
基准年	2007
区位因子	1.3
NF 指数	1.36
最终资本支出/百万美元	2958.09

续表

资本费用/(百万美元/a)		443.12
氨的标称值/(美元/t)		200.00
营运资金/百万美元		21.27
营运资金收益/(百万美元/a)		2.13
资本费用/(百万美元/a)		450.24
运营成本	人工(3%资本支出)/(百万美元/a)	8.88
	维护(3%资本支出)/(百万美元/a)	27.23
	保险(1.5%资本支出)/(百万美元/a)	11.67
	催化剂和化学品(1%资本支出)/(百万美元/a)	23.60
非原料运营成本/(百万美元/a)		71.38
非天然气原料成本/(百万美元/a)		0.00
非原料总成本/(百万美元/a)		521.62
煤炭用量/(PJ/a)		80.00
效率/%		33.90
煤炭价格/(美元/GJ)		1.00
煤炭成本/(百万美元/a)		80.00
单位生产成本计算	总成本/(百万美元/a)	601.62
	副产品信贷/(百万美元/a)	31.25
	净成本/(百万美元/a)	570.37
	单位氨生产成本/(美元/t)	473.18
	单位制氢成本/(美元/t)	2681.4

假设褐煤的价格为1美元/GJ，电力可以以50美元/(MW·h)的价格从设施中输出。氨的生产成本估算为473美元/t；请注意，这远高于从天然气中生产氨的成本估算。该氨成本相当于2681美元/t的氢成本。

该方案产生7.61t/a的二氧化碳。如果二氧化碳的处理成本是50美元/t，氨的生产成本将上升到789美元/t。

如果加上东北亚的氨运输成本(60美元/t)和储存及裂解成本(295美元/t)，则东北亚的氢气成本会增加，该情况下，亚洲目的地氢气的最终成本为5106美元/t或42.7美元/GJ(LHV)。

根据目前的统计数据，很难看出使用维多利亚褐煤在经济上是可行的。此外在撰写本书时，巴斯海峡的产油省仍生产石油和天然气，是其现在所有者的有形资产。此外，该方案如何进行碳地质封存尚不清楚。

参 考 文 献

[1] Diagram courtesy of Mike Clarke, METTS Pty. Ltd.

[2] Sun Cable envisages a 10 GW array covering 12000 hectares near Tennant Creek in the Northern Territory of Australia. This is coupled with 30 GWh of battery storage and is aimed at supplying 20% of Singapore's electricity needs: www. suncable. sg.

[3] P. Zubrinich, Solar costs have fallen 82% since 2010, PV Magazine June 4, 2020.

[4] See 'ElectraNet Transmission Line Cost Review' Jacobs for ElectraNet Pty. Ltd. RO139100-EE-REP-0002/D, February 2019.

[5] Fowler W. (23 October 2020) Renewable energy hub to get major project status. Australian Financial Review.

[6] Anon. (2019) H-vision in Rotterdam targets blue hydrogen from natural gas. Fuel Cells Bulletin 3: 9.

[7] The CarbonNet Project: https: //earthresources. vic. au/projects/carbonnet-project.

[8] Hosie E. (22 July 2019) Kawasaki begins construction of coal to hydrogen plant. Australian Mining.

[9] The Hydrogen Economy Opportunities, Costs, Barriers and R&D Needs. National Academy of Sciences, 2004.

附　录

A1　氢的性质[1]

氢在20℃和1atm下的特性	
相对分子质量	2.016
摩尔体积(20℃)/(L/mol)	24.06
密度/(kg/m^3)	0.838
相对密度(空气=1)	0.0696
黏度/[g/(cm·s)]	8.81×10^{5}
扩散率/(m^2/h)	1.697
导热系数/[W/(m·K)]	0.1825
膨胀率(液体到气体)	847
沸点/℃	−253
比热容(C_p)/[J/(g·K)]	14.29
比热容(C_v)/[J/(g·K)]	10.16
比容/(m^3/kg)	11.39
空气中的扩散系数/(cm^2/s)	0.756
焓值/(kJ/kg)	4098
熵值/[J/(g·K)]	64.44
氢在20℃和1atm下的燃烧特性	
空气中的可燃极限/%(体)	4~75
氧气中的可燃极限/%(体)	4~95
空气中的可爆极限/%(体)	18~59
氧气中的可爆极限/%(体)	15~90
空气中的最小点火能量(微观)/J	19
自燃温度/℃	585
空气中的淬火间隙/cm	0.064
空气中的扩散系数/(cm^2/s)	0.756
火焰速度/(m/s)	2.7~3.5
火焰温度/℃	2045
其他物理性质	
沸点/K	20.268
熔点/K	14.01
三相点温度/K	13.8
三相压力/kPa	7.2
临界点温度/K	33.25
临界点压力/MPa	1.297
临界点密度/(kg/cm^3)	31.4

A2　氢气与其他燃料的比较

氢气与其他燃料的比较：气体在1atm、25℃下的低热值(LHV)。

项目	氢	甲烷	汽油	柴油	甲醇
密度/(kg/m^3)	0.0838	0.71	702	855	799
能量密度/(MJ/m^3)	10.8	32.6	31240	36340	14500
能量密度/(kW·h/m^3)	3	9.1	8680	10090	4030
能量密度/(kW·h/kg)	33.3	12.8	12.4	11.8	5
低热值(LHV)/(kJ/g)	119.9	50	44.5	42.5	19.5
高热值(HHV)/(kJ/g)	141.9	55.5	47.5	44.8	22.7

燃料的比热容和热值

燃料	L/t	bbl/t	HHV GJ/t	LHV GJ/t
乙炔			49.92	48.17
氨			22.50	18.60
航空涡轮用煤油	1261	7.93	46.40	
正丁烷			49.50	45.73
异丁烷			49.41	45.61
丁烷	1928	12.13	49.45	45.67
1-丁烯			48.45	45.31
丁烯			48.10	45.00
碳			32.80	32.80
一氧化碳			10.09	10.09
原油(35*API*)	1177	7.40	45.00	
原油(40*API*)	1212	7.62		
柴油	1182	7.43	45.90	43.00
二甲醚(DME)	1493		31.00	28.40
乙烷	2654		51.88	47.49
乙烯			50.29	47.15
燃料油	1110	6.98	44.10	
汽油	1360	8.56	46.70	42.50
氢			141.86	119.93
液化石油气		12.35	49.87	46.01
甲醇	1272	8.00	22.70	19.50
甲烷			55.56	50.07

续表

燃料	L/t	bbl/t	HHV GJ/t	LHV GJ/t
天然气			53.90	
石脑油	1534	9.00	48.10	
丙烷	1998	12.57	50.33	46.36
丙烯			48.95	45.77
液化天然气	2197.80	13.83	54.4	
Tapis 原油	1231.07	7.75	43.52	

A3 换算系数

换算系数		
m^3	35.315	ft^3
m^3(15℃)	35.383	ft^3(60℉)
GJ	0.9478	MMBTU
美元/GW	1.055	美元/MMBTU
kW·h	3.6	MJ
lb(磅)	0.4536	kg
HP	0.7457	kW
GW·h	3.6×10^{-3}	PJ
美加仑	3.78541	L
温度		
绝对零度		−273.15℃
标准温度		15℃
气体常数		8.3145J/(mol·K)
每年的天数		340
每年的小时数		8160
海里	1.852	km

注：MM＝百万，美国惯用单位。

A4 成本指数

由 Nelson−Farrar 成本指数和化学工程成本指数发展而来。

指数=0.6 材料+0.4 人工					
年度	材料	装备	人工	指数	NF 因子
比重	0.4	0.0	0.6		
1946	100.0	100.0	100.0	100.0	28.576
1947	122.4	114.2	113.5	117.1	24.411
1948	139.5	122.1	128.0	132.6	21.550
1949	143.6	121.6	137.1	139.7	20.455
1950	149.5	126.2	144.0	146.2	19.546
1951	164.0	145.0	152.5	157.1	18.190
1952	164.3	153.1	163.1	163.6	17.469
1953	172.4	158.8	174.2	173.5	16.472
1954	174.6	160.7	183.3	179.8	15.891
1955	176.1	161.5	189.6	184.2	15.513
1956	190.4	180.5	198.2	195.1	14.648
1957	201.9	192.1	208.6	205.9	13.877
1958	204.1	192.4	220.4	213.9	13.361
1959	207.8	196.1	231.6	222.1	12.867
1960	207.6	200.0	241.9	228.2	12.523
1961	207.7	199.5	249.4	232.7	12.279
1962	205.9	198.8	258.8	237.6	12.025
1963	206.3	201.4	268.4	243.6	11.733
1964	209.6	206.8	280.5	252.1	11.333
1965	212.0	211.6	294.4	261.4	10.930
1966	216.2	220.9	310.9	273.0	10.467
1967	219.7	226.1	331.3	286.7	9.969
1968	224.1	228.8	357.4	304.1	9.397
1969	234.9	239.3	391.8	329.0	8.685
1970	250.5	254.3	441.1	364.9	7.832
1971	265.2	268.7	499.9	406.0	7.038
1972	277.8	278.0	545.6	438.5	6.517
1973	292.3	291.4	585.2	468.0	6.105

续表

指数=0.6材料+0.4人工					
年度	材料	装备	人工	指数	NF因子
1974	373.3	361.8	623.6	523.5	5.459
1975	421.0	415.9	678.5	575.5	4.965
1976	445.2	423.8	729.4	615.7	4.641
1977	471.3	438.2	774.1	653.0	4.376
1978	516.7	474.1	824.1	701.1	4.076
1979	573.1	515.4	879.0	756.6	3.777
1980	629.2	578.1	951.9	822.8	3.473
1981	693.2	647.9	1044.2	903.8	3.162
1982	707.6	662.8	1154.2	975.6	2.929
1983	712.4	656.8	1234.8	1025.8	2.786
1984	735.3	665.6	1278.1	1061.0	2.693
1985	739.6	673.4	1297.6	1074.4	2.660
1986	730.0	684.4	1330.0	1090.0	2.622
1987	748.9	703.1	1370.0	1121.6	2.548
1988	802.8	732.5	1405.6	1164.5	2.454
1989	829.2	769.9	1440.4	1195.9	2.389
1990	832.8	797.5	1487.7	1225.7	2.331
1991	832.3	827.5	1533.3	1252.9	2.281
1992	824.6	837.6	1579.2	1277.4	2.237
1993	846.5	842.8	1620.2	1310.7	2.180
1994	877.2	851.1	1664.7	1349.7	2.117
1995	918.0	879.5	1708.1	1392.1	2.053
1996	917.1	903.5	1753.5	1419.0	2.014
1997	923.9	910.5	1799.5	1449.2	1.972
1998	917.5	933.2	1851.0	1477.6	1.934
1999	883.5	920.3	1906.3	1497.2	1.909
2000	896.1	917.8	1973.7	1542.7	1.852
2001	877.7	939.3	2047.7	1579.7	1.809

续表

指数=0.6 材料+0.4 人工					
年度	材料	装备	人工	指数	NF 因子
2002	899.7	951.3	2137.2	1642.2	1.740
2003	933.8	956.7	2228.1	1710.4	1.671
2004	993.8	1112.7	2314.2	1833.6	1.558
2005	1179.8	1062.1	2411.6	1918.8	1.489
2006	1273.5	1113.3	2497.8	2008.1	1.423
2007	1364.8	1189.3	2601.4	2106.7	1.356
2008	1572.0	1230.6	2704.3	2251.4	1.269
2009	1324.8	1239.7	2813.0	2217.7	1.289
2010	1480.1	1224.7	2909.3	2337.6	1.222
2011	1610.5	1256.4	2985.6	2435.6	1.173
2012	1579.7	1286.1	3055.6	2465.2	1.159
2013	1538.7	1317.5	3123.4	2489.5	1.148
2014	1571.8	1335.8	3210.7	2555.2	1.118
2015	1350.3	1434.9	3293.8	2550.2	1.121
2016	1403.1	1340.7	3395.8	2598.7	1.100
2017 年 7 月	1519.3	1519.3	3468.7	2688.9	1.063
2018				2857.58	1.000

A5 区位因子[2]

表 A5-1 资本成本(CAPEX)和运营成本(OPEX)因素

气候/地形	1	2	3	4
	良性	难的	难的	极端
气体传输	当前	当前	不	不
淡水	当前	当前	不	不
装船	当前	当前	不	不
员工住房	当前	当前	不	不
人工	低	高	高	高
相对资本支出	1.000	1.155	1.562	2.250

续表

气候/地形	1	2	3	4
	良性	难的	难的	极端
相对运营成本	1.000	1.139	1.520	2.039
例子	美国海湾	澳大利亚城市	远程远东	离岸
	加拿大	新西兰	远程澳大利亚	北极
		开发的远东		
		中东		

A6 交付设备与最终资本成本的关系[3]

表 A6-1 交付设备与最终资本成本的关系

项目	固体/%	固液/%	液体/%
设备	100	100	100
安装	45	39	37
管道	16	31	93
地基			7
电气	10	10	10
仪器	9	13	
建设服务	25	39	26
场地准备	13	10	10
助剂	40	55	70
分厂	258	297	353
场地费用	39	34	41
工程	33	32	33
直接工厂成本	330	363	427
承包商费用	17	18	21
应急	34	36	42
资本投资	381	417	490

请注意，设备成本约为最终资本成本的四分之一。通常，当一种新工艺或产品进入市场时，初始成本非常高。随着时间的推移，产品制造商不断改进生产技术并提高生产效率。生产规模也提高了生产效率——生产的零件越多，固定成本

就越低，使得生产成本下降。在推出新产品的初期，这会非常引人注目，这种众所周知的现象通常被称为学习曲线，如图 A6-1 所示。

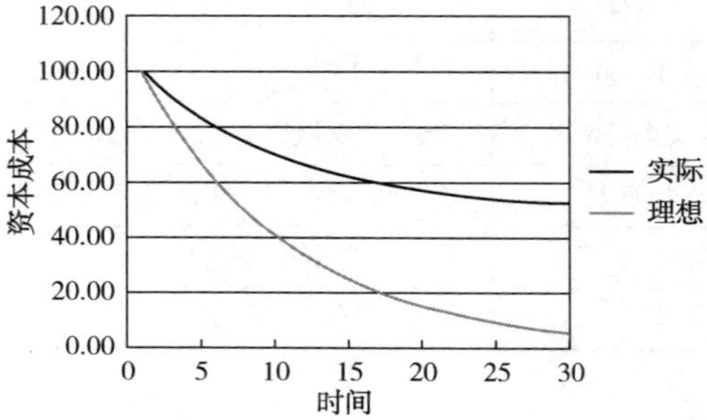

图 A6-1　学习曲线

然而，随着时间的推移，这种下降的程度是有限的。它会趋于平稳，并达到渐近线水平，在所有其他条件相同的情况下，渐近线的水平(最低生产成本)由以下因素决定：

① 组装物品的人工成本；

② 用于生产物品的能源成本；

③ 项目建造中其他材料的成本。

在撰写本书时，笔者看到了几篇文章中假设特定项目的资本成本不断下降，以便在未来的某个时期，某个项目变得有利可图。这涉及可再生能源的成本，尤其是光伏系统，其中 10 年的成本预测表明发电成本非常低。笔者认为这是一个理想情景，因为它假设太阳能电池成本下降在系统的成本结构中可复制，但太阳能电池只是系统的一小部分。

A7　经济分析方法论

需要一种快速的方法来确定特定技术的经济可行性，即概念分析，该分析中速度不会以牺牲准确性为代价。这需要一种系统的方法，以相同的方式处理各种技术和方法，以便可以比较从一条制氢路线到另一条制氢路线的经济性。

所描述的方法由 ICI PLC 设计，目的是评估使用具有不同建设周期和运营寿命的不同技术，从任何原料生产乙烯的所有不同路线。该方法已由 Stratton[4] 发表，普遍适用于能源密集型行业。基本的经济方程式是：

$$P = F + C + O$$

其中，目标产品(例如氢气)的单位生产成本 P 等于单位原料成本(F)、单位资本的总和成本(C)及单位非原料运营成本三者之和(O)。这可以表示为固定变量方程式，方程式的固定部分表示资本回报率(ROC)(单位资本成本 C，不考虑税收)以及所有单位非原料运营成本(O)。

(1) 资本成本(C)[5]

资本成本是按照与其他设施完全隔离的市郊来计算的，所有与公用事业相关的成本(除非另有说明)都计入资本成本。有些过程需要少量的电力，也被视为输入。

资本是根据公布的信息和区位因子估算的，上面给出的 Nelson-Farrar 指数已根据美国海湾现场和 2018 年所有流程的成本进行了调整，即：

$$\text{工厂资本 1/工厂资本 2} = (\text{工厂产能 1/工厂产能 2})^n$$

其中，n 是具有典型值的常数，通常为 0.7。

其他地点设施的资本成本可以根据附录 A5 中给出的因素进行估算。

(2) 资本回收系数

对于资本成本为 C_o 的工厂，投资成本 C 将工厂建设期间的投资回报资本化，即考虑建设期间的支出和所需回报率。

$$C = \sum_{s=0}^{p} a_s(1 + i)^{p-s}$$

其中，a_s为建设期间的资本支出明细；p 为生产的第一年，s 为项目开始的年份，在 $s=p$ 完成建设项目，投资回报率是 i。a_s的值在表 A7-1 中给出。

表 A7-1　a_s 的值

工期	1 年	2 年	3 年	4 年	5 年
a_0	100%	50%	30%	17%	4%
a_1		50%	45%	32%	14%
a_2			25%	26%	32%
a_3				25%	36%
a_4					14%

一般贴现现金流(DCF)方程可以写成：

$$C = \sum_{r=1}^{N} \frac{(R_r - FC_r - VC_r)}{(1 + i)^r}$$

其中，r 为生产年份；N 为最终生产年份；R_r 为 r 年的产品总收入；FC_r 为 r 年的固定成本；VC_r 为 r 年的可变成本。

假设在达到满负荷生产之前，不需要进行任何建设，一旦需要满负荷生产，即开始建设，建设完成后，即可实现满负荷生产。然后是 N 年的全负荷生产。因此：

$$C(1+i)=(R_r-FC_r-VC_r)\sum_{r=1}^{N}\frac{1}{(1+i)^r}$$

这被重新排列为：

$$R_r=FC_r+VC_r+K(1+i)C$$

其中，K 是等比级数的总和：

$$K=i(1+i)N/[(1+i)N-1]$$

表 A7-2 给出了各种 i(所需回报率)和 N(使用寿命)的 K 值。

表 A7-2 K 值

N	10	15	20	25	30
利息(i)					
5.00%	0.1295	0.0963	0.0802	0.0710	0.0651
7.50%	0.1457	0.1133	0.0981	0.0897	0.0847
10.00%	0.1627	0.1315	0.1175	0.1102	0.1061
12.50%	0.1806	0.1508	0.1381	0.1319	0.1288

资本回收系数(K_o)则为：

$$K_o=K(1+i)C$$

从上述式中我们得到：

$$K_o=K(1+i)C_o\sum_{s=0}^{p}a_s(1+i)^{p-s}$$

ROC 或 K_o/C_o 的值在表 A7-3 和表 A7-4 中给出，它们分别基于免税和包含2%税的特许使用费。表 A6-1 用于典型的非工艺项目(管道、船舶等)，表 A7-4 包括许可工艺。

表 A7-3 资本回报率(基于免税)

1 年建造						
	N	10	15	20	25	30
	利息(i)					
	5.00%	13.60%	10.12%	8.43%	7.45%	6.83%
	7.50%	15.66%	12.18%	10.54%	9.64%	9.10%
	10.00%	17.90%	14.46%	12.92%	12.12%	11.67%
	12.50%	20.32%	16.96%	15.54%	14.84%	14.49%
	15.00%	22.91%	19.67%	18.37%	17.79%	17.51%

续表

2 年建造						
	N	10	15	20	25	30
	利息(i)					
	5. 00%	13. 94%	10. 37%	8. 64%	7. 64%	7. 00%
	7. 50%	16. 25%	12. 64%	10. 94%	10. 01%	9. 44%
	10. 00%	18. 80%	**15. 19%**	**13. 57%**	12. 72%	12. 25%
	12. 50%	21. 59%	18. 02%	16. 51%	15. 77%	15. 39%
	15. 00%	24. 63%	21. 14%	19. 75%	19. 12%	18. 83%
3 年建造						
	N	10	15	20	25	30
	利息(i)					
	5. 00%	14. 32%	10. 65%	8. 87%	7. 85%	7. 19%
	7. 50%	16. 92%	13. 16%	11. 39%	10. 42%	9. 83%
	10. 00%	19. 84%	**16. 02%**	**14. 32%**	13. 43%	12. 93%
	12. 50%	23. 08%	19. 27%	17. 65%	16. 86%	16. 45%
	15. 00%	26. 68%	22. 90%	21. 39%	20. 71%	20. 39%
4 年建造						
	N	10	15	20	25	30
	利息(i)					
	5. 00%	14. 59%	10. 85%	9. 04%	7. 99%	7. 33%
	7. 50%	17. 39%	13. 52%	11. 71%	10. 71%	10. 11%
	10. 00%	20. 58%	16. 62%	14. 85%	13. 93%	13. 41%
	12. 50%	24. 17%	20. 18%	18. 48%	17. 66%	17. 23%
	15. 00%	28. 20%	24. 21%	22. 61%	21. 90%	21. 56%
5 年建造						
	N	10	15	20	25	30
	利息(i)					
	5. 00%	14. 71%	10. 94%	9. 11%	8. 06%	7. 39%
	7. 50%	17. 61%	13. 69%	11. 85%	10. 84%	10. 23%
	10. 00%	20. 91%	16. 89%	15. 09%	14. 16%	13. 63%
	12. 50%	24. 66%	20. 58%	18. 85%	18. 01%	17. 58%
	15. 00%	28. 87%	24. 78%	23. 15%	22. 42%	22. 07%

表 A7-4 包含 2%税时的资本回报率

1 年建造						
	N	10	15	20	25	30
	利息(*i*)					
	5. 00%	13. 87%	10. 32%	8. 59%	7. 60%	6. 97%
	7. 50%	15. 97%	12. 42%	10. 76%	9. 84%	9. 28%
	10. 00%	18. 26%	14. 75%	13. 18%	12. 36%	11. 90%
	12. 50%	20. 73%	17. 30%	15. 85%	15. 14%	14. 78%
	15. 00%	23. 37%	20. 06%	18. 74%	18. 15%	17. 86%
2 年建造						
	N	10	15	20	25	30
	利息(*i*)					
	5. 00%	14. 22%	10. 58%	8. 81%	7. 79%	7. 14%
	7. 50%	16. 57%	12. 89%	11. 16%	10. 21%	9. 63%
	10. 00%	19. 17%	**15. 49%**	**13. 84%**	12. 98%	12. 50%
	12. 50%	22. 02%	18. 38%	16. 84%	16. 09%	15. 70%
	15. 00%	25. 13%	21. 56%	20. 15%	19. 51%	19. 20%
3 年建造						
	N	10	15	20	25	30
	利息(*i*)					
	5. 00%	14. 61%	10. 87%	9. 05%	8. 00%	7. 34%
	7. 50%	17. 26%	13. 42%	11. 62%	10. 63%	10. 03%
	10. 00%	20. 23%	**16. 34%**	**14. 60%**	13. 70%	13. 19%
	12. 50%	23. 54%	19. 65%	18. 00%	17. 20%	16. 78%
	15. 00%	27. 21%	23. 36%	21. 82%	21. 13%	20. 80%
4 年建造						
	N	10	15	20	25	30
	利息(*i*)					
	5. 00%	14. 88%	11. 07%	9. 22%	8. 15%	7. 47%
	7. 50%	17. 74%	13. 79%	11. 94%	10. 92%	10. 31%
	10. 00%	20. 99%	16. 96%	15. 15%	14. 21%	13. 68%
	12. 50%	24. 66%	20. 58%	18. 85%	18. 01%	17. 58%
	15. 00%	28. 77%	24. 69%	23. 06%	22. 33%	21. 99%

续表

5年建造						
	N	10	15	20	25	30
	利息(i)					
	5.00%	15.00%	11.16%	9.29%	8.22%	7.53%
	7.50%	17.96%	13.96%	12.09%	11.06%	10.44%
	10.00%	21.33%	17.23%	15.39%	14.44%	13.90%
	12.50%	25.15%	20.99%	19.23%	18.37%	17.93%
	15.00%	29.45%	25.28%	23.61%	22.87%	22.51%

资本回报率的选择取决于许多因素，包括所讨论行业的性质。对于上游油气开发项目，或规模相对较小的加工厂，投资者通常要求高资本回报率，以抵消较短的运营寿命或较高的风险水平。对于超长期(30年)基础设施项目，通常需要政府资金，所需的回报率要低得多。过程工业中的许多绿地项目的生命周期达到15~20年，回报率适当。本研究中常用的*ROC*值在表中加粗。

(3) 固定运营成本

1) 营运资金

不是将营运资金资本化并处理为项目资金(Stratton)，营运资金被视为年度运营成本。这背后的原因是营运资金通常以业务为抵押借入，并在项目结束时完全收回。支出是债务的利息。营运资金的价值可以定为工厂资本的5%或30天的库存。后者通常小于前者，并在有足够的数据允许计算时使用。

2) 人工、维护和行政成本

一般而言，人工及维护费用均按每年资本的3%收取。对于人工，这包括直接和间接人工成本。对于维护，这包括材料和人工成本。在过去的几十年里，许多公司都试图减少人工操作和维护费用。广泛的计算机控制可以减少人工作业。然而，在减少维护费用方面是难以量化的，一些运营商声称遇到了由于维护成本削减而导致的重大问题。行政成本主要是保险和地方土地税。使用1.5%的固定资本作为年费。

3) 催化剂和化学品

大多数工厂需要一些化学品来进行水处理。催化剂的费用是基于3~5年的周转期。

4) 其他运营成本

有些工艺需要的原料，不是主要的碳氢化合物。这通常指电力，并且使用了典型的平均值。

A8 指数化燃料和建设成本

在多数情况下，我们关注的是与现行原油价格相关的碳氢化合物原料。对于某些原料和碳氢化合物副产品，之间存在很强的线性关系。

我们还关心工程造价如何随时间变化。Parker[6] 的研究显示了炼油厂运营中的工程造价指数和燃料成本指数之间的关系。以对数形式绘制，两者之间具有高度线性关系，斜率近似为 1，如图 A8-1 所示。

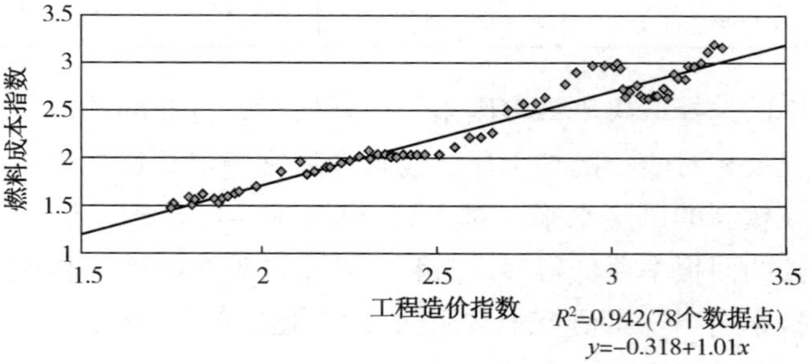

图 A8-1　燃料成本指数与工程造价指数的关系

由于我们知道大多数燃料与现行原油价格呈线性相关，因此我们可以建立工程造价指数与原油价格的关系。如图 A8-2 所示，显示了工程造价指数与基于 WTI 原油价格指数的关系。正如所预期的那样，即使相关性有波动，但仍然显示出接近 0.9 的相关系数。

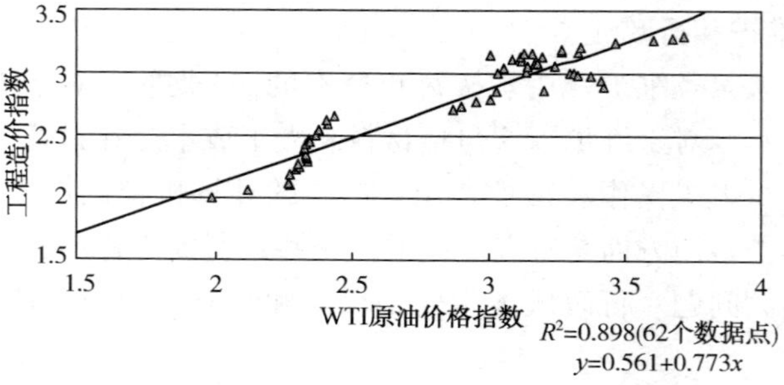

图 A8-2　工程造价指数与基于 WTI 原油价格指数的关系

利用这种相关性，我们可以估算出与特定工程造价指数相对应的原油价格。使用 2007 年的工程造价指数意味着石油价格为每桶 70 美元。在分析中，这被用作石油及其衍生品的基础价格。

A9 成本估算的准确性

成本估算分为四种类型：概念或范围、可行性、融资可行性和前端工程与设计。这些类型的研究在项目的不同阶段进行，如图 A9-1 所示，本书涉及第一个概念阶段，从中可定义最佳概念，并确定项目可行性的关键问题。

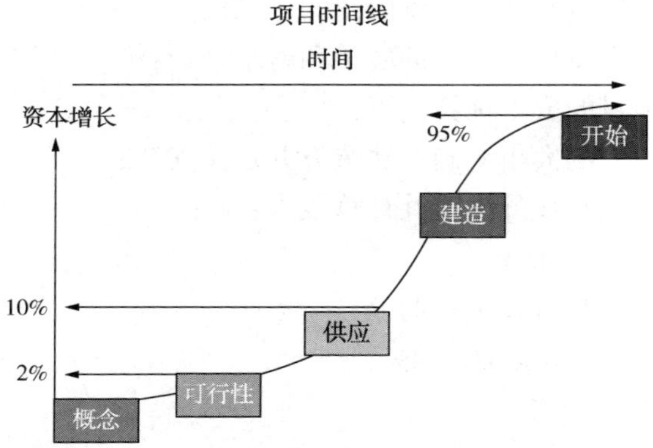

图 A9-1 项目时间表和不同层次的成本估算

(1) 概念或范围研究

目标：总体定义项目。

① 定义产品和副产品；

② 确定原料和价格范围；

③ 产品市场及销售价格区间；

④ 项目规模；

⑤ 拟采用的技术；

⑥ 过程的临时质量和能量平衡；

⑦ 确定流程许可方/EPC 承包商；

⑧ 潜在位置；

⑨ CAPEX 和 OPEX 的订单估算；

⑩ 概念的可行性。

研究地点：总部；

成本：<100000 美元；

成本估算错误：±25%~40%。

(2) 可行性研究

目标：定义一个特定的项目。

① 根据纯度等定义产品和副产品；
② 定义产品市场并概述承购协议；
③ 确定原料来源、质量和供应商并获得价格协议大纲；
④ 指定工程、采购和施工承包商；
⑤ 确定项目位置和规模；
⑥ 确定要采用的技术并获得供应商的详细信息；
⑦ 定义了所有主要单元操作的质量和能量平衡；
⑧ 获得主要项目的成本预算估算；
⑨ 确定主要单元的大小、确定建造方并定义安装；
⑩ 定义公用事业和场外设施并计算成本；
⑪ CAPEX 和 OPEX 估算。
研究地点：总部和 EPC 承包商处；
成本：最终资本支出的 1%~2%；
成本估算错误：±15%。

(3) 融资可行性研究

目标：帮助从第三方筹集资金。
所有行动包括可行性研究加上：
① 书面和执行的原料承购协议；
② 书面和执行的产品和副产品承购协议；
③ 环境影响报告——开始审批；
④ 独立 EPC 承包商审查可行性研究；
⑤ 独立审计师审查项目可行性；
⑥ 预估收入和资产负债表；
⑦ 制作产品的披露声明；
⑧ 与潜在投资者的初步讨论。
研究地点：总部/投资顾问处；
成本：最终资本支出的 3%或以上，对于大型项目可能会很高；
成本估算错误：±15%。

(4) 前端工程与设计

目标：在最终投资决策之前确定资本支出和运营支出。
① 所有政府批准；
② EPC 承包商为所有主要设备项目进行工程设计；
③ EPC 承包商确定设备制造商；

④ EPC 承包商获得设备采购的成本估算；

⑤ EPC 承包商定义和设计主要公用设施和厂区；

⑥ EPC 承包商定义施工物流；

⑦ EPC 承包商对 CAPEX 和 OPEX 进行最终估算。

研究地点：EPC 承包商处；

成本：最终资本支出的 10%或以上，对于大型项目可能会更高；

成本估算错误：±5%。

成本估算中的误差与花费的资金成反比，如图 A9-2 所示。

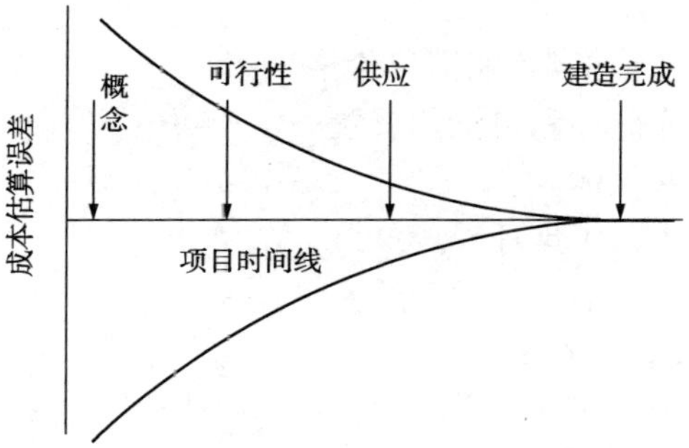

图 A9-2　根据项目时间表的成本估算误差图

A10　缩写

AVTUR	航空涡轮燃料——喷气燃料
a	年度(年)
A	安培
AC	交流电
AFC	碱性燃料电池
bbl	桶
bbl/d	桶/天
bcfd	数十亿立方英尺/天
BTU	英国热量单位
BTX	苯、甲苯和二甲苯混合物(可包括乙苯；BETX)
C	库仑
℃	摄氏度
CAPEX	资本成本
ft^3	立方英尺

CIF	集装箱、保险加运费(目的港价格)
m^3	立方米
CGS	碳地质封存
CNG	压缩天然气
DC	直流电
DCF	贴现现金流
DME	二甲醚
EOR	提高石油采收率
℉	华氏度
FOB	离岸价格(登船港口价格)
FSRU	浮式储存和再汽化装置
GHG	温室气体
GJ	吉焦(10^9焦耳)
HE	热交换器
HHV	高热值(总值)
HP	马力
HTEC	高温电解槽
HTWGS	高温水煤气变换
J-T	Joule Thompson(阀，效应)
K	开尔文(绝对温标)
kt/a	千吨/年
kW	千瓦
kW · h	千瓦 · 时
L	升
lb	磅
LDPE	低密度聚乙烯
LHV	低热值(净值)
LLDPE	线型低密度聚乙烯
LNG	液化天然气(主要是甲烷)
LPG	液化石油气(通常为丙烷和丁烷)
LPT	低压涡轮机
LTWGS	低温水煤气变换
MCH	甲基环己烷
MEA	甲基乙醇胺

MM $	百万美元(2007)
MMBTU	百万英热单位(美国惯用标准)
BTU MN	甲烷值
Mt	百万吨
MWs	城市废物
NGL	液化天然气(乙烷、丙烷、丁烷)
OPEX	非原料运营成本
PAFC	磷酸燃料电池
PEM	质子交换膜
PJ	千万亿焦耳(10^{15}J)
PONA	链烷烃、烯烃、环烷烃和芳烃
PSA	变压吸附
PWR	加压水反应堆
ROC	资本回报率
S. I.	国际单位制；公制单位
SMR	蒸汽甲烷重整器
SOE	固体氧化物电解
t	公吨
TSA	变温吸附
t/a	公吨每年
V	伏特
VGO	减压瓦斯油
W	瓦
WGS	水煤气变换
WI	沃泊指数

参 考 文 献

[1] Adapted from Rajeshwar K, McConnell R, Harrison K, Licht S. (2008) Renewable energy and the hydrogen economy. In: Rajeshwar K, McConnell R, Licht S (eds), Solar Hydrogen Generation. Springer, New York, NY. doi: 10. 1007/978-0-387-72810-0_ 1.

[2] Assessment of Cost Benefits of Flexible and Alternative Fuel Use in the US Transportation Sector - Technical Report Three - Methanol Production and Transportation Costs, US Department of Energy, November 1989.

[3] Perry RH, Green DW. (1997) Perry's Chemical Engineers' Handbook, 7th ed. McGraw-Hill.

Table T 9-51.

[4] Stratton A. (1982) A Simplified Method of Calculating Product Cost. Technical Note 3, Economic Assessment Service, IEA Coal Research, London.

[5] Brown TR, Capital cost estimating, Hydrocarbon Processing, pp. 93-100, October 2000. and Summerfeld JT, Petrochemical plant costs for the new millennium, Hydrocarbon Processing 80 (6): 103-108, June 2001.

[6] Parker HW. (4 August 2008) Cost shift signals changes in energy investment, use Oil & Gas Journal.